Antonio Santangelo e Alberto Robiati

Immaginari del domani

Tra futures studies, semiotica
e worldbuilding

ISBN 978-88-99790-38-7

Illustrazione di copertina: Irene Coletto
Cover: Fabio Caiazzo
Layout: Chiara Manzillo
Edizione digitale: Gianluca Cremoni

Italian Institute for the Future
Via Gabriele Jannelli 390 – 80131 Napoli
info@futureinstitute.it

www.instituteforthefuture.it

INDICE

Capitolo 3
Narrare i futuri con i modelli della semiotica

Capitolo 4
Worldbuilding ed esperimenti transmediali

Capitolo 5
L'intersezione tra *futures studies* e semiotica   193

Conclusioni
Senso e direzioni per futuri possibili   211

Prefazione

Di recente, intervistando un'esperta di intelligenza artificiale del Politecnico di Torino, mi è stata data una risposta interessante. Parlavamo delle "allucinazioni" delle IA generative, da cui derivano i tanti problemi di inaffidabilità dell'uso di questi algoritmi per la produzione di testi basati su informazioni reali, e di generazione e proliferazione di *fake news*. Le allucinazioni sono qualcosa di strutturale di questa nuova famiglia di intelligenze artificiali, o riusciremo a venire a capo di questo problema? La risposta è stata che sì, probabilmente le allucinazioni sono qualcosa di strutturale al procedimento usato della GAN, le *generative adversarial network* alla base degli spettacolari successi delle nuove IA generative; ma, al tempo stesso, non dovremmo vederle come un problema, ma come la scintilla di intuizione con cui le intelligenze artificiali sono oggi in grado di produrre opere originali e non semplice rimescolamento di dati preesistenti. Potremmo dire, per forzare la metafora, che è attraverso le allucinazioni che le IA hanno imparato la più umana delle capacità: quella di inventare storie.

È noto il passaggio che apre le *Lezioni di letteratura* di Vladimir Nabokov, secondo cui la letteratura è nata «il giorno in cui un ragazzino, correndo, gridò "Al lupo, al lupo" senza avere nessun lupo alle calcagna»[1]. Se è la capacità di inventare ad aver reso l'essere umano diverso da tutte le altre specie senzienti, allora è questa stessa capacità di invenzione che dovremmo cercare di ritrovare nelle intelligenze artificiali con cui intendiamo condividere il peso della consapevolezza. Inventare, tuttavia, significa anche mentire, ingannare, dissimulare, tutte proprietà di cui certamente non vorremmo dotare un'IA. Nel racconto di Isaac Asimov *Bugiardo!* (1941), la robopsicologa Susan Calvin non mostra alcuna pietà nel distruggere un robot che scopre dotato della capacità di menti-

---

[1] Vladimir Nabokov, *Lezioni di letteratura*, Adelphi, Milano, 2018, p. 42.

re, benché quella capacità sia il frutto di un'interpretazione estensiva della Prima leggere della robotica, che lo costringe a non "ferire" un essere umano, sia anche attraverso una pietosa bugia[2]. Preferiamo robot che ci dicano la verità, per quanto cruda possa essere, a robot che ci ingannino, perché quella è una caratteristica che non intendiamo condividere con altre specie viventi. E tuttavia sembrerebbe che non sia possibile avere reale intelligenza senza avere anche capacità di mentire, perché la vera creatività richiede, come nel caso del bambino di Nabokov ai tempi dei Neanderthal, la capacità di invenzione, e dunque di dire bugie.

Saremmo allora davvero entrati in un'epoca nuova nella storia dell'evoluzione, in cui gli algoritmi, pur non essendo ancora (forse) dotati di consapevolezza e autocoscienza, si sono appropriati di un procedimento – meccanico ma al tempo stesso misterioso – per diventare creativi, inventando cose nuove. Questa sembrerebbe, dopotutto, una buona notizia, perché ovunque vediamo segnali di una inquietante perdita di creatività della specie umana. Non si tratta di mera aneddotica. Un famoso studio dello scorso decennio ha verificato che i risultati del più diffuso test sulla creatività, il Torrance Test of Creative Thinking (TTCT), sono calati a partire dagli anni Novanta nei giovani americani[3]. Uno studio più recente ha analizzato invece i dati sui brevetti, il cui numero è aumentato significativamente dagli anni Ottanta senza per questo generare crescita significativa della produttività economica, concludendo che una delle spiegazioni si trova nel declino dell'originalità e della creatività dei brevetti depositati. Nello specifico, il numero di brevetti pro capite negli Stati è raddoppiato nel periodo 1981-2015 a fronte di un declino della creatività dei brevetti del 47,4%[4].

Si può certamente mettere in discussione il metro utilizzato per misurare la creatività. Ma ci sono anche alcuni dati inoppugnabili. Per esempio, un'analisi longitudinale svolta nel Regno Unito ha dimo-

---

[2] Isaac Asimov, *Bugiardo!*, in Id., *Tutti i miei robot*, Mondadori, Milano, 1989.

[3] Kyung Hee Kim, "The creativity crisis: the decrease in creative thinking scores on the Torrance Tests of Creative Thinking", *Creativity Res J.*, n. 23, 2011.

[4] Aakash Kalyani, *The Creativity Decline: Evidence from US Patents*, Federal Reserve Bank of St. Louis Working Paper 2024-008.

strato che, rispetto alla coorte dei nati nel 1953-1962 (grosso modo, la generazione del Baby Boom), quella dei nati nella coorte 1983-1992 (la generazione Millennials) è caratterizzata da un netto declino nel numero di persone occupate nel settore creativo provenienti dalla classe lavoratrice[5]. Questo significa, sostanzialmente, che l'arresto dell'ascensore sociale che caratterizza l'attuale fase della società occidentale[6] si riflette in una polarizzazione della creatività, per cui la "classe creativa" proviene quasi esclusivamente da famiglie mediamente abbienti, mentre i figli del ceto medio-basso ne sembrano esclusi. Non è una spiegazione del declino della creatività, certo; ma è un indicatore molto più solido dei precedenti del fatto che la varietà del settore creativo è a serio rischio.

Saranno allora le intelligenze artificiali a salvarci? È una domanda che fino a pochi anni fa non ci saremmo mai posti, giacché tutte le nostre speranze nei confronti dell'IA erano finora riposte nella possibilità che sostituissero i lavori routinari e ripetitivi, liberando invece spazio per il tempo libero e la creatività. L'edizione 2024 della manifestazione Trieste Science+Fiction, storica rassegna del cinema di fantascienza indipendente, si è data come immagine di locandina un'illustrazione di Zerocalcare che mostra robot intenti a dipingere e a passeggiare, mentre un operaio umano sullo sfondo è occupato a trapanare una strada. Il cambio di paradigma che sembra caratterizzare la nuova era delle macchine intelligenti era del tutto inaspettato, e ci vede gradualmente prendere coscienza di questo paradosso. La nuova era della "creatività assistita"[7] sembra dimostrare che all'immaginazione umana occorresse un *boost* artificiale per rimettersi in carreggiata, sebbene finora non sembrino esserci segnali di una reale inversione di tendenza nelle capacità creative della simbiosi umano-macchina. Quello che vediamo è piuttosto l'avverarsi di una previsione risalente alle prime

---

[5] Orian Brook, Andrew Miles, Dave O'Brien, Mark Taylor, "Social Mobility and 'Openness' in Creative Occupations since the 1970s", *Sociology*, vol. 57, n. 4, agosto 2023.

[6] OECD, *A Broken Social Elevator? How to Promote Social Mobility*, OECD Publishing, Paris, 2018.

[7] Cfr. Italian Institute for the Future, *Emerging Long-Term Megatrends 2023*, Napoli, 2023.

riflessioni sul fenomeno della serialità televisiva, negli anni Ottanta, riprese in quegli anni da Umberto Eco, ossia «il risultato paradossale che l'era dell'elettronica, invece di accentuare il fenomeno dello choc, dell'interruzione, della novità e della frustrazione delle attese, "produrrebbe un ritorno del continuum, di ciò che è ciclico, periodico, regolare"»[8].

È possibile che la nostra accettazione della ripetitività della produzione creativa delle IA (in termini di testi, immagini, video) sia il risultato di un'assuefazione al ripetitivo che contraddistingue l'epoca postmoderna? È possibile, cioè, che il declino della creatività sia l'effetto di quello che Eco definiva il "consumo nella distrazione" tipico dell'età barocca, dove all'originalità si prediligeva l'infinita variazione sul tema[9]? Formula interessante, quella del "consumo nella distrazione", perché fa riferimento a un'altra peculiarità dell'epoca contemporanea, quella appunto della facilità di distrazione che ha generato un'autentica epidemia di casi di ADHD (il disturbo da deficit di attenzione/iperattività) nelle nuove generazioni[10]. Essendo, appunto, perennemente distratti, la novità ci stanca, il sovvertimento delle nostre aspettative ci delude anziché esaltarci, mentre il cliché soddisfa il bisogno di fruire di un'enorme quantità di prodotti senza alzare l'asticella della nostra soglia di attenzione, perennemente ai minimi termini. Se così fosse, allora abbiamo le IA che ci meritiamo, benché non certamente quelle di cui abbiamo bisogno. Possono dormire sogni tranquilli gli Irving John Good che immaginavano che le IA sarebbero state "l'ultima invenzione dell'Uomo"[11], perché dopo tutte le nuove invenzioni sarebbero state da esse realizzate, o gli Asimov che sognavano e temevano al tempo stesso un futuro in cui alle IA sarebbe stata as-

---

[8] Umberto Eco, *L'innovazione nel seriale*, 1983-1985, ora in Id., *Sugli specchi e altri saggi*, La Nave di Teseo, Milano, 2018 p. 172. La citazione tra virgolette alte è da Antonio Costa, Leonardo Quaresima, "Il racconto elettronico: veicolo, programma, durata", in *Cinema & Cinema*, n. 35-36, 1983.

[9] Eco, *op. cit.*, pp. 173-175.

[10] Cfr. sul tema Lisa Iotti, *8 secondi. Viaggio nell'era della distrazione*, il Saggiatore, Milano, 2020.

[11] Irving John Good, "Speculations Concerning the First Ultraintelligent Machine", *Advances in Computers*, vol. 6, 1966.

segnata la responsabilità di risolvere tutti i problemi del mondo[12]: come invece ben aveva intuito Stanislaw Lem, se negli altri noi cerchiamo solo degli specchi in cui rifletterci[13], le IA di oggi sono esattamente questo, una successione infinita di immagini deformate della nostra identità, in cui la sensazione di innovazione non è che un effetto illusionistico, un *trompe-l'œil* che dà solo l'impressione della rottura della parete, ma che a ben guardare si rivela, appunto, un trucco prospettico.

A questo punto occorre riflettere su cosa tutto ciò rappresenti per gli immaginari del domani, che è appunto il tema del libro che state per leggere. Solo di recente, nell'ambito dei *futures studies*, è emersa la consapevolezza che lo studio dei futuri riguarda più l'immaginazione che la previsione. Jennifer Gidley ha situato il momento della svolta nel periodo post-1968, in cui la società occidentale subì un autentico cambio di paradigma. A «un futuro che possa essere colonizzato e controllato» si sostituì l'idea di «molti possibili futuri che possiamo immaginare, progettare e creare in modo collaborativo»[14]. Ma già nel 1955 Fred Polak aveva pubblicato un testo paradigmatico, *De Toekomst Is Verleden Tijd* ("Il futuro è storia"), premiato dal Consiglio d'Europa, che dovette tuttavia attendere il 1973 per una traduzione in inglese col titolo con cui divenne poi noto, *The Image of the Future*[15]. La sua importanza è nel collegamento che Polak intuì tra de-immaginazione e de-futurizzazione:

> La tesi principale di questo lavoro è che per la prima volta in tremila anni di civiltà occidentale si è verificata una significativa perdita di capacità, o addirittura di volontà, di rinnovare le immagini del futuro. Oggi ci sono pochi segni di immagini costruttive e nessuna immagine idealistica generalmente accettata. C'è una contrazione della coscienza del tempo in un presente istantaneo e un offuscamento del senso specifico del futuro. La struttura mentale dualistica, essenziale per il pensiero escatologico e

---

[12] Cfr. Isaac Asimov, *Tutti i problemi del mondo*, 1958, ora in Id., *Tutti i racconti*, vol. 1, Mondadori, Milano, 1991; *Conflitto evitabile*, 1950, ora in *Tutti i miei robot*, cit.

[13] Stanislaw Lem, *Solaris*, Mondadori, Milano, 2004.

[14] Jennifer Gidley, *Il futuro. Una breve introduzione*, Italian Institute for the Future, Napoli, 2021, p. 66.

[15] Fred Polak, *The Image of the Fuure*, Elsevier, Amsterdam, 1973.

utopico sul futuro, è stata gravemente paralizzata.[16]

Seguendo l'indicazione di Polak, mi sono occupato in precedenza del rapporto tra declino dell'escatologia religiosa – ossia degli immaginari di un futuro radicalmente altro proposti dalle religioni organizzate – e declino dell'immaginazione del futuro nelle società secolari[17], e credo che in questo ambito ci sia ancora molto da fare. Studi sulla scomparsa delle utopie non sono invece finora mancati e tutti evidenziano la stretta relazione individuata da Polak tra de-utopizzazione e de-futurizzazione[18]. Al contempo, stiamo prendendo sempre più coscienza del fatto che gli unici immaginari del futuro realmente in grado di produrre egemonia culturale siano quelli dei tecno-miliardari, gli unici che si trovano nella posizione di poter dedicare tempo e soprattutto risorse significative alla discussione sul futuro a lungo termine. Che questa fosse una grave stortura della tarda modernità ci era ben chiaro già da tempo, ma nel frattempo, non essendo stati in grado di dispiegare le necessarie contromisure, abbiamo lasciato campo libero alla nascita di una nuova ideologia, il *lungotermismo*, un'ambigua utopia che guarda al futuro di lunghissimo termine della specie umana, e che dà per scontata la sua trasformazione in una specie postumana attraverso la simbiosi con l'intelligenza artificiale[19].

Gli immaginari del domani sono dunque oggi dominati dal discorso tecnologico, e se presentano ancora una componente escatologica, è quella

---

[16] *Ivi*, p. 14.

[17] Cfr. Roberto Paura, "La vita nel mondo che verrà", *L'Indiscreto* vol. 1 "Il fine del mondo", maggio 2022; "Finitudine ed escatologia nell'era del presente esteso", *Quaderni d'Altri Tempi*, febbraio 2021; "Sperare o aspirare? Divergenze e convergenze tra futures studies e concezione teologica del futuro", *Tropos*, vol. 13, n. 1, maggio 2020.

[18] Cfr. Zygmunt Bauman, *Retrotopia*, Laterza, Bari-Roma 2020; Vincenza Pellegrino, *Futuri possibili. Il domani per le scienze sociali di oggi*, ombre corte, Verona, 2019; Elisabetta Di Minico, *Il futuro in bilico. Il mondo contemporaneo tra controllo, utopia e distopia*, Meltemi, Sesto San Giovanni, 2018.
Rutger Bregman, *Utopia per realisti*, Feltrinelli, Milano, 2017; Paolo Jedlowski, *Memorie del futuro. Un percorso tra sociologia e studi culturali*, Carocci, Roma, 2017.

[19] Cfr. Irene Doda, *L'utopia dei miliardari. Analisi e critica del lungotermismo*, Tlon, Roma, 2024.

del "singolaritarismo" che preconizza l'imminente avvento della Singolarità tecnologica e del risveglio cosmico reso possibile dall'acquisizione della consapevolezza da parte della materia[20]. Attraverso l'estrapolazione di leggi deterministiche, che riconducono la storia della civiltà a una serie progressiva di stadi sempre più avanzati, i teorici della Singolarità immaginano poi un momento in cui ogni previsione verrà meno, perché dopo il momento dell'avvento della coscienza artificiale sarà quest'ultima a guidare l'evoluzione cosmica. A noi non resta che affidarci docilmente alle macchine, lasciando a loro il compito di decidere del nostro futuro.

Difficile credere a queste previsioni, se guardiamo all'attuale scenario dell'IA generativa. Le allucinazioni attraverso le quali i moderni algoritmi generano nuova informazione non vanno molto più in là – lo abbiamo visto – di variazioni sul tema. Quello che invece occorre è spezzare le catene markoviane che legano gli stati del futuro a quelli del passato, al fine di evitare lo scenario di un «nuovo pubblico che, indifferente alle storie raccontate, che intanto già conosce, è solo inteso a gustare la ripetizione e le sue corpuscolari variazioni»[21]. *Immaginari del domani* va in questa direzione, e lo fa restituendo voce a quella generazione che più oggi si vede sottrarre i mezzi per cambiare il futuro, e a cui spesso non resta nemmeno l'immaginazione, anestetizzata dalla meccanica della ripetizione. Unendo in modo inedito gli strumenti della semiotica con quelli dei *futures studies*, questo libro realizza a un tempo due fondamentali progressi: per la nostra disciplina, che scopre l'importanza e l'utilità di un'analisi scientifica dei discorsi del futuro; per l'immaginario del futuro, poiché gli esempi portati nel libro mostrano in modo concreto quanto allenare la capacità immaginativa consenta di esplorare, a livelli crescenti di profondità, gli scenari possibili, individuando quelli più rispondenti alle proprie aspettative e preferenze.

Compito non facile quando, come oggi, il bello è sostituito dall'utile e ciò che è utile è definito esclusivamente in termini di profittabilità, ossia in termini quantitativi. Il futuro preferibile finisce così per identificarsi *tout court* nella propria carriera, e la propria carriera nel livello di reddito

---

[20] Cfr. Ray Kurzweil, *La singolarità è più vicina*, Apogeo, Milano, 2024.
[21] Eco, *op. cit.*, p. 174.

desiderato. Gli spazi del possibile finiscono di conseguenza per restringersi. Qui si situa il lavoro di chi si occupa professionalmente di futuro, come nel caso di Forwardto, che da anni porta avanti sperimentazioni in tutta Italia per ampliare l'immaginazione dei futuri possibili e orientarli nella direzione desiderata, che è anche la missione dell'Italian Institute for the Future, che di questo libro è orgogliosamente editore.

Un compito urgente, perché il rischio è ormai quello di delegare completamente all'intelligenza artificiale la capacità creativa di cui oggi deficitiamo. Nel farlo, rischiamo che i futuri possibili davanti a noi diventino sempre di meno, sopraffatti da una logica meramente probabilistica. Oppure che l'unica speranza di un futuro diverso sia riposta nell'allucinazione di qualche algoritmo che a un certo punto inizi a sognare pecore elettriche.

Roberto Paura
novembre 2024

Introduzione
Il senso del futuro

Questo libro nasce dalla collaborazione tra uno studioso dei processi culturali in atto nella società contemporanea e un esperto di innovazione, soprattutto a impatto sociale, nonché di attivazione di pratiche trasformative nei consessi umani[1]. Conoscendoci da molti anni, nell'ultimo periodo dei nostri rispettivi percorsi professionali abbiamo cominciato a discutere della necessità di mettere insieme le nostre competenze, lavorando nell'ambito dei *futures studies* e del *foresight*. Ci siamo resi conto, infatti, che fenomeni come il cambiamento climatico, la pandemia, le guerre, le migrazioni, le grandi disuguaglianze del sistema neoliberista che domina l'economia globale, il capitalismo della sorveglianza digitale su cui tutto questo si fonda, la crescente disinformazione che alimenta rabbia sociale e fenomeni come complottismo e radicalismi, l'ascesa della Cina e dei paesi del sud del mondo, stanno da tempo inducendo le persone a domandarsi quale futuro le aspetta, spesso riducendole al pessimismo. Molti, come ha osservato acutamente Fisher (2009), ritengono che non abbiamo più alternative davanti a noi e, per questo, hanno perso la speranza, cadendo a volte anche in depressione, come testimoniano i dati sull'aumento dei disagi e delle malattie mentali[2]. Noi, invece, forse

---

[1] Dichiariamo subito che, pur essendo stato concepito da entrambi gli autori ed essendo il frutto del loro confronto continuo, questo libro è stato scritto come segue: Antonio Santangelo è l'autore dell'introduzione, del capitolo 2, dei paragrafi 1 e 3 del capitolo 3, dei paragrafi 1, 3 e 4 del capitolo 4, del capitolo 5 e del paragrafo 2 delle conclusioni; Alberto Robiati è l'autore dell'introduzione, dei paragrafi 1, 2, 3, 4 e 6 del capitolo 1 e del paragrafo 1 delle conclusioni. Inoltre, Francesca Fattorini è l'autrice dei paragrafi 5, 5.1, 5.2, 5.3, 5.4, 5.5 e 5.6 del capitolo 1. Silvestro Pizzati è l'autore del paragrafo 2.1 del capitolo 3. Luca Paiani è l'autore del paragrafo 2.2. del capitolo 3. Giulia Gobbi è l'autrice del paragrafo 2.3 del capitolo 3. Stefano Ambrosini è l'autore del paragrafo 2.4 del capitolo 3. Domenico Morreale e Franco Ricciardiello sono gli autori dei paragrafi 2, 2.1, 2.2, 2.3 e 2.4 del capitolo 4.

[2] Si veda, a questo proposito, Fisher (*Ibidem*) e il *World Mental Health Report* della

perché lavoriamo tutti i giorni a contatto con le/i giovani nelle università, con chi innova, con chi fa impresa, con chi amministra la cosa pubblica, persone appassionate che credono nell'importanza di fare funzionare al meglio la società, crediamo piuttosto che un avvenire ci sia, anzi che ce ne siano tanti, sicuramente complessi e problematici, ma non per forza distopici. Dunque, ci siamo domandati come contribuire a farli immaginare a chiunque, convinti che imparare a pensarli, costruendone delle rappresentazioni credibili, sensate, ma anche desiderabili, sia il primo passo per realizzarli.

Così, ci siamo specializzati nel *futures & foresight*, l'ambito degli studi previsionali e delle pratiche di uso strategico e trasformativo del futuro. Qui, infatti, operano da anni studiosi e professionisti che si occupano di mettere a punto metodi efficaci per aiutare il mondo della politica e le direzioni di aziende o istituzioni, insegnanti o genitori, abitanti delle nostre comunità e dei nostri territori, a immaginare i futuri, credendo nelle proprie visioni, in modo da agire per farle diventare realtà. Noi stessi ci siamo cimentati in questo settore, all'interno di Forwardto, un'organizzazione non profit nata in collaborazione con l'Università di Torino e impegnata da anni per costruire scenari dell'avvenire, insieme con chiunque desideri farlo. Ci siamo resi conto, toccandolo con mano, di cosa serva per attivare nella mente delle persone quello che chiamiamo *"foresight mindset"*, l'atteggiamento giusto per pensare al domani in maniera "progettante" e proficua. Infine, abbiamo deciso, dopo un lungo periodo di studio e di pratiche, di raccontarlo in questo libro.

Date le nostre competenze specifiche – ci siamo conosciuti sui banchi dell'università studiando comunicazione e ci siamo specializzati rispettivamente in semiotica, nella sua accezione di scienza sociale della significazione, e in sviluppo umano e innovazione trasformativa, cioè guidata dai futuri possibili e dall'azione di individui, gruppi e comunità –, ci concentreremo su come queste discipline possano essere utilizzate nell'ambito del *futures & foresight*. Del resto, quando si tratta di immaginare il futuro, che è qualcosa che per sua natura è intangibile, frutto di rappresentazioni

---

World Health Organizazion: https://www.who.int/publications/i/item/9789240049338 (ultima consultazione 12 ottobre 2024).

puramente mentali, che traggono il loro significato dalle nostre interazioni con gli altri, dal nostro modo di far parte della società in cui viviamo, i meccanismi che vengono messi a fuoco nei nostri ambiti di studio e nelle pratiche che siamo soliti analizzare, ma anche attivare, sono fondamentali.

In particolare, dopo aver descritto nel primo capitolo che cosa sono i processi di *futures & foresight*, nonché come si deve operare per mettere in moto nel migliore dei modi quell'attitudine a pensare all'avvenire di cui abbiamo scritto, dal secondo capitolo in avanti ci concentriamo su come la semiotica può essere utilizzata a questo scopo. Come abbiamo anticipato, infatti, la semiotica, almeno nella tradizione che la collega agli studi socio-linguistici di Saussure (1916) e a quelli socio-antropologici di matrice strutturalista e post-strutturalista, è la disciplina che si occupa di analizzare come si producono le nostre interpretazioni condivise del mondo, quelle che ci consentono di inquadrarlo e di stabilirne il significato, sicuri del fatto che, comunicandole agli altri, essi quantomeno ci capiranno, ma forse condivideranno anche il nostro punto di vista. Come è facile intuire, conoscere questi meccanismi mentali, culturali, ma anche sociali, è importante, quando si desidera aiutare le persone a immaginare futuri che si possano realizzare proprio per il fatto di saperli mettere in comune e rendere desiderabili anche ai propri interlocutori.

A questo scopo, la semiotica è solita lavorare analizzando ampi corpora di testi, i cui autori si cimentano nel raccontare e commentare, prendendo posizione, le varie visioni che circolano nei loro contesti socio-culturali a proposito dei temi di cui si occupano. In questo modo, è possibile astrarre le matrici di questi discorsi, le regole semantiche e sintattiche che determinano il loro confezionamento, ma anche la loro interpretazione. Tutto questo viene categorizzato e modellizzato, in modo che chi è interessato a questo genere di studi possa acquisire due tipi di competenze: innanzitutto, la capacità di assumere una distanza critica rispetto a certi tipi di contenuti, comprendendo meglio come funzionano, nonché come ragionano coloro che li condividono; ma soprattutto l'abilità nel maneggiarli, come se si apprendesse una sorta di "grammatica", necessaria per produrli e per capirne il significato.

Decisi a mettere in luce i modelli dei discorsi sul futuro che circolano nelle nostre società e le regole grammaticali su cui si reggono, abbiamo dunque raccolto moltissimi saggi, articoli di giornale, programmi televisivi, film, romanzi, racconti, finanche videogiochi – per la maggior parte circolanti nel nostro contesto culturale occidentale, ma non solo – e li abbiamo analizzati con gli strumenti della semiotica, soprattutto con quelli di matrice narratologica, dato che uno degli assunti fondamentali della nostra disciplina è che il senso della nostra visione del mondo dipende da come ce lo raccontiamo. Richiamando una serie di teorie che abbiamo ritenuto utili ai nostri scopi, abbiamo dunque tratteggiato nel secondo capitolo di questo libro i principi costruttivi che, a nostro modo di vedere, sono alla base della maggior parte dei testi in cui si parla dell'avvenire, quantomeno oggi e nella nostra cultura.

Nel terzo e nel quarto capitolo, invece, abbiamo voluto mostrare come i nostri modelli semiotici sul significato dei discorsi sul futuro possano essere utilizzati per immaginarlo. Abbiamo dunque riportato gli esiti del lavoro con gli studenti e le studentesse dell'Università e del Politecnico di Torino, ai quali e alle quali negli ultimi anni abbiamo insegnato come utilizzare questi strumenti. In particolare, nel capitolo 3, pubblichiamo alcuni racconti prodotti dagli iscritti e dalle iscritte al corso di *Semiotica delle culture digitali*, tenuto presso la laurea magistrale in *Comunicazione e culture dei media* dell'Università di Torino. A questi ragazzi e a queste ragazze, dopo aver mostrato loro le linee di tendenza nella progettazione e nell'utilizzo di strumenti come l'intelligenza artificiale, lo smartphone, gli oggetti cosiddetti "intelligenti", il computer, i social media e internet in generale, abbiamo chiesto di domandarsi come avrebbe potuto essere il nostro avvenire tra qualche anno, esprimendo il loro punto di vista su come avrebbero voluto che queste tecnologie contribuissero a determinare il funzionamento del mondo di domani. Nel capitolo 4, invece, riportiamo gli esiti di un laboratorio in cui, insieme con i colleghi e amici Domenico Morreale, Franco Ricciardiello ed Elisa Roscelli, abbiamo coinvolto gli studenti e le studentesse del corso di laurea in Ingegneria del cinema del Politecnico di Torino, nella progettazione di una serie di *Alternate Reality Games* (giochi ambientati nel mondo reale per mezzo di varie tecnologie), legati ad alcuni racconti di fantascienza di genere *solarpunk*. In queste opere, che riflettono in maniera utopistica sull'avvenire, i ragazzi e le ragazze hanno dunque potuto esprimere, ancora una volta, la loro visione del futuro, immaginando come condividerla con altre persone da coinvolgere nelle loro attività allo stesso tempo ludiche, ma anche pensate per far ragionare.

Il lavoro che abbiamo descritto in quest'ultimo capitolo si colloca nell'ambito del cosiddetto *"worldbuilding"*, che è una delle parole chiave che danno il titolo al nostro libro. Il *worldbuilding* è, sostanzialmente, una tecnica di progettazione di *mondi possibili*, portata avanti in maniera tale che quello che viene costruito in una certa opera – quasi sempre di finzione, ma non solo – possa essere riprodotto all'interno di altre che da essa derivano. Questo genere di pratiche, di solito, serve a fare sì che, per esempio, i fan dei film di Star Wars possano apprezzare anche i videogiochi, i fumetti o i cartoni animati a essi collegati. Se, però, vengono utilizzate per espandere gli universi narrativi *solarpunk*, nei quali, come abbiamo anticipato, si è soliti produrre narrazioni utopiche del futuro, ecco che la loro funzione si avvicina a quella dei *futures studies* e del *futures & foresight*, dato che ciò che si può ottenere è proprio che le persone si cimentino in una pratica di rappresentazione dell'avvenire che può essere funzionale non solo a farglielo pensare, ma anche a farglielo vivere. In questo senso, la parola *"worlbuilding"* assume un significato molto più profondo, dato che il genere di esperienze che in questo modo si possono progettare e realizzare, può indurre gli individui, dopo averlo provato nella finzione o nel gioco, a tradurre in azioni concrete il loro apprezzamento per una certa visione del mondo.

Infine, dopo aver mostrato che i nostri modelli teorici, nati dall'analisi semiotica dei discorsi sul futuro, funzionano anche nella pratica, aiutando i ragazzi a immaginare e a vivere in prima persona le loro idee sull'avvenire, nell'ultimo capitolo torniamo sulla teoria, ragionando su come il nostro approccio semiotico al *futures & foresight* si possa inserire in questo ambito di studi, colmando alcune mancanze che ci pare di scorgere al suo interno e fornendo uno strumento in più a tutti coloro che intendono cimentarvisi.

È forse inutile sottolineare che, leggendo il nostro libro, non ci si troverà solo di fronte a teorie e metodi scientifici, ma si verrà a contatto con moltissime rappresentazioni del futuro, volte ad attivare anche il proprio *"foresight mindset"*. Si sarà costretti a interrogarsi sull'avvenire della rivoluzione digitale che viviamo tutti i giorni, su quello della rivoluzione ecologica che dobbiamo affrontare, sugli scenari di guerra che ci si parano davanti e su come immaginare un domani pacifico. Si verrà messi di fronte a utopie e distopie, nonché a visioni fortemente politiche del passato, del presente e del mondo che verrà. A questo proposito, mostreremo tutte le posizioni più significative che, a quanto ci è dato di sapere, si possono prendere oggi su questi temi e diremo, francamente, quali sono le nostre. Così facendo, speriamo di innescare quel processo di confronto e di costruzione di rappresentazioni condivise dei futuri, nel quale crediamo fermamente. Solo in questo modo, infatti, riteniamo che si possa alimentare la speranza nel cambiamento e nell'innovazione a cui lavoriamo da anni.

Prima di lasciare spazio alla lettura del libro, ci sia consentito di ringraziare alcuni colleghi e amici che ci hanno aiutato a scriverlo, fornendoci spunti di riflessione, ma anche lavorando con noi a diverse ricerche. In particolare, ringraziamo Guido Ferraro per il suo fondamentale contributo alla costruzione dei nostri modelli semiotici, Gianmarco Giuliana e Massimo Leone per averci supportato nella conduzione dei nostri studi, Alex Fergnani, con cui riflettiamo da tempo su cornici di metodo e profondità di spirito che il futuro richiede e alimenta, Vincenza Pellegrino, Filippo Barbera e Claudio Marciano, con cui ci confrontiamo sui modi tramite i quali le idee di futuro circolano nella società e su come tradurle in impatti concreti, Cristina Bertazzoni, che ispira e guida la necessaria cura relazionale nei processi di "futurizzazione", Francesca Fattorini, per l'accuratezza nell'indagare con noi tendenze e fenomeni emerenti, Irene Coletto, per aiutarci a visualizzare i concetti chiave dei nostri lavori, Nicoletta Boldrini, Mariagrazia Berardi e Beppe Castellucci, per l'energia e la competenza con cui ci aiutano a migliorare le pratiche.

Dopo questo doveroso riferimento alle persone che ci hanno accompagnato in questo nostro percorso, auguriamo a tutti una buona lettura.

Capitolo 1
Pratiche di *futures & foresight*

1. *Alcune definizioni preliminari*

Prima di illustrare gli strumenti semiotici con cui ci proponiamo di analizzare i discorsi sull'avvenire e di mostrare come si possono costruire i propri, riteniamo opportuno contestualizzare tutto questo, mostrando come funziona, a grandi linee, l'ambito degli studi sul futuro, all'interno del quale si inserisce la nostra proposta. In questo settore, infatti, le rappresentazioni del mondo di domani vengono prese in considerazione nella loro dimensione *strumentale*, come una sorta di "dispositivo" con scopi e funzioni specifiche. Il nostro punto di partenza, in altre parole, è la concezione del futuro come un mezzo e non come un fine.

Per secoli, gli esseri umani hanno tentato di scrutare l'orizzonte in cerca di risposte *certe* su ciò che sarebbe accaduto. "Che cosa ci aspetta?", era il quesito ricorrente posto a indovini, oracoli, santoni, guru, profeti e guide di ogni ordine e rango. Una domanda che presuppone e allo stesso tempo rincorre una risposta *esatta*, intendendo il futuro come già scritto, qualcosa che deve soltanto essere resa nota, e che pone chiunque la formuli in una postura di passività, dando per scontato che tutto accada a prescindere da noi. Tuttavia, il domani è un costrutto ipotetico e dunque non esiste come esisterebbe un oggetto nascosto che attende di essere svelato. Perciò, nel tempo, gli esseri umani hanno distolto il loro interesse dalla ricerca della certezza di quel che sarà, spostando l'attenzione sull'individuazione di ciò che, piuttosto, appare più *probabile*.

A questo proposito, nel secolo scorso, ha preso piede la disciplina dei *futures studies*, che mira alla *previsione* aggirando i limiti della *predizione*. In estrema sintesi, secondo i suoi fautori, questo si produrrebbe in due "mosse": allargando lo spettro di indagine *dal probabile al possibile* e allungando lo sguardo, ma anche il pensiero, verso un *orizzonte temporale di medio-lungo termine*. Per una ricostruzione organica del processo di evoluzione storica delle metodologie degli studi sui futuri, rimandiamo al lavoro di Roberto Paura, sintetizzato nel volume *Occupare il futuro* (2022), che riprenderemo nei prossimi capitoli. Ciò che qui ci interessa subito mettere in luce, è che questo tipo di indagini previsionali risponde all'esigenza di esplorare gli scenari futuri allo scopo di prendere decisioni e compiere scelte nel presente per *agire in anticipo*: ad esempio, per prepararsi alle criticità, adattarsi ai cambiamenti, cogliere opportunità prossime venture, predeterminare le condizioni generative di aspirazioni e desideri, realizzare progetti, percorsi, programmi o piani d'azione.

Dagli anni Cinquanta del Ventesimo secolo, inoltre, si è sviluppato un campo di pratiche multidisciplinari, per lo più in contesti decisionali e organizzativi (governi, istituzioni, imprese, enti non profit), denominato *strategic foresight*. Si tratta di un insieme di metodologie che attingono, nutrendoli allo stesso tempo, da diversi campi, che spaziano dalla strategia al management, dal design all'innovazione, dalla comunicazione al marketing, intercettando teorie e pratiche di varie discipline, quali economia, sociologia, antropologia, semiotica, filosofia, psicologia, urbanistica, architettura, ingegneria. Più in dettaglio, lo *strategic foresight*, che possiamo tradurre con la locuzione "previsione strategica", è una metodologia di anticipazione derivata proprio dagli studi previsionali. Sebbene le varie definizioni che ne vengono fornite siano tendenzialmente specifiche per ogni contesto, vi sono alcuni fondamenti caratteristici condivisi a livello internazionale, sia per le sue applicazioni in ambito pubblico che per quelle nel privato (imprese, terzo settore, eccetera). Il Joint Research Centre della Commissione Europea lo definisce come "un processo sistematico e partecipativo di raccolta di informazioni sul futuro e di costruzione di visioni a medio-lungo termine, finalizzato a consentire di prendere decisioni nel presente e a mobilitare azioni comuni". Esso non ha, in sostanza, lo scopo di predire il domani, come se questo fosse già definito e solo da svelare, ma mira a configurarlo e utilizzarlo come strumento strategico, anticipante e trasformativo.

I processi di *foresight* non si limitano, in questo senso, allo studio delle tendenze in atto e dei loro possibili impatti, né hanno a che fare soltanto con l'esplorazione di scenari possibili, ma contribuiscono a definire strategie e a connettere reti di attori in grado di programmare *roadmap*, piani d'azione, compiendo passi concreti per realizzarli. A questo scopo, lo *strategic foresight* è funzionale quando orienta azioni attuabili nel presente o nel futuro prossimo, a partire da scenari e visioni a lungo termine. Il presupposto – lo ribadiamo – è che l'avvenire non sia predeterminato, ma che possa evolvere in diverse direzioni, modellabili da chi lo immagina, prendendo decisioni oggi. Deve esistere un certo grado di libertà per la scelta tra i futuri alternativi, aumentando così la possibilità di generare quello che si preferisce.

2. Futures & foresight *per orientare il futuro delle grandi istituzioni*

Futures studies e *strategic foresight*, insieme, compongono una "meta-disciplina", nota a livello internazionale, nella comunità accademica e degli esperti che la praticano, come *"futures & foresight"*. Le sue applicazioni richiedono il contributo di una pluralità eterogenea di attori, sulla base del principio per cui i problemi da affrontare non possono essere compresi correttamente se ridotti a una singola dimensione governabile da specifici gruppi o soggetti, o ancora "tagliati" per farli rientrare nella prospettiva delle discipline universitarie. Al contrario, il *futures & foresight* fornisce un approccio che cattura le diverse realtà nella loro totalità, con tutte le variabili che le influenzano (di tipo quantitativo e qualitativo). Per queste ragioni, esso viene utilizzato molto nel settore pubblico e nelle istituzioni, dove viene definito come "l'analisi disciplinata di futuri alternativi", con l'obiettivo di "aiutare i responsabili politici a prendere decisioni più informate, avendo considerato eventualità, scenari e risultati futuri" (Commissione UE, 2022).[1] L'idea, in sostanza, è di superare le logiche di gestione del presente sulla base di paradigmi del passato, secondo cui il cambiamento sarebbe solo una questione di adattamento, anziché qualcosa che può essere intenzionalmente plasmato e indirizzato.

La rilevanza del *futures & foresight* a sostegno delle politiche, a livello europeo e nazionale, è cresciuta in risposta alle trasformazioni geopo-

---

[1]   https://commission.europa.eu/strategy-and-policy/strategic-planning/strategic-foresight_en (ultima consultazione 12 ottobre 2024).

litiche, economiche, tecnologiche, sociali e ambientali, tanto che presso il Joint Research Center dell'UE, che abbiamo già menzionato, vi è un centro di competenza specifico, che ha sviluppato una serie di strumenti applicativi (tra gli altri, lo Scenario Exploration System e il Megatrends Hub). La Commissione Europea, inoltre, pubblica ogni anno, a partire dal 2020, lo Strategic Foresight Report,[2] che esplora le principali sfide che l'Europa si troverà ad affrontare nei prossimi anni, fornendo indirizzi strategici e raccomandazioni per prepararsi, adattarsi e accompagnare i cambiamenti.

In tutte queste pratiche, come detto, il futuro diventa un luogo di confronto e azione, uno spazio aperto che rende ciò che viene tratteggiato come possibile anche realizzabile. Gli scenari messi a fuoco sono molteplici: almeno due, ma potenzialmente infiniti, cioè tutti quelli costruibili grazie all'immaginazione. Sono alternativi, ossia ognuno plausibile e complementare rispetto agli altri. Sono multicolore, vale a dire non solo ottimistici né pessimistici: c'è chi vince e c'è chi perde, vi sono opportunità e criticità, convivono contrasti e opposizioni. Infine, gli scenari sono anche contro-intuitivi, poiché pre-figurano situazioni delle quali non vediamo alcuna premessa nel presente, pertanto, per comprenderli, richiedono di "ricostruirne la storia" dei percorsi che li possono aver determinati (ci si domanda: che cosa ha portato a questa situazione? Quali premesse hanno condotto a questo scenario?).

3. *Come predisporsi al* futures & foresight

Più avanti in questo capitolo approfondiremo il processo di costruzione degli scenari futuri. Prima, però, ci sembra necessario riflettere su un altro punto: l'impostazione delle pratiche di *futures & foresight* implica che, affinché ci si possa muovere tra gli scenari stessi con consapevolezza e con "mestiere", si debba sviluppare una predisposizione mentale

---

[2] I report pubblicati sono: *Charting the course towards a more resilient Europe* (2020), *The EU's capacity and freedom to act* (2021), *Twinning the green and digital transition in the new geopolitical context* (2022), *Sustainability and people's wellbeing at the heart of Europe's Open Strategic Autonomy* (2023).

all'esplorazione di queste rappresentazioni, alla previsione e all'anticipazione. Abbiamo bisogno, in sostanza, di un'*educazione al futuro*, poiché le competenze da attivare e rinforzare sono numerose.

La prima è la *"prospezione"*, cioè la capacità di pensare a sé nell'avvenire (*future-self*, in inglese). Essa consiste nel proiettarsi lungo la linea del tempo, costruendo un'immagine vivida (che non deve per forza essere realistica) di come si potrebbe diventare. Ma, dal momento che il futuro è un "luogo" liquido e indefinito, collocare noi stessi al suo interno è decisamente complicato. Per farlo, dobbiamo darci il permesso di contattare e attivare il nostro livello emotivo e intrapsichico. Nell'avvenire, non sappiamo quando, vi sono o possono verificarsi una serie di eventi di forte impatto emozionale per ogni individuo (la morte, ma anche la vecchiaia, le possibili evoluzioni di salute, i percorsi di vita dei propri cari, il successo, cambiamenti drastici e tanto altro). In aggiunta, vi sono numerosi *bias* cognitivi che interferiscono sempre, quando si immagina il domani, anch'essi condizionando il modo in cui le persone vi possono pensare. Ottimismo, pessimismo, realismo e varie altre posture possono influenzare notevolmente la costruzione degli scenari creati con le tecniche di *futures & foresight*. Il primo passo è prenderne coscienza ed è quel che viene sperimentato nelle prime fasi di questo genere di processi.

Un'altra capacità necessaria è quella di *aspirare a futuri desiderabili*. Si tratta di un'idea dello studioso Arjun Appadurai, messa per iscritto nel suo *The Future as Cultural Fact* (2013). Essa è stata ripresa, tra gli altri, dai sociologi italiani Ota De Leonardiis e Mario Deriu (2012) e da Vincenza Pellegrino (2019). Si riferisce all'attivazione di una certa attitudine da parte dei singoli a immaginare un avvenire nel quale possano abitare, per l'appunto, anche i propri personali desideri. In quest'ottica, però, le aspirazioni degli individui devono entrare in un processo di contaminazione e risignificazione plurale tra molteplici attori, che consenta di produrre visioni di futuri così forti da essere in grado di attrarre chi vive nel presente, mobilitando l'azione collettiva per realizzarne le pre-condizioni. Il domani diventa in questo caso non solo un orizzonte di attese e speranze, ma anche un terreno di scontro creativo e di riflessione critica aperta. Gli scenari *aspirazionali* si trasformano così in futuri possibili, grazie a un processo di conflitto e cooperazione insieme, che mette in sinergia, portandole a massa critica, le diversità dei punti di vista sul quotidiano (per esempio, quelli degli abitanti di quartieri differenti di una città, chiamati a pronunciarsi sui futuri urbani). L'esito è costituito da alleanze orizzontali tra soggetti e gruppi che hanno scopi alti e aggreganti, tali da rendere tollerabili le polarizzazioni di oggi. L'avvenire, in tal senso, assume una funzione anche coesiva, mettendo in discussione le narrazioni dominanti che egemonizzano le visioni del domani, riducendole a mere proiezioni economiche o tecnologiche.

Tra le diverse attitudini e abilità che vanno messe in campo nelle pratiche di *futures & foresight*, sottolineiamo infine l'*immaginazione* e la *creatività*. Ci riferiamo a capacità connesse ma distinte, che alimentano l'esplorazione aperta e sistemica degli scenari, nonché il disegno delle visioni aspirazionali e dei futuri auspicati. Per immaginare e costruire creativamente rappresentazioni che appaiano allo stesso tempo possibili e significative, gli individui devono utilizzare varie forme di pensiero, come quello contro-fattuale o quello abduttivo. Il primo è relativo all'elaborazione di costrutti mentali e narrazioni alternative riguardo eventi passati: le cosiddette *sliding doors*, che aprono a evoluzioni differenti a partire da una situazione vissuta, immaginando come le cose sarebbero potute andare diversamente. Questo pensiero va "contro i fatti" (realmente accaduti), costruendo storie diverse, ma è utile anche a creare mondi possibili orientati verso il futuro (come vedremo nei prossimi capitoli).

Anche il pensiero abduttivo rappresenta uno strumento importante per il *futures & foresight*, in quanto ci permette di costruire scenari plausibili partendo da dati limitati e incerti. Il presente, del resto, si manifesta sempre in modo complesso, articolato e interconnesso, non essendo mai del tutto chiaro o certo quale sarà la sua evoluzione futura. I segnali intorno a noi, a proposito di ciò che potrebbe accadere, si presentano in forme incomplete, sia che si tratti di indizi più evidenti, come i cosiddetti *megatrends* e le *tendenze*, sia che si abbia a che fare con quelli meno visibili, come i *fenomeni emergenti* e i *segnali deboli* (descriveremo meglio questi concetti nei prossimi paragrafi). Tutti questi elementi possono essere trasformati in informazioni rese disponibili alle persone, chiedendo loro di servirsene per completare il quadro, imparando a raccontarsi e a raccontare le rispettive esperienze, inserendole in un contesto più ampio. A questo scopo, appunto, il pensiero abduttivo – che consiste nell'utilizzare la logica per formulare ipotesi fantasiose ma verosimili, portandoci fuori da schemi mentali consolidati – è uno degli strumenti più adatti. L'abduzione, infatti, ci spinge a cercare spiegazioni originali e innovative per i fenomeni osservati, favorendo lo sviluppo di nuove idee e logiche di lettura innovative, oppure consentendoci di identificare le tendenze emergenti e di ipotizzare loro sviluppi futuri, anticipando i cambiamenti e potendo prendere, così, decisioni strategiche in modo proattivo. Immaginazione e creatività, pensiero controfattuale e abduttivo, in sostanza, ci aiutano a esplorare il mondo di oggi e quello futuro, andando oltre le evidenze attuali e immaginando possibili scenari.

4. *Il processo "futurizzante"*

Il *futures & foresight* segue metodi processuali proposti da molti autori e da diverse angolazioni disciplinari nel corso dei decenni.[3] Qui, per consentire ai nostri lettori di comprendere come funzionano queste pratiche, descriviamo un processo di costruzione di scenari di futuro basato sull'attivazione di un'attitudine mentale che definiamo "futurizzante", articolato in alcuni passaggi successivi, ispirati alla letteratura specialistica, ma di derivazione empirica. Un modello ridisegnato a seguito di varie decine di sue applicazioni sul campo[4], in contesti differenti (istituzioni, imprese, enti non profit, comunità civiche, aule accademiche).

Questo processo futurizzante, pensato per coinvolgere in un lavoro comune gruppi anche ampi di persone, muove dall'analisi sistematica di tendenze e segnali del presente, per poi passare all'esplorazione qua-

---

[3] Vari studi e diverse comunità internazionali di ricerca e pratica specializzate hanno prodotto modellizzazioni del processo di realizzazione degli studi di *futures & foresight*. Qui, a puro titolo di esempio, rimandiamo a una formalizzazione autorevole dell'APF (Association of Professional Futurists, che riunisce profili accademici e professionali di tutto il mondo, esperti di *futures studies* e di *strategic foresight*), il "Foresight Competency Model" (www.apf.org/product-page/foresight-competency-model, ultima consultazione 12 ottobre 2024). Segnaliamo anche la pubblicazione dei docenti dello Houston Institute Andy Hines e Peter Bishop, *Thinking about the future* (2015).

[4] Quanto descritto è frutto in particolare dell'esperienza pratica maturata negli ultimi cinque anni dal gruppo di lavoro dell'associazione Forwardto di Torino.

litativa di scenari futuri di medio-lungo termine. Quindi approda alla costruzione di visioni strategiche, con una serie di *roadmap* per determinare le pre-condizioni alla loro realizzazione. Infine, orienta la programmazione di azioni nel futuro prossimo. In questo senso, si intuisce subito come il *futures & foresight* sia una metodologia funzionale a seguire un intero ciclo di innovazione o trasformazione, non limitandosi solo all'analisi di dati, ma attivando anche l'intelligenza collettiva necessaria per individuare problemi, ipotizzare criticità, ma anche per riconoscere le opportunità che le sfide future portano con sé. Infine, dovrebbe apparire chiaro come il *futures & foresight* focalizzi energie e capacità verso il disegno di futuri auspicabili e dei loro relativi percorsi di attuazione, rendendoli adattabili alle turbolenze di un mondo complesso in continuo cambiamento.

A questo scopo, occorre innanzitutto definire la cornice processuale entro cui attuare un processo di *foresight*. Questa fase, detta *framing*, mette a fuoco il tema (*focal issue*) oggetto di indagine e di speculazioni strategiche sulle sue possibili evoluzioni, proiettandolo su una finestra temporale ben definita (di solito, non meno di cinque e non oltre vent'anni; fatta eccezione per alcuni settori in cui l'orizzonte considerato deve essere minore o maggiore). In questi passaggi, vengono progettate le azioni operative del processo e si definiscono gli attori e i cosiddetti "testimoni privilegiati" da coinvolgere (panel di esperti, analisti e ricercatori, operatori del settore, beneficiari e utenti, cittadinanza, artisti, designer e altre figure allenate all'uso dell'immaginazione strategica). Una mappatura degli *stakeholders*, individuati per l'interesse o per l'impatto della loro azione sulla *focal issue*, viene disegnata durante questo passaggio.

La fase successiva implica un lavoro di studio, tipicamente svolto sia attraverso l'analisi comparata di rapporti di ricerca autorevoli e meta-indagini, sia per mezzo di strumenti qualitativi di ricerca sociale (interviste, survey, focus group, workshop). L'attenzione viene rivolta ai *megatrend* globali (per esempio il *climate change*, il progresso scientifico-tecnologico, la dinamica demografica, l'evoluzione economica, i riequilibri geopolitici, l'aumento delle disuguaglianze, eccetera), ma anche su alcune tendenze locali o settoriali. Inoltre, vengono scandagliati fenomeni emergenti e segnali deboli, che possono generare nuove forze di cambiamento strutturale in futuro. Questa fase, di cui forniremo un esempio tra poco, viene denominata *scanning* e può svolgersi avvalendosi di studi realizzati a tavolino da vari soggetti che non prendono parte al processo di *futures & foresight* (i dati e le indagini quantitative sono un buon punto di partenza, ma non l'unico), oppure procurandosi contenuti sul campo, coinvolgendo gruppi anche ampi di persone, anche le stesse coinvolte nella dinamica "futurizzante" che stiamo descrivendo, tramite laboratori detti di "*futures exploration*".

La fase successiva richiede un salto nel futuro di medio-lungo termine ed è denominata di "esplorazione" di scenari possibili. Il metodo più diffuso è lo *Scenario Planning*[5] – anche di questo forniremo un esempio tra poco – che conduce all'elaborazione di alcune rappresentazioni alternative dell'avvenire, tipicamente almeno due e non più di cinque per praticità (benché il numero totale possa variare a seconda delle necessità). Un altro metodo previsionale potenzialmente utile sia nella fase di "*scanning*" che in questa più esplorativa è il Delphi (descritto anche in Turoff e Lindstone, 1975), che non abbiamo modo di descrivere qui nel dettaglio, ma che consente di produrre una fotografia del futuro ritenuto più plausibile. Le tecnologie, incluse quelle basate su intelligenza artificiale, possono abilitare il coinvolgimento e l'interazione con le persone coinvolte nel processo "futurizzante", oppure integrare queste attività con ulteriori contenuti. Anche gli approcci ludici (*gaming*), l'arte (dallo *Sci-fi Prototyping*[6] alla *Futures Fiction*) e il design (per esempio, lo *Speculative Design* e il *Critical Design*[7]) permettono di creare nuove forme di esperienze immersive, consentendo di sperimentare le varie rappresentazioni dell'avvenire nel mondo fisico in cui vivono i soggetti che partecipano al percorso che stiamo descrivendo (di alcune tecniche parleremo più avanti, nel capitolo 4 di questo libro). Tali strumenti possono facilitare e com-

---

[5] Tra le tante pubblicazioni sulla metodologia, indichiamo qui la recente sistematizzazione operata da Thomas Chermack, docente dell'Università del Colorado, e contenuta nella sua pubblicazione *Using Scenarios: Scenario Planning for Improving Organizations* (2022).

[6] Brian David Johnson, *Science-fiction Prototyping: Designing the Future with Science Fiction*, Morgan & Claypool Publishers, 2011.

[7] Si vedano Stuart Candy et al., *Design & Futures*, Independent Publishing, 2019 e Leah Zaidi, "Worldbuilding in Science Fiction, Foresight and Design", in *Journal of Futures Studies*, Vol. 23 n. 4, 2019, pp. 15–26.

plementare il processo di esplorazione strategica di futuri possibili tipico del *futures & foresight*. L'esito di queste prime fasi è una gamma di scenari futuri articolati e complessi, che vengono a questo punto analizzati, indagandone criticità e opportunità ed elaborando infine le relative risposte strategiche. Molti processi futurizzanti affiancano a questa immersione strategica negli scenari anche un'attività detta di *"visioning"*, per disegnare e identificare un orizzonte auspicato e una direzione preferita.

L'ultimo passaggio guarda all'azione. Si costruisce una rappresentazione strutturata dei cosiddetti *"early warnings systems"*, per indicare, rendendoli chiaramente visibili, gli andamenti di segnali e tendenze ed evidenziare le manifestazioni (anche solo premonitrici) degli impatti di questi ultimi. Inoltre, in questa fase si producono le *roadmap* per indirizzare i programmi e i piani d'azione a supporto delle decisioni e dei passi concreti che si ritiene debbano essere compiuti subito nel presente o nel futuro prossimo.

Tutti questi lavori sono svolti con gruppi ristretti oppure allargati, come specificato sopra a proposito della mappatura degli *stakeholders* che si opera durante il *framing*. Nel caso in cui sussistano condizioni per un processo allargato, che miri a connettere gruppi sociali e attori che fanno parte degli "ecosistemi" su cui si lavora per costruire gli scenari, e i rappresentanti di territori o settori non solo contigui e complementari ma anche lontani (ma pur sempre portatori di interesse), si parla di *"open foresight"*[8]. In questi casi, la numerosità di soggetti coinvolti può variare molto: da un minimo di dieci o quindici, a qualche centinaio (in attività condotte tramite metodi partecipativi). Come è facile intuire, del resto, la costellazione di *stakeholders* che partecipano a un processo di futures & foresight è la garanzia di un'adeguata e capillare diffusione dei risultati, ma è anche un buon viatico affinché questo genere di attività produca effetti concreti, dato che consente di alfabetizzare al pensiero prospettico (*futures thinking*), attivando il loro *foresight mindset* (che, lo ricordiamo, è una mentalità orientata ai futuri possibili), le persone che con più probabilità potranno realizzare il cambiamento.

---

[8] Melanie Wiener and Harry Boer, "Cultural prerequisites for participating in open foresight", in *R&D Management* n. 49, 2019, pp. 703-715.

Il *futures & foresight*, in sostanza, offre uno spazio creativo per analizzare ed esplorare il potenziale trasformativo di nuove idee, tecnologie e sviluppi sociali, che possono rimodellare i quadri politici e le strutture di governance esistenti. La sua funzione, in un ambiente globale incerto, complesso e altamente dinamico, è un fattore potenziale di successo. Si tratta di immaginare l'avvenire in una maniera fortemente significativa e coinvolgente, per anticipare e prepararsi a cambiamenti, opportunità e ostacoli. Sebbene esistano diversi modi per farlo, tutti mirano a costruire narrazioni o scenari sul futuro che possano apparire verosimili e condivisibili, in modo che le persone, figurandosi la direzione verso cui potrebbero e, soprattutto, vorrebbero andare, la seguano e, possibilmente, la realizzino.

5. *Segnali di futuri nelle tracce umane del presente*

Per aiutare chi partecipa ai processi di *futures & foresight*, è sempre utile, come anticipato, illustrare quali sono le principali forze di cambiamento nel presente, poiché questo stimola l'immaginazione e induce facilmente a prefigurarsi l'avvenire. In questo paragrafo e in quelli successivi, dunque, per dare un'idea ai nostri lettori di come funzionano queste pratiche, proponiamo una selezione di contenuti che si possono presentare all'inizio del percorso che dovrà condurre a concepire scenari di futuro. Si tratta di alcuni esempi degli stimoli che vengono forniti nella preparazione alle attività che vengono definite di *environmental & horizon scanning* (ricognizione del contesto e degli orizzonti), il cui obiettivo è di costruire un radar delle cosiddette *driving forces* (forze trainanti), tendenze macro e micro con implicazioni potenziali o attuali su contesti, settori, territori e comunità. Gli spunti offerti derivano dalla pratica sul campo e dall'esplorazione della saggistica di settore (Webb, 2018; Dragt, 2023).

Per quanto riguarda le macro tendenze, in inglese *megatrend*, è importante sottolineare che il nostro presente è condizionato da fenomeni globali di portata storica, che sono in atto da decenni e impattano sulle nostre vite. I cambiamenti climatici, la crescita delle disuguaglianze o la dinamica demografica, solo per citarne alcuni, sembrano aver tracciato una rotta che siamo inevitabilmente destinati a seguire: possiamo anticiparli, ma possiamo fare ben poco per influenzarli. In questi termini, sembra che queste forze, di cui di solito ci viene dato conto per mezzo di statistiche e proiezioni matematiche all'apparenza incontrovertibili, imbriglino il mondo e lo condannino a seguire un percorso definito. Il futuro sembra già scritto, imponendoci una posizione passiva, di attesa, quasi fatalista.

La realtà, in effetti, viene influenzata da tendenze di questo tipo, ma è costellata anche da fenomeni ed eventi inaspettati, che possono cambiare le carte in tavola. Nell'ambito del *futures & foresight*, si parla a questo proposito di *wild card*[9], *trend* e segnali deboli[10]. Essi si possono mettere in luce con varie tecniche. A grandi linee, possiamo dire che, partendo dall'osservazione delle produzioni umane, come film, video di TikTok o spot pubblicitari, articoli di giornale, libri, opere d'arte o architettoniche, oggetti di design, cibi, eccetera, ma anche dall'analisi di pratiche quotidiane come vestirsi, consumare, viaggiare o divertirsi, si cerca di stabilire connessioni tra tutti questi domini apparentemente non correlati, individuando i modelli culturali che li accomunano e che li rendono particolarmente significativi per poter dire in che direzione si sta spostando il modo di pensare delle persone nelle nostre società.

A questo proposito, bisogna distinguere tra *trend* e *hype*[11]. Questi ultimi rappresentano qualcosa che prende piede molto velocemente, all'interno di una cultura o di un gruppo sociale specifico, venendo seguito, spesso con grande entusiasmo, per un periodo di tempo limitato: pensiamo ai milioni di video condivisi ogni giorno sulla piattaforma TikTok, accompagnati da canzoni del momento. Il *trend*, invece, è una dinamica individuabile e misurabile, che esprime un certo andamento – per esempio è stabile, in crescita, in diminuzione – ed è guidata da forze su scala macro che innescano processi evidenti di cambiamento, la cui direzione dipende da valori e bisogni emergenti, che si stanno diffondendo nella

---

[9] Eventi improvvisi considerati altamente improbabili che generano un enorme impatto sulla società in tutti i suoi aspetti.

[10] Singoli esempi di trasformazione nel presente, circoscritti a un preciso perimetro geografico e di cui poche persone potrebbero aver sentito parlare.

[11] Clamore, creato da una massiccia campagna pubblicitaria, che dà risonanza a personaggi o eventi.

società e di cui si trova evidenza attraverso manifestazioni osservabili, tanto tangibili quanto intangibili[12]. Anche se alcune di queste mode possono essere passeggere, tra di esse potrebbero anche trovarsi tracce nascoste su come sarà il nostro domani.

Tenendo conto di tutto ciò, come abbiamo scritto, i professionisti del *futures & foresight* sono soliti costruire delle istantanee con cui stimolare la fantasia degli individui a cui domandano di immaginare il futuro. Qui di seguito ne presentiamo alcuni, di cui in passato ci siamo serviti noi stessi nell'ambito del nostro lavoro.

5.1. Plan A, Plan B… Plan 75: *una società da reprimere versus anziani sprint*

In un presente alternativo, rappresentato nel film *Plan 75* di Chie Hayakawa (Giappone, 2022), il governo giapponese ha introdotto il Piano 75, che consente alle persone che hanno 75 anni o più di iniziare un percorso verso l'eutanasia volontaria, ricevendo in cambio un "sussidio propedeutico" che permette loro di assicurare un futuro migliore alle proprie famiglie (e in particolare ai loro nipoti). Tale misura nasce per contrastare i crescenti atti di violenza nei confronti degli stessi anziani da parte dei giovani, che si sentono schiacciati da quella porzione della loro comunità che considerano non attiva, mentre sullo sfondo intravediamo anche la volontà della società di eliminare chi non risulta abbastanza performante (proprio per questo la protagonista viene gentilmente invitata a rassegnare le dimissioni dal lavoro).

Negli ultimi decenni, l'aumento demografico globale, che ha viaggiato con andamento esponenziale, ha dapprima diffuso il forte timore per gli effetti della sovrappopolazione e poi prodotto la rabbia per una crescita diseguale, soprattutto in Occidente, dove l'invecchiamento della popolazione è più evidente. Questo fenomeno è dovuto a un drastico calo delle nascite e ai notevoli progressi della medicina, che hanno modificato notevolmente i valori medi dell'aspettativa di vita. La longevità è un *driver* positivo dell'invecchiamento della popolazione, ma se considerato

---

[12] Per la definizione di *trend* si veda anche Els Dragt, *How to Research Trends: Move Beyond Trendwatching to Kickstart Innovation*, Laurence Kings Publishing, 2023.

insieme alla denatalità (che evidenzia come il numero medio dei figli per donna sia sempre più basso), rischia di produrre effetti catastrofici, a causa della contrazione economica (diminuendo la popolazione attiva, compresa tra i 18 e i 70 anni circa) e dell'aumento della spesa pubblica per l'assistenza e la cura delle persone anziane.

D'altra parte, le persone "over" in Occidente crescono sì nella dimensione numerica (tendenza in aumento per i prossimi anni), ma dispongono anche di maggiore tempo libero e potere d'acquisto, avendo goduto di condizioni favorevoli nei decenni passati (in termini di crescita economica, mercato immobiliare, sistema pensionistico). Dunque, questo andamento sta trasformando la terza età da "problema sociale" a opportunità di business. Oggi, infatti, gli anziani rappresentano il target per la vendita di prodotti di bellezza per pelli mature, vacanze da sogno, prodotti per il fitness o servizi finanziari e assicurativi ad hoc, dando forma alla cosiddetta "economia della terza età" o *Silver Economy*, il cui valore economico è in aumento anno dopo anno. A investire sulla qualità della vita degli anziani ci pensa sempre il Giappone, dove è stato creato un campionato di calcio rivolto a over 80, che si sfidano in match di 30 minuti, dimostrando che è possibile mantenere un'attività fisica regolare e competitiva anche in età avanzata, sfidando l'attuale paradigma che vede uscire gli anziani dalla parte attiva della popolazione dopo il pensionamento.

5.2. Millennials *in crisi di identità*

A volte, dietro alcuni hashtag che accompagnano video stravaganti della piattaforma TikTok, emergono sentimenti e vissuti che risultano comuni nell'esperienza individuale e collettiva di alcuni gruppi sociali. Ne è un esempio #AdultMoney, che racchiude al suo interno video di adulti che acquistano giocattoli per sé stessi e non hanno rimpianti a riguardo. Secondo alcuni dati, stiamo assistendo a un nuovo trend, che in inglese viene definito *Kidulting*. Questa nuova tendenza, legata al desiderio degli adulti di impegnarsi in attività ludiche per lo più destinate a un pubblico più giovane, sembrerebbe incidere sia su un piano prettamente psicologico che, più in generale, a livello culturale, come fenomeno che sta prendendo piede tra i *millennials* (nati tra il 1981 e il 1995).

Franchise storici, come *Star Wars*, insieme a produttori di giocattoli come Lego e Hasbro, che accompagnano da sempre l'infanzia dei più piccoli, puntano a prolungare la loro presenza nelle case (e nella vita) delle persone, grazie a prodotti come la serie di action figure *The Black Series Star Wars* oppure al *Millennium Falcon* in 7541 mattoncini Lego. Stiamo assistendo a una *toyfication* (Thibault e Heljakka, 2018) a tutto tondo, che avvolge gli oggetti di consumo, il cinema e anche le scelte alimentari (dall'*Happy Meal* per adulti del McDonald's allo speciale *Adult Sweetness*[13] del KitKat giapponese).

Per raccontare la realtà complessa dei giovani, oltre agli indicatori demografici che mostrano uno squilibrio nel rapporto con gli anziani in Italia, possiamo prendere in considerazione anche i "riti di passaggio", ossia quegli eventi che segnano la transizione all'età adulta (conclusione del percorso di studi, entrata nel mondo del lavoro, eccetera). Il fatto di procrastinare i tempi di queste esperienze – che in passato la società avrebbe associato a specifiche fasi della vita – produce in questa fascia di popolazione un inevitabile senso di disorientamento. La sociologa Marita Rampazi (2009) parla di una forma di incertezza biografica che non è più una condizione transitoria, legata a una fase di passaggio, ma è un aspetto permanente dell'esperienza individuale, associandosi all'idea che la costruzione del proprio divenire sia un processo che continua per tutto l'arco della vita. Il percorso di crescita e di formazione, quindi, è sempre più un processo continuo, che blocca l'individuo in un limbo: sentirsi ancora troppo figli per essere padri.

5.3. No kids *generation*

Dall'essere figli all'avere figli il passo non è affatto breve (e talvolta non c'è) per i giovani italiani. Secondo un sondaggio dell'Istituto Toniolo, su un campione di 7000 donne tra i 18 e i 34 anni, il 21% dichiara di non volere figli per scelta, mentre il 29% si dice debolmente interessata alla maternità. In altre parole, anche in Italia essere "*childfree*" non è più un tabù, specialmente tra le giovani donne, molte delle quali affermano di

---

[13] L'"Adult Sweetness" riguarda una versione meno dolce rispetto KitKat normale. Sono prodotti "solo per adulti" per via del loro sapore leggermente amaro.

mettere al primo posto la propria realizzazione personale e professionale, prioritaria rispetto alla scelta di diventare madri. Non è la prima indagine a sottolinearlo, come mostrato nel Rapporto Coop 2023[14] e nell'indagine Istat *Bambini e ragazzi 2023*.[15] Parte tutto da qui: giovani e denatalità (con un'età sempre più avanzata della donna nel partorire il primo figlio).

Se da un lato la popolazione invecchia, dall'altro i giovani stanno probabilmente sviluppando aspirazioni diverse rispetto a quelle dei loro genitori. Oltre a fattori economici (precarietà, alto costo della vita, *gender gap*,[16] eccetera) incidono altre dinamiche. Proviamo a capire quali attraverso il *sentiment*[17] che si diffonde tramite profili social.

La tiktoker italiana *Sarasflorence*, a inizio 2023, pubblica un decalogo sul perché non vuole avere figli. Nel suo video, Sara si confronta con il frequente commento che si vede rivolgere – «vedrai che poi cambierai idea» – sottolineando l'assenza di un simile scetticismo quando le donne dichiarano di voler avere più figli. L'elenco della tiktoker include motivazioni come la necessità di concentrarsi su sé stessa, i costi elevati per far crescere i figli, la paura dei cambiamenti fisici e del parto, l'ansia generata dalla responsabilità genitoriale e la rinuncia alla propria libertà.

Negli USA, invece, le donne adducono altre motivazioni: c'è chi, con

---

[14] In Italia ben il 51% dei giovani, di età compresa tra i 20 e i 40 anni, non è interessato a diventare genitore, mentre un ulteriore 28% desidererebbe avere figli, ma prevede che non sarà possibile.

[15] Secondo questa indagine, condotta con ragazzi tra gli 11 e i 19 anni, emerge che il 69,4% dei ragazzi e delle ragazze desidera avere figli, mentre il 21,8% è indeciso e l'8,7% non ne vuole. Tra le ragazze, la percentuale di chi non desidera figli è leggermente superiore, raggiungendo il 10,3%. Con l'aumentare dell'età, cresce anche la percentuale di coloro che desiderano avere figli, passando dal 63,3% tra gli 11-13enni al 73,1% tra i 17-19enni, riducendo così la quota degli indecisi. Anche la percentuale di chi non vuole figli aumenta leggermente con l'età, passando dall'8,4% tra gli 11-16enni al 9,1% tra i 17-19enni.

[16] Con "gender gap" si intende la differenza tra uomini e donne in termini di opportunità e trattamenti in vari ambiti della vita (lavoro, politica, istruzione, eccetera). Indica, in sostanza una disuguaglianza che genera svantaggi per le donne, limitando le loro possibilità e consolidando stereotipi di genere.

[17] L'*analisi del sentiment* è l'interpretazione di opinioni o sentimenti espressi in un testo digitale (tipicamente su web e social media) e classificati come positivo, negativo o neutro. Aiuta a comprendere l'atteggiamento degli utenti nei confronti di un argomento (ma anche di un prodotto, un'azienda, un personaggio pubblico, eccetera).

l'escamotage del POV,[18] accompagnato dal motivetto tratto dalla canzone *Prada* di Cassö, Raye feat. D-Block Europe, rappresenta come *character* la zia che racconta ai nipoti le proprie avventure, che hanno determinato il non avere figli («Twenty-two, I'm in Paris, baby [...] Pull up in a Bentley, I want Christian, I want Fendi»[19]); poi c'è chi combatte la "crisi di mezza età" con l'acquisto di un van, i viaggi e gli animali domestici. Si ritarda il momento di costruirsi una famiglia, ma subentra comunque l'esigenza di avere compagnia. Però, chi si prenderà cura di noi quando saremo anziani? A rispondere, una doppia sequenza che mostra ironicamente come a soddisfare questa esigenza potrebbero essere i nostri amici a quattro zampe.[20] Un altro segnale viene dalla pubblicità, grazie ad Airbnb, nella campagna *Get an Airbnb*, che con una serie di video mostra i suoi punti di forza rispetto ai tradizionali hotel: più spazio, servizi e privacy a un prezzo competitivo. Da qualche parte in vacanza, nello spot *Pool*, una voce fuori campo chiede: «Adesso che hai finalmente deciso di andare in vacanza senza bambini, vuoi stare davvero in un posto pieno di bambini?».

Tutto questo potrebbe rappresentare un segno di come in futuro occorrerà un ampliamento del concetto di denatalità, declinata non solo dal punto di vista meramente biologico e materiale (i fattori economici), ma anche psicologico (fattori socio-culturali), considerando desideri e intenzioni individuali. Forse assisteremo a un passaggio da domande esistenziali sullo stile di "perché non si fanno figli?" a "perché non si vogliono figli?" e, in tal senso, andranno messe in campo politiche più di convincimento che di incentivazione (economica) delle persone a fare figli.

5.4. *La Gen Z cinese contro le responsabilità della vita adulta*

«POV: sei una 25enne adolescente che torna a casa dal suo lavoro da persona adulta». Da un po' di tempo, online imperversano reel su quanto

---

[18] Si tratta dell'acronimo di *Point of View*, una modalità di esprimere sé stessi e condividere la propria vita con tutti gli altri utenti attraverso un preciso punto di vista.

[19] "Ventidue anni, sono a Parigi, baby [...]. Arrivo in una Bentley, voglio Christian, voglio Fendi".

[20] Come mostrato in questo video del TikToker the_mannii: https://www.tiktok.com/@the_mannii/video/7221317884935523627 (ultima consultazione, 24 ottobre 2024).

sia stressante la "vita da adulti". E qualcuno in Cina sembra aver trovato una soluzione. Mentre il leader del loro Paese ha presentato un nuovo Piano di sviluppo, basato sull'autosufficienza tecnologica, i giovani cinesi stanno "protestando" contro estenuanti orari di lavoro e salari bassi attraverso modalità peculiari (e stravaganti). Un esempio proviene dalla generazione Z (nati tra il 1996 e il 2010), che veste in maniera trasandata nei contesti lavorativi, seguendo i princìpi del movimento *Gross at work*[21]. Con il pretesto di un nuovo approccio alla professione e alla vita, i giovani lavoratori cinesi si presentano al lavoro in pigiama, felpa e vestaglia. La tendenza è nata quando Kendou-S, utente della piattaforma Douyin (come in Cina è conosciuto TikTok), ha postato un video in cui mostrava il suo abbigliamento da ufficio: pantofole, pantaloni del pigiama e un vestito di maglia marrone, abbinato a un paio di guanti di lana bucati. Il giorno in cui si è presentata così, il suo capo ha trovato il suo outfit sgradevole e poco consono per l'immagine dell'azienda. In seguito, la sua iniziativa ha trovato un grande numero di sostenitori tra i giovani lavoratori, dando corpo al movimento *Lying flat*[22] (in cinese "Tangping"), secondo cui i giovani rifiutano la pressione sociale per raggiungere il successo e usano il loro tempo per vivere una vita più rilassata e appagante. Infine, altri giovani cinesi si fingono uccelli sui social media: indossano una maglia oversize e si accovacciano sui mobili, simulando il verso dell'animale. L'idea di essere un volatile nasce dal rifiuto del cosiddetto sistema di lavoro cinese "996" con turni dalle 9 alle 21 per sei giorni la settimana.

5.5. *La bellezza ai tempi della falsificazione della realtà*

Le nuove tecnologie digitali danno forma e contenuto alle narrazioni, rendendole più coinvolgenti, ma allo stesso tempo meno affidabili. Se da un lato si assiste a una democratizzazione nell'utilizzo dei media, dall'altro questi strumenti stanno trasformando il modo e l'effetto con cui vediamo e interpretiamo la realtà. Tante storie, condivise ogni giorno su piattaforme social, che vengono vissute in modi diversi e in maniera di-

---

[21] "Rozzo al lavoro"
[22] "Rinunciare a tutto".

rompente, potrebbero modificare le dinamiche economiche, rafforzare le connessioni sociali o, peggio, erodere l'identità collettiva, rendendo più difficile per le persone trovare un terreno comune. In sostanza, un territorio vasto e aperto alla condivisione di moltitudini di contenuti che potrebbero generare confusione, rendendo più difficile sapere di chi fidarsi.

La tecnologia sta sempre più plasmando la nostra realtà, compresi i canoni di bellezza, le aziende del settore beauty si stanno orientando verso l'impegno nella sensibilizzazione dei consumatori. Lo sta facendo Dove, che a primavera 2024 ha presentato *The Dove Code*, per difendere la bellezza autentica e per trasformare la rappresentazione delle donne nei contenuti generati dall'intelligenza artificiale (IA). Nella campagna pubblicitaria, l'azienda si impegna a contrastare i canoni estetici distorti dalla tecnologia con il *Real Beauty Prompt Playbook*, una guida che offre suggerimenti su come creare immagini rappresentative della bellezza autentica utilizzando i software di IA generativa più diffusi. La loro ricerca *The Real State of Beauty* rivela l'impatto dell'IA sulla fiducia nel proprio corpo, con una donna su tre che sente la pressione di modificare il proprio aspetto a causa di ciò che vede online, anche quando sa che è falso o generato da una macchina.

5.6. *Spinta all'impatto sociale attraverso prodotti di consumo*

La pandemia, i cambiamenti demografici e l'aumento delle disuguaglianze, hanno fatto riflettere sul ruolo sociale delle imprese e sulle responsabilità che le grandi aziende hanno nei confronti dei cittadini e delle comunità di tutto il mondo. La diffusione di indicatori non finanziari di valutazione d'impatto delle organizzazioni in termini ambientali, sociali e di trasparenza (ESG), ha alzato la posta in gioco per le organizzazioni che devono assumere impegni mirati e intraprendere azioni significative. Il brand di birra Ichnusa nel 2024 ha lanciato la nuova campagna con un appello chiaro e diretto – «Se deve finire così, non beveteci nemmeno» – contro l'inquinamento causato dalle bottiglie di vetro gettate dai consumatori. Il messaggio è rafforzato da video e da materiali promozionali distribuiti tramite affissioni e sui social media, che mostrano scene in bianco e nero con bottiglie di Ichnusa a colori, abbandonate in vari contesti naturali, sottolineando l'irresponsabilità di tali gesti. La denuncia parte dagli esiti dello studio condotto da Astraricerche per Ichnusa: un italiano su quattro ha ammesso di aver abbandonato bottiglie di vetro per strada o nell'ambiente, evidenziando la necessità di un impegno collettivo per affrontare il problema. In risposta a questa sfida, Ichnusa ha deciso di intraprendere azioni concrete di pulizia dei luoghi della movida e delle spiagge in sette località sarde: Cagliari, Alghero, Quartu Sant'Elena, Olbia, Oristano, Sassari e Villasimius.

6. *Pensare per scenari*

A questo punto, dopo aver svolto la "scansione" delle forze di cambiamento (*megatrends* e tendenze) e di fenomeni emergenti e segnali deboli, nei processi di *futures & foresight* si passa all'esplorazione, su orizzonti temporali medio-lunghi, di possibili scenari futuri alternativi. Questo paragrafo presenta una panoramica di approcci e metodi che consentono di svolgere questo lavoro in modo sistematico.

Lo *scenario thinking* offre a individui e gruppi un modo per affrontare le minacce e le opportunità dell'avvenire, anche dal punto di vista del loro potenziale impatto sulle organizzazioni o sulle comunità, perché consente di immaginarli, parlarne e confrontarsi. Come ha sostenuto Koselleck (1979), utilizzando le lenti del futuro per guardare il presente, siamo in grado anche di "ri-significare" il nostro quotidiano, alla luce delle prospettive che si offrono davanti a noi. In questo modo, il senso di ciò che ci accade non dipende più solo dal passato, da come lo colleghiamo alla storia, ai fatti che sono già avvenuti, ma anche dalla rappresentazione che ci costruiamo di ciò che potrà accadere o che vorremmo che accadesse.

Ci riferiamo qui alla funzione che a questo scopo possono svolgere gli scenari, intesi come costrutti ipotetici che prefigurano possibilità del domani e consentono di ordinare le percezioni delle persone sui futuri alternativi. Più in dettaglio, uno scenario incarna una visione o una percezione plausibile dell'avvenire, collocato in un anno o in un periodo preciso, che colleghiamo alle condizioni del presente tramite una sequenza di eventi internamente coerente. Tutto questo esplicita e sottintende un "percorso" di tali avvenimenti, che dal nostro tempo conduce, in maniera multiforme e non necessariamente lineare, a quello stato di cose narrate nello scenario stesso.

Nel *futures & foresight*, la fase di costruzione di alcuni scenari alternativi del futuro consente di mappare un orizzonte di possibilità, fornendo fotografie dei possibili sviluppi di ciò che è osservabile oggi e di ciò che pur non essendo chiaramente visibile potrebbe accadere domani (le discontinuità, fenomeni come i "cigni neri", che vengono ritenuti poco probabili ma che, quando si verificano, producono alti impatti). Avere consapevolezza di diversi possibili futuri, riducendo anche il tempo di comprensione dei cambiamenti in atto, aumenta la capacità di "risposta in anticipo". Il passo successivo, come scritto più volte, è l'elaborazione di piani strategici per prepararsi a eventuali criticità future e/o per cogliere le opportunità potenziali che ogni scenario consente di mettere a fuoco.

Negli ultimi decenni, vari accademici o esperti[23] hanno contribuito a consolidare il processo di costruzione di scenari futuri alternativi attraverso metodi di *Scenario Planning*[24]. Senza entrare nei tecnicismi, ci riferiamo non solo alle simulazioni di modelli generati da sistemi matematici a partire da variabili quantitative, ma anche alle cosiddette *intuitive logics* (logiche intuitive), sperimentate a partire dagli anni Sessanta e Settanta del secolo scorso da Pierre Wack alla Royal Dutch Shell, un'azienda petrolifera olandese che per prima ha costituito un'unità organizzativa dedicata allo *scenario planning*, nella convinzione che questo genere di lavoro serva per dare un senso alla complessità e all'incertezza, traducendole in termini di possibilità e plausibilità (Wack, 1984). Immaginazione, creatività, pensiero controfattuale, pensiero abduttivo, sono le risorse necessarie per lavorare sugli scenari nel *futures & foresight*. Questo per-

---

[23] Per citare i più importanti, dei quali riportiamo i riferimenti in bibliografia: Pierre Wack, Peter Schwartz, Kees van der Heijden, Gill Ringland, Adam Kahane, George Cairns, George Wright, Thomas Chermack, Joel Shoemaker, Alex Fergnani.

[24] *Lo Scenario Planning* è una metodologia-ombrello entro cui rientrano diverse varianti, tipicamente divise tra tecniche induttive, che dal particolare (le macro-forze strutturali) portano al generale (uno scenario possibile in quel contesto, ambito, organizzazione, territorio), e tecniche deduttive, che dal generale (griglie narrative archetipiche di scenari possibili) portano al particolare (il racconto dello scenario in sé).

ché il futuro è senz'altro in gran parte imprevedibile e sconosciuto, ma è possibile mettere in luce porzioni di incertezza esplorandone le possibili evoluzioni.

Abbiamo più volte sottolineato che non si fanno pronostici sul domani, non si tenta di predire l'avvenire, ma si lavora per aumentare la consapevolezza delle diverse possibilità. Per questo, nelle applicazioni di *Scenario Planning* all'interno dei processi di *futures & foresight*, le persone coinvolte elaborano scenari diversi. Il procedimento è in sé semplice: si domanda loro di immaginare come le cose potrebbero evolvere nel tempo da oggi all'anno dell'orizzonte degli scenari stessi, tipicamente tra dieci o vent'anni. Vengono prese in esame le *driving forces* (*megatrend* globali e tendenze settoriali o locali) che possono produrre impatti significativi sulla questione focale (la cosiddetta "domanda di ricerca di futuro"), domandandosi come, quando e quanto tali implicazioni saranno manifeste. Poi si identificano le cosiddette "incertezze critiche", ossia variabili oggi ancora aperte che potrebbero dispiegarsi in direzioni diverse (ad esempio, ci si domanda se l'intelligenza artificiale generativa tra dieci anni avrà sul mondo del lavoro italiano un impatto massivo e pervasivo, oppure sarà ancora dirompente solo in alcuni ambiti e addirittura marginale in altri). Si procede quindi per domande del genere *"What if?"*: e se accadesse che? Immagina se?

In questo modo, il futuro interrogato consente di aprire porte narrative differenti, producendo storie, gli scenari, che ci aiutano a identificarci nella gamma dei possibili risvolti resi così tangibili. Le storie, infatti, non solo stimolano l'identificazione, ma danno significato a una sequenza di accadimenti, sono il modo in cui elaboriamo i nostri vissuti e collegano le persone generando esperienze condivise. Più una storia è credibile, più siamo propensi a ricordarla, a raccontarla e a immaginarne ripercussioni diverse. Un fatto, questo, che ci può stimolare ad agire, magari per evitare conseguenze negative o per cogliere in anticipo opportunità che ci sembra di intravedere.

Affinché una storia di futuro sia credibile, è necessario che le "arene narrative", cioè il mondo in cui ambientiamo lo scenario, offrano "tridimensionalità" e riferimenti concreti (come artefatti, prodotti, immagini, notizie, strumenti "del futuro"). Inoltre, come è naturale che sia nelle narrazioni, anche gli scenari devono essere abitati. Da chi? Da "future personas"[25] con le quali identificarsi poiché portatrici di valori, desideri e capacità che producono azioni. Non solo, è bene che negli scenari trovino collocazione anche gli attori in gioco, gli *stakeholders* (istituzioni, imprese, enti, comunità civiche, politica, media, eccetera), i gruppi sociali di rilievo già oggi, ma anche domani, nel mondo futuro che stiamo esplorando.

Nella elaborazione di una narrativa di scenario possiamo procedere in vari modi. Per esempio, partendo dal presente e muovendoci nel tempo immaginando impatti successivi e implicazioni indirette delle forze di cambiamento fino all'anno identificato come ambientazione dello scenario stesso. Oppure rispondendo a domande come "cosa dovrebbe succedere per passare dal mondo di oggi a quello futuro?". L'effetto che si ottiene, in questo modo, è di costruire una concatenazione argomentativa di pre-condizioni che avranno reso possibile il futuro dello scenario. Vengono evidenziati i *turning point*, i punti di svolta, o le *sliding doors* che possono introdurre cambiamenti di stato, dirompenze e discontinuità rispetto alla proiezione lineare e causale degli eventi.

Un altro approccio è invece partire dal futuro e, con un ragionamento contro-fattuale, tornare a ritroso al presente, per mezzo di una previsione all'indietro (*backcasting*) dei fatti e dei fenomeni che hanno generato quello scenario. Si tratta di porre domande come "cosa potrebbe essere successo in passato per portarci a questo stato?" Oppure, "se qualcosa fosse andato diversamente, come avrebbe potuto condurci qui?"

Un buono stratagemma è ricorrere ad agganci con la quotidianità: raccontando una giornata tipo, in cui ci si alza, ci si veste, ci si nutre, ci si muove tra un luogo e l'altro, si lavora, si studia, ci si relaziona con gli altri. Tutte queste cose potrebbero essere fatte in modo parzialmente o completamente diverso. Un altro strumento è l'uso delle notizie dei media, che per loro natura rappresentano "la cronaca del tempo": in tal caso, si invitano le persone a immaginare possibili titoli di news che viaggiano sui canali d'informazione tradizionali o del tutto nuovi. Ma anche la cultura pop, l'intrattenimento (la tv, il cinema, i videogame, il web) o

---

[25] Le "personas" sono uno strumento in uso soprattutto nel mondo del design per identificare gruppi tipologici di utenti e beneficiari di prodotti e servizi. Il ricercatore esperto di *futures & foresight* Alex Fergnani ne ha proposto una versione in prospettiva, le "*future personas*" (Fergnani, 2019).

il mondo dell'arte e del design possono aiutarci a tratteggiare il quadro dello scenario. L'arte, in particolare, è di estremo aiuto nei momenti di impasse esplorativa, dato che ci mostra il mondo non solo come è ma anche e soprattutto come potrebbe essere.

Concludiamo questo approfondimento sugli scenari condividendo qualche ultimo accorgimento pratico. Trattandosi di narrazioni del futuro che devono apparire significative, hanno bisogno di un titolo evocativo, che in sé consenta di cogliere l'essenza della visione dell'avvenire che veicolano. Tecniche creative e di *copywriting* possono venire in soccorso, come riformulazioni di titoli di film, riferimenti a canzoni o ritornelli, ammiccamenti a modi di dire e proverbi, richiami a meme, tormentoni e simili. Dopodiché, la narrazione in senso stretto, che consiste in un racconto breve in prima o terza persona, deve servire per mettere in moto ragionamenti, confronti e comportamenti nell'immediato. A questo scopo, lo scenario deve essere plausibile e pertinente rispetto all'oggetto di ricerca (la domanda di futuro). La storia deve evidenziare o lasciare intendere come si sia giunti a quello scenario nel corso del tempo (il delta tra il momento in cui lo si scrive nel presente e il tempo futuro in cui lo si ambienta). I contrasti, di solito, funzionano bene: devono essere presenti vincitori e vinti, criticità e opportunità, punti di forza e di debolezza, aiutanti e oppositori. Non è necessario, comunque, tratteggiare scenari che siano del tutto positivi o negativi, ma è sufficiente costruire possibili storie alternative. Del resto, più ci allontaniamo dal presente, più le eventualità di ciò che potrà accadere si allargano, aumentando il gradiente di incertezza e complessità ed eliminando quasi del tutto le certezze. Infine, è bene fornire stimoli per mettere in discussione le idee stereotipate e dominanti sul futuro.

Come abbiamo capito, in sostanza, pensare "per scenari" è l'unica strada possibile, quando si tratta di lavorare sull'avvenire. Lo *scenario planning* non solo aiuta le persone e le organizzazioni a navigare l'incertezza, ma promuove anche una cultura dell'apprendimento e dell'adattamento, aumentando la consapevolezza attraverso l'identificazione dei fattori che potrebbero influenzare il futuro e le loro potenziali conseguenze. Più di ogni altra fase del *futures & foresight*, lo *scenario planning* consente di comprendere la complessità e la natura multipla del futuro, e di conseguenza anche quella del presente. Inoltre, sviluppa la visione di lungo termine, rendendo familiare l'utilizzo di finestre temporali diverse (non c'è solo il breve termine, come campo di esplorazione strategica, ma ci sono anche, come abbiamo sottolineato più volte, il medio e il lungo periodo). In ultimo, come abbiamo tentato di evidenziare, lo *scenario planning* fortifica la capacità di resilienza, preparando le persone a immaginare diverse versioni del mondo a venire.

Alla luce di tutto questo, dunque, a partire dal prossimo capitolo, mostreremo quali sono gli strumenti semiotici che abbiamo messo a punto per costruire scenari di futuro che appaiano fortemente significativi e che inducano le persone a prenderli sul serio, per ingenerare, a partire da essi, i processi di cambiamento a cui punta il *futures & foresight*.

Capitolo 2
Modelli semiotici per analizzare e immaginare i futuri

1. *Un approccio semiotico agli studi sul futuro*

Il futuro, per definizione, esiste solo nei nostri pensieri e nei nostri discorsi, dato che non possiamo farne esperienza diretta prima che esso diventi presente. Quando proviamo a immaginarlo e a descriverlo, dobbiamo servirci di *segni* come le immagini o le parole, che veicolano le nostre idee. Inoltre, dobbiamo decidere come articolare tutto questo, affinché ciò che pensiamo e diciamo acquisisca una forma di senso compiuto che appaia significativa a noi stessi e agli altri. A questo scopo, non ci basta padroneggiare la grammatica della nostra lingua o del linguaggio – visivo, audiovisivo, multimediale, eccetera – di cui ci serviamo per strutturare e comunicare i nostri pensieri: abbiamo bisogno di portare avanti una *narrazione*, perché è solo all'interno delle narrazioni che certe configurazioni discorsive assumono un significato profondo, consentendoci di vedere bene quali sono i valori in gioco, i ruoli di chi desidera o deve realizzarli, le azioni che devono essere compiute a tale proposito, gli avvenimenti che possono consentire che tutto questo accada oppure che lo possono impedire, eccetera.

Queste narrazioni e i tipi di discorsi sul futuro che possiamo concepire per noi stessi o indirizzare agli altri *non sono infiniti*. Potenzialmente, forse, potrebbero esserlo, ma il contesto culturale in cui viviamo opera in modo che solo alcuni di essi emergano alla nostra attenzione, in maniera tale che si costituisca come una sorta di canovaccio da cui possiamo attingere. Si tratta di una specie di *database strutturato*, nel quale una narrazione, con la sua specifica configurazione discorsiva e coi segni che articola, si collega o si contrappone a un'altra secondo una *logica*, in maniera che chi decide di utilizzarla sappia dove si colloca il proprio pensiero, all'interno, appunto, della propria cultura, e che allo stesso tempo lo sappiano anche i suoi interlocutori. In questo modo, ognuno può comprendere appieno il significato della propria visione dell'avvenire e di quella altrui, può prendere posizione, discutere, parteggiare per qualcuno o contrapporsi a qualcun altro. L'idea, sostanzialmente, è che le convinzioni e le affermazioni individuali si inquadrino all'interno di *modelli di pensiero collettivi* ben codificati, di cui le prime sono realizzazioni specifiche.

Questi principi sono alla base della *semiotica strutturalista* di matrice saussuriana (Saussure, 1916), che Claude Lévi-Strauss (1947, 1958, 1964, 1966, 1968, 1971, 1975) ha dimostrato di poter utilizzare per comprendere, appunto, il modo di pensare e di esprimersi dei popoli delle più svariate culture. Il concetto di fondo è che, raccogliendo e comparando una serie di *testi* in cui le persone si esprimono a proposito del loro modo di vedere le cose – condividendo l'appartenenza al medesimo contesto culturale, oppure appartenendo o essendo appartenute a contesti culturali collegati tra di loro nello spazio o nel tempo –, si possano individuare delle *somiglianze* e delle *differenze* ricorrenti tra ciò che esse dicono, dimostrando che le rispettive affermazioni derivano e traggono significato, come abbiamo scritto, da specifici modelli di natura sostanzialmente narrativa che si relazionano gli uni con gli altri. Per mezzo di questi modelli, è appunto possibile costruirsi e raccontare la propria visione del mondo, sicuri del fatto che questa verrà quantomeno compresa. Il lavoro del semiologo è dunque quello di esplicitarne l'esistenza e di descriverli, in modo da rendere tutti più consapevoli del loro funzionamento e capaci di utilizzarli, sia per riproporli e farli circolare quando li si trova condivisibili, sia per criticarli e, magari, per costruirne di nuovi.

Partendo da queste convinzioni e utilizzando il metodo di ricerca che abbiamo messo a punto negli anni per studiare tali modelli culturali (Ferraro, 2001, 2012, 2015; Santangelo 2013a, 2021, 2022a), ci siamo domandati quali siano quelli che oggi utilizziamo per immaginare e parlare di futuro. Lo abbiamo fatto prendendo in considerazione una serie di saggi scientifici e di articoli giornalistici che, a partire dalla pandemia di Covid-19, oppure poco prima ma a ridosso di quest'ultima, si sono occupati di questo tema (come si ricorderà, nei mesi di quarantena di quel periodo storico, molti si sono cimentati, nell'isolamento delle proprie case, a immaginare come sarebbe stato il mondo quando quella brutta esperienza sarebbe terminata). Allo stesso tempo, ci siamo concentrati sui film e le serie tv di fantascienza di maggior successo, di critica o di pubblico, usciti tra il 2000 e il 2023. Così facendo, abbiamo costruito un corpus di centinaia di titoli, di natura fattuale e di finzione, cercando di capire quali fossero, al loro interno, le tematiche, le narrazioni e le posizioni più ricorrenti. La nostra convinzione, infatti, esplicitata già nel nostro libro *Narrazione e realtà. Il senso degli eventi* (Ferraro e Santangelo, 2017), è che non ci sia una grande differenza, se non naturalmente nello stile e magari in qualche licenza "poetica", tra il genere della fiction e quello cosiddetto "factual", quando si tratta di costruire discorsi di senso compiuto in cui si vuole comunicare la propria visione riguardo a certi argomenti di interesse collettivo. Non conta tanto che si racconti di fatti storici oppure di invenzione, se questi ultimi, come di solito accade, rappresentano metaforicamente quelli realmente accaduti o che pensiamo che si potrebbero verificare. Ciò che è importante è come questi eventi, in fondo analoghi, vengono collegati tra di loro, costituendo, appunto, quelle narrazioni che tanti sociologi, antropologi, psicologi e filosofi riconoscono come centrali per assegnare un senso profondo alla nostra vita quotidiana, dunque anche alla nostra visione del futuro.

Il risultato di questa nostra indagine, di cui abbiamo già parzialmente reso conto altrove (Ferraro, 2023, 2024; Giuliana, 2023, 2024; Santangelo, 2024a, 2024b), è esattamente quello che ci saremmo attesi: esistono pochi modelli che conferiscono una forma e un significato a tutte le riflessioni che abbiamo rinvenuto all'interno dei testi del nostro corpus. Ciò che ci proponiamo di fare qui è descriverli, per poi mostrare, in un'altra sezione di questo libro, come possano essere utilizzati per insegnare a immaginare ed esprimere la propria personale visione del futuro.

2. *Modelli di futuri*

Innanzitutto, come è forse naturale che sia, ciò che abbiamo riscontrato è che non esiste "il futuro", ma esistono *i futuri*. A seconda dei modelli culturali utilizzati dalle persone, esse giungono a pensare e a descrivere mondi a venire decisamente diversi. Questi ultimi, però, come abbiamo anticipato, sono collegati tra di loro secondo regole logiche, che fanno sì che il significato dell'uno si dia per somiglianza e differenza rispetto agli altri. Ogni volta che qualcuno immagina il domani e lo rappresenta in funzione di uno dei modelli che descriveremo in queste pagine, dunque, il valore delle sue posizioni dipende dall'esistenza delle altre, poiché tutte quante fanno parte di un *sistema semiotico* complessivo.

2.1. *Il sistema semiotico delle logiche narrative dei discorsi sul futuro*

Quanto abbiamo appena scritto è plasticamente visibile nella figura 1, che mette in evidenza la struttura del primo dei due sistemi semiotici che, a nostro modo di vedere, determinano le concezioni dei futuri messe in discorso dagli autori e dalle autrici dei testi che abbiamo analizzato.

Continuità, Percorso o Condizioni univoche

Tecno-lineare		Mitizzante
Mondo dominato e determinato dai fatti		*Mondo dominato e determinato dai valori*
Antagonista		Valoriale

Discontinuità, Alternativa, Ridefinizione

Figura 1 – Sistema delle logiche narrative dei discorsi sul futuro

Descriveremo approfonditamente il funzionamento dei modelli "tecno-lineare", "mitizzante", "antagonista" e "valoriale", che prendono spunto da uno studio di Ferraro su come è stata raccontata la pandemia ai tempi del Covid-19 (Ferraro, 2021)[1], ma per il momento, per spiegare a

---

[1] Il modello nella figura 1 è stato concepito da Guido Ferraro, proprio a partire dalle

grandi linee le logiche che vi sottendono, ci pare importante sottolineare, innanzitutto, che le opere del nostro corpus sono risultate imperniate attorno a due visioni dell'avvenire, rappresentato rispettivamente come dominato e determinato dai *fatti* oppure dai *valori*.

Nella prima casistica, ricadono tutti i discorsi sul futuro che lo immaginano come la conseguenza di una serie di condizioni oggettive, frutto di dati e osservazioni empiriche, che dimostrano il sussistere di un insieme di linee di tendenza che non possono che condurre, seguendo un percorso sostanzialmente segnato, in continuità con il passato e col presente, in una direzione precisa: da questa logica, come vedremo, discende il modello che abbiamo definito come "tecno-lineare". Sempre in questa prima casistica, dunque sul lato sinistro del sistema rappresentato nella figura 1, ma immaginando invece che la catena di fatti oggettivi osservabili produca una rottura, una forma di discontinuità che ci dovrà condurre verso un futuro alternativo, alla ridefinizione del funzionamento della nostra società, si trova il modello di pensiero che abbiamo definito come "antagonista".

Il lato destro del nostro sistema, invece, funziona all'opposto, visto che qui la preminenza non è assegnata ai fatti, ma ai valori. Vi si trovano tutti quei discorsi sull'avvenire in cui si afferma che più che i dati, ciò che conta, per dare origine al mondo di domani, è la volontà delle persone di realizzare ciò che ritengono eticamente giusto. A seconda che questo conduca a un ritorno al passato, a una sorta di età dell'oro in continuità con la tradizione, oppure che produca un cambiamento radicale, una trasformazione rispetto al presente e a ciò che di sbagliato si è già visto nella storia, ci si trova nel modello che abbiamo definito "mitizzante" oppure "valoriale".

Come si può intuire osservando la figura 1, i modelli da che si trovano sullo stesso lato del quadrato che abbiamo tratteggiato si somigliano,

---

sue riflessioni sul modo in cui è stata raccontata la pandemia (Ferraro, 2021). D'accordo con l'autore, lo riportiamo qui, dato che esso è il frutto di un lavoro di ricerca più complesso, condotto con chi scrive e che si ricollega al modello che descriveremo nella figura 2 di questo libro. Dall'intersezione di questi strumenti teorici, prendono spunto gli esperimenti legati alla rappresentazione del futuro da parte degli studenti dell'Università di Torino, che descriveremo nel capitolo 3.

ma allo stesso tempo si distinguono nettamente da quelli che si trovano sul lato opposto: il modello tecno-lineare e l'antagonista sono incentrati sui fatti e sono il contrario del mitizzante e del valoriale, che invece riconoscono maggiore importanza, per l'appunto, ai valori; mentre quelli tecno-lineare e mitizzante sono a loro volta simili, perché al loro interno il futuro viene immaginato come qualcosa che si realizza in continuità con il presente o col passato, opponendosi al modello antagonista e a quello valoriale, che sono accomunati dall'idea che l'avvenire debba essere qualcosa di fortemente discontinuo rispetto a ciò che già si conosce e si è vissuto. Allo stesso tempo, però, i modelli che si trovano sui medesimi lati del nostro sistema si differenziano tra di loro, assumendo un'identità unica e specifica, perché si ibridano con le logiche dell'altro lato: dunque il tecno-lineare è diverso dal mitizzante perché tiene insieme la continuità rispetto al passato e al presente con la preminenza dei dati di fatto che sono così importanti per produrla, mentre nell'altro caso sono i valori della tradizione a determinare tutto ciò; il modello antagonista e quello valoriale, invece, sono entrambi incentrati sull'idea che il futuro debba essere discontinuo rispetto a ciò di cui abbiamo già fatto esperienza, ma si differenziano di nuovo per le stesse ragioni: perché possono essere le condizioni oggettive del mondo a determinare questo cambiamento, oppure la visione etica e soggettiva delle persone. E così via.

Dunque, come abbiamo anticipato nel paragrafo precedente, dando per assodato che chi fa parte della nostra cultura sappia che si può raccontare l'avvenire secondo una logica narrativa di matrice tecno-lineare, mitizzante, valoriale o antagonista – siamo sicuri, del resto, che molti dei nostri lettori, prima ancora che abbiamo descritto analiticamente questi modelli, ne abbiano riconosciuto i contorni, per il fatto di essersi già imbattuti in qualche discorso simile sul futuro – sa altrettanto bene che, scegliendo l'uno o l'altro, si differenzierà o si accomunerà a coloro che si sono serviti delle altre logiche del nostro sistema.

2.1.1. *Il modello tecno-lineare*

Alla luce di quanto abbiamo anticipato, quindi, il modello dei discorsi di matrice tecno-lineare è allo stesso tempo incentrato sull'*osservazione empirica di fatti oggettivi* e sulla convinzione che questi ultimi debbano condurre *linearmente*, appunto, seguendo un percorso logico e *continuo*, dal passato e dal presente verso un futuro che è da essi *determinato*. Per questa ragione, chi si serve di questo modello pensa che l'avvenire sia in qualche modo *prevedibile*, magari anche per mezzo di strumenti tecnologici in grado di processare i dati che si riferiscono a cose, eventi e modi d'essere del mondo che non possono che produrre certi effetti sulla realtà. Si tratta, evidentemente, di una concezione molto *meccanicistica* e oggettivante del domani, basata sull'idea che esso si possa immaginare in maniera *univoca*, poiché sulla scorta di certe informazioni, non si può non vedere con chiarezza dove tutto questo condurrà. Da qui la fiducia, in un certo senso positivistica, nella *computabilità* del futuro e nel fatto che individuando i problemi che oggi si parano di fronte a noi, si possa risolverli, *migliorando indefinitamente le nostre condizioni*.

Come è facile intuire, i protagonisti delle narrazioni tecno-lineari sono solitamente scienziati, studiosi, inventori o al limite anche manager o governanti "tecnici", che grazie al loro ingegno e alle loro competenze mettono in atto un certo *saper fare trasformativo*, modificando la realtà in cui viviamo. Essi, comprendendo bene quali sono le cose che non funzionano e analizzandole col loro sguardo logico e rigoroso, sono in grado di condurci verso un avvenire promettente, in cui staremo meglio, avremo più risorse, le distribuiremo in maniera più sensata, sconfiggeremo la fame, cureremo le malattie, risolveremo il surriscaldamento climatico, andremo nello spazio, sveleremo le leggi del cosmo, eccetera. In questa visione, per così dire, *metastorica*, come se un processo eterno e imprescindibile ci conducesse sempre avanti verso un *progresso inarrestabile*, la tecnologia gioca ovviamente un ruolo fondamentale. Da qui la nostra idea di parlare, appunto, di un modello tecno-lineare.

2.1.1.1. *Alcuni esempi di discorsi tecno-lineari di natura fattuale*

Per portare qualche esempio concreto di discorsi sul futuro che discendono dal modello tecno-lineare, possiamo evidenziare come, tra i saggi scientifici del nostro corpus d'analisi, si sono rivelati tali quelli sui cosiddetti "megatrend", come per esempio *2030 d.C. Come sarà il mondo fra dieci anni* (Guillén, 2020) o *The Inevitable* (Kelly, 2016), rispettivamente su come certe linee di tendenza demografiche, ecologiche, economiche, socio-culturali e tecnologiche globali modificheranno la vita sul nostro pianeta.

Ciò che accomuna questo genere di libri è la loro struttura argomentativa, che muove da un solido apparato di dati statistici, i quali denotano la sussistenza di alcuni specifici problemi, indicando però anche come questi ultimi potranno essere risolti. Il testo di Guillén, per esempio, comincia con una sezione intitolata "Qualche dato e qualche cifra", dove si leggono affermazioni come queste:

> Culla della prossima rivoluzione industriale: Africa subsahariana. Motivo: circa due milioni di chilometri quadrati di terreno coltivabile, fertile, ma ancora inutilizzato. Superficie del Messico: circa due milioni di chilometri quadrati.
> [...]
> Nel mondo, numero di persone che soffrono la fame nel 2017: 821 milioni. Nel mondo, numero di persone che soffriranno la fame nel 2030: 200 milioni. Nel mondo, numero di persone che soffriranno di obesità nel 2030: 1,1 miliardi. (Guillén, *ibidem*, p. 9)

Dunque, a fronte di un andamento demografico globale che vede crescere soprattutto la popolazione africana, come riportano del resto i grafici all'inizio del libro (Guillén, *ibidem*, p. 25), il problema di sfamare gli abitanti di quelle che diverranno le aree più popolose del pianeta produrrà delle innovazioni agricole, che consentiranno di sfruttare in maniera intensiva nuovi terreni che adesso sembrano inutilizzabili, innescando una nuova rivoluzione industriale. La ricchezza mondiale si sposterà e si svilupperanno economie oggi ancora allo stato embrionale. Molte persone che sono adesso povere entreranno a far parte dei ceti medi nei loro territori di origine, invece di migrare. Per questo, mangeranno di più, andando incontro a nuove problematiche, come quella dell'obesità, che richiederà ulteriori innovazioni, sia tecniche sia culturali, in un circolo virtuoso che non si fermerà mai.

Questo progressivo incedere della storia verso direzioni che già oggi sono pienamente prevedibili è insito, appunto, nei dati che studiosi come Guillén sanno osservare e interpretare, i quali conducono nella direzione dell'inevitabile, per citare invece il titolo dell'opera di Kelly. Quest'ultimo, a sua volta, parlando di ciò che è accaduto e che accadrà nell'ambito dell'innovazione tecnologica, propone argomentazioni del tenore di quelle che seguono:

Il sistema Internet-Rete-Telefono si è spostato dai margini della società – dove era pressoché ignorato nel 1981 – al centro della scena della nostra moderna società globalizzata. Negli ultimi trent'anni, l'economia sociale basata su questa tecnologia ha avuto i suoi alti e i suoi bassi, e visto i suoi protagonisti andare e venire, ma non c'è dubbio che siano state tendenze su larga scala a determinare quanto è accaduto.

[…]

C'è una predisposizione nella natura della tecnologia che conduce in certe direzioni e non in altre. A parità di condizioni, la fisica e la matematica, che governano le dinamiche della tecnologia, tendono a favorire determinati comportamenti. Queste tendenze esistono principalmente come complesso di forze che modellano i contorni generali della forma tecnologica, senza governare istanze particolari o specifiche. Per esempio, se la formazione di un Internet – una rete di reti che attraversa il globo – era inevitabile, il tipo specifico di Internet che abbiamo deciso di avere non lo era.

[…]

Il cambiamento è inevitabile. Possiamo comprendere dunque che tutto è mutamento, anche se molte di queste alterazioni sono impercettibili: le montagne più alte si stanno erodendo lentamente sotto i nostri piedi, mentre ogni specie animale e vegetale si sta trasformando in qualcosa di diverso all'ultrarallentatore […] La cultura umana, così come la biologia, sono parte di questo impercettibile scivolo verso qualcosa di nuovo.

[…]

Al centro di ogni cambiamento significativo della nostra vita, oggi, c'è una tecnologia di qualche tipo. La tecnologia è l'accelerante dell'umanità. (Kelly, *ibidem*, pp. 10-13)

Come abbiamo scritto nel paragrafo precedente, il modello di pensiero tecno-lineare si chiama così proprio perché si fonda sull'idea di un futuro in cui la novità, intesa come una forma di progresso che segue una direzione precisa, si manifesterà per mezzo della scienza e della tecnologia, le quali produrranno un mondo migliore. Questo, per portare un altro esempio, è oggi particolarmente evidente nei saggi che parlano dell'intelligenza artificiale, come quello di Jerry Kaplan intitolato *Generative A. I.* (2024), in cui l'autore sostiene che, grazie a questo genere di strumenti, chi non potrà permettersi cure mediche di alto livello erogate da esseri umani, potrà ottenere presto precise diagnosi e cure affidabili dalle macchine; chi non potrà accedere a un'istruzione adeguata, avrà il suo tutor personale sintetico; chi non avrà appreso correttamente come si legge, come si comprende e come si compone un testo multimodale, lo potrà fare con semplicità e immediatezza grazie all'IA generativa; chi si sentirà solo, avrà "qualcuno" con cui comunicare; chi avrà bisogno di una buona consulenza legale, la potrà ottenere a poco prezzo; chi vorrà fare arte, non avrà che da esplicitare a una intelligenza artificiale che tipo di opera desidera e questa la realizzerà. Infine, chi saprà fare bene tutte queste cose o chi saprà già come procurarsele da solo, servendosi di queste tecnologie migliorerà comunque la propria produttività, risparmierà tempo e denaro, saprà come accedere ai servizi di maggiore qualità, eccetera. Insomma, sarà una rivoluzione e i suoi benefici saranno appannaggio di tutti.

Come si vede, in questo genere di narrazioni è insita l'idea che la maggior parte dei piccoli, ma anche dei grandi problemi dell'umanità, verranno prima o poi risolti. Eppure, giustamente, i loro sostenitori non si lasciano mai andare a forme di utopismo completamente sganciate dal modo di funzionare della nostra società, perché non è a questo che puntano. Come sostiene di nuovo Kelly,

> né la distopia, né l'utopia sono il nostro obiettivo. Piuttosto, la tecnologia ci sta portando verso la protopia; per l'esattezza, ci siamo già arrivati. La protopia è una condizione del divenire piuttosto che una vera destinazione, è un processo; nello stato prototipico l'oggi è migliore di ieri, anche se solo in minima misura. È un miglioramento incrementale o un lieve progresso. (Kelly, *ibidem*, p. 21)

La convinzione dei fautori del modello tecno-lineare, in sostanza, è che nelle sue dinamiche socio-economiche e politiche di fondo, il mondo del futuro non sarà diverso da quello di oggi. Laddove si vive in regimi democratici liberali di natura liberista o neoliberista, si continuerà a farlo. Se ci si trova in regimi di altro tipo, questo non cambierà. Ciò che sarà diverso e del tutto nuovo sarà, appunto, il fatto che pian piano, progressivamente – oppure molto velocemente, secondo chi è convinto che viviamo in un'epoca di rivoluzioni tecnologiche –, avremo risolto una serie di problemi, alcuni atavici, come la fame o le malattie, altri più tipici del nostro specifico modo di condurre l'esistenza, come da noi in Occidente essere più produttivi, fare soldi sbaragliando la concorrenza, procurarsi prodotti, servizi o forme di sapere pagandoli poco e valorizzandoli al massimo, eccetera.

2.1.1.2. *Alcuni esempi di discorsi tecno-lineari dalla fiction di fantascienza*

È difficile trovare, negli ultimi venticinque anni, film o serie tv occidentali del tutto incentrati sul modello tecno-lineare (ricordiamo che il nostro corpus di opere di finzione su cui riflettere è stato collezionato risalendo fino al Duemila). Se tra gli anni Sessanta e Ottanta (e anche oltre), un *franchise* come *Star Trek* faceva proseliti in tutto il mondo, raccontando di un avvenire ipertecnologico in cui i popoli dell'universo, grazie ai viaggi interstellari e alle loro conoscenze scientifiche, avrebbero imparato a vivere insieme in pace, in salute e nell'abbondanza, nel nuovo millennio questo tipo di fiducia, che invece abbiamo riscontrato essere ancora molto forte nell'ambito della saggistica, sembra venuta meno. Oggi è molto più probabile che ci si imbatta in astronavi alla deriva nello spazio, piuttosto che alla scoperta di nuovi mondi. Eppure, a ben vedere, ci sono due filoni della fantascienza contemporanea che producono ancora, anche se sporadicamente, opere tecno-lineari: quelli sul cambiamento climatico e quelli sull'intelligenza artificiale.

Nel primo ambito, per esempio, un film come *Interstellar* (USA, 2014) racconta di come, a fronte dell'inaridimento della Terra e delle carestie, un gruppo di scienziati illuminati, finanziato segretamente dal governo americano, riesca a comprendere i segreti quantistici dell'universo, al punto da dominarne le leggi fisiche, compiere viaggi interstellari e salvare il futuro dell'umanità. In *The Titan* (USA, 2018), invece, dato che l'aria del nostro pianeta sta diventando venefica, un altro valoroso manipolo di studiosi, ancora una volta foraggiato di nascosto dalle autorità e dall'esercito degli Stati Uniti, compie con successo alcuni esperimenti genetici su un gruppo militari, per trasformarli in soldati che siano capaci di vivere su Titano, una luna di Saturno, in modo che la razza umana vi si possa trasferire. Il finale di quest'opera è decisamente più oscuro rispetto a quello di *Interstellar*, dato che l'unico marine che riesce a sopravvivere perde quasi del tutto le caratteristiche fisiche e cerebrali che lo rendevano simile a noi, diventando una sorta di creatura mitologica. Comunque, il progresso scientifico e tecnologico ci consentono di risolvere i nostri problemi e di migliorare la nostra esistenza, che forse non sarà più bella come un tempo (Titano è un luogo inospitale), ma almeno potrà continuare, aprendo così le porte alla speranza.

Nel filone della fantascienza sull'intelligenza artificiale, invece, ci sono molti casi di narrazioni in cui le capacità sovrumane delle macchine ci tornano utili per migliorare le nostre condizioni materiali. Addirittura, spesso ci innamoriamo di robot umanoidi, come in *Zoe* (USA, 2018), *Archive* (UK, Ungheria, USA, 2020), *Humans* (UK, 2015-2018) o *Better Than Us* (Russia, 2018-2019). Oppure, proviamo sentimenti di affezione nei confronti di IA che non hanno un corpo, come in *Her* (USA, 2013). Tutto questo si verifica perché i protagonisti umani di queste opere si rendono conto che le loro controparti sintetiche li possono aiutare a crescere, a svilupparsi e a migliorare, sia come individui, sia come membri della nostra società.

Infine, in questa nostra breve carrellata delle opere di finzione tecno-lineari contemporanee, una menzione a parte la merita *Foundation* (USA, 2021-oggi), la serie televisiva frutto dell'adattamento dell'omonimo romanzo di Asimov. In questo caso, come del resto avveniva negli anni in cui lo scrittore americano componeva il suo capolavoro letterario, è evidente la fiducia nella capacità della scienza di prevedere il futuro. Vi si narra, infatti, di uno studioso di nome Hari Seldon che inventa una tecnica matematico-statistica, la Psicostoria, per calcolare la probabilità che certi fatti storici si avverino. Egli, così, predice ai sovrani dell'impero galattico che il loro regno crollerà e chiede loro di consentirgli di dirigere una fondazione, per mezzo della quale cercherà di fare in modo che i secoli bui che seguiranno a questo evento destabilizzante siano brevi. Progettando di servirsi, allo stesso tempo, del potere della politica e della tecnologia avanzata in mano ai sovrani, ma anche del suo prezioso sapere scientifico, il protagonista di questa vicenda intende agire, dunque, per garantire all'umanità un avvenire meno oscuro.

2.1.1.3. *Alcuni esempi misti*

Confrontando ciò che abbiamo scritto a proposito dei discorsi fattuali di matrice tecno-lineare, i nostri lettori si saranno certamente accorti del fatto che molti di essi sono fantascientifici. Chiunque conosca la saggistica degli ultimi anni sull'intelligenza artificiale, per esempio, sa che diversi studiosi di questo genere di tecnologia, per farla comprendere meglio e per illustrare il futuro che ci attende, spesso utilizzano metafore prese da film o da opere letterarie. Nell'opera di Kaplan che abbiamo citato nel paragrafo 2.1.1.1., c'è un intero capitolo dedicato al rapporto che questo autore ritiene proficuo tra chi sviluppa o studia l'IA così per come essa è oggi e chi ne immagina o ne ha immaginato l'avvenire. Tegmark (2017), addirittura, comincia il suo libro *Vita 3.0* – comunicando già dal titolo la sua preminente impostazione tecno-lineare, dato che egli preconizza una nuova tappa dell'evoluzione della vita nell'universo grazie ai sistemi informatici intelligenti che stiamo creando – con un racconto di finzione (in questo caso distopico) scritto di suo pugno, per poi argomentare scientificamente su come si possa evitare che quanto ha illustrato si avveri.

Questo genere di letteratura mista, in parte fattuale e in parte di finzione, è piuttosto ricorrente nel corpus di testi che abbiamo preso in analisi. È interessante, da questo punto di vista, il saggio di Salvatore Rossi, tra le altre cose ex direttore della Banca d'Italia e presidente di TIM, intitolato *Indagine sul futuro* (2022). Qui, ancora una volta, l'autore comincia il proprio testo con un racconto di fantascienza scritto da lui stesso, nel quale immagina un futuro in cui le persone comunicheranno con la telepatia, vivranno isolate nelle proprie "bolle" tecnologiche e si incontreranno per mezzo dei loro avatar, perché i virus saranno troppo diffusi e difficilmente controllabili, si riprodurranno in provetta ricorrendo all'eugenetica, non lavoreranno se non lo vorranno e percepiranno un reddito universale grazie al fatto che la ricchezza e i beni di ogni tipo verranno prodotti dalle macchine, eccetera. Di questo mondo, le cui caratteristiche, secondo Rossi, non si discosterebbero molto da ciò che è già possibile oggi, qualcosa è desiderabile – i malati, per esempio, si cureranno facilmente grazie a tecnologie avveniristiche – e molte altre cose appaiono come vere distopie. Per esempio, sempre secondo lo stesso autore, le disuguaglianze si acuiranno, tra chi possiederà certi strumenti e potrà permettersi di vivere come abbiamo scritto, e chi invece non li avrà e premerà per uccidere chi sta meglio, prendendo il suo posto. Dunque, per fare in modo che l'avvenire acquisisca le forme della parte più utopica del suo racconto di fantascienza, Rossi intervista una serie di esperti che gli consentono di indicare, dati e tendenze alla mano, la giusta strada da percorrere.

Questo dovrebbe far comprendere meglio il valore dell'assunto che abbiamo anticipato nel primo paragrafo di questo capitolo, vale a dire che per un semiologo non c'è una grande differenza tra i discorsi di natura fattuale e quelli di finzione che si occupano di comunicare una specifica visione dei più svariati temi che appaia significativa ai loro destinatari all'interno del medesimo contesto culturale. In entrambi i casi, infatti, si verifica spesso che chi li enuncia dica cose simili, portando avanti le medesime narrazioni. Del resto, quasi sempre, chi scrive un romanzo o gira un film di fantascienza legge i contenuti della saggistica scientifica e, viceversa, gli scienziati conoscono le opere di letteratura e vanno al cinema. Ciò che conta, quindi, è tratteggiare il funzionamento dei modelli che accomunano il pensiero di tutte queste persone, come del resto stiamo facendo in queste pagine.

2.1.2. *Il modello mitizzante*

Il modello tecno-lineare è forse uno dei più utilizzati, per immaginare il futuro e per parlarne. Eppure, contrariamente a quanto si potrebbe pensare, non sempre l'avvenire viene tratteggiato come un "andare avanti", una forma di progresso inarrestabile che ci spinge verso la novità. Spesso, infatti, esso viene visto come un *ritorno alle origini*, che ci consente di ritrovare qualcosa che avevamo perduto. In questo caso, come abbiamo anticipato nel paragrafo 2.1, il fulcro del discorso non sono più i freddi dati che descrivono le linee di tendenza della storia, ma una serie di *valori* fondamentali, che erano stati messi da parte, ma che devono essere recuperati, così da riportare le cose nella loro giusta dimensione.

Abbiamo deciso di denominare questo modello come "mitizzante", perché è tipico del pensiero mitico di molti popoli il fatto di produrre narrazioni in cui si prova a capovolgere la struttura del reale – magari raccontando che gli uomini si sposano con gli dei, che gli animali parlano e vivono come noi, eccetera – per dimostrare che questo allontanarsi dal modo in cui le cose hanno sempre funzionato è, in un certo senso, innaturale ed eticamente sbagliato, dunque è necessario rimetterle al loro posto. Questa struttura narrativa viene ripresa continuamente a ogni latitudine, anche nelle nostre società moderne, in diversi contesti: dalla politica alla filosofia, dal dibattito sui limiti della scienza alle pubblicità sui nuovi stili di vita, spesso ci si imbatte in discorsi in cui si dice che il mondo in cui viviamo va al contrario di come dovrebbe, perché ci siamo allontanati troppo dai principi che da sempre ne garantiscono gli equilibri. Dunque, per poter avere un futuro, dobbiamo *recuperare ciò che abbiamo perduto*.

Quando viene utilizzato per riflettere sul domani, le caratteristiche tipiche del modello mitizzante sono, per l'appunto, la difesa di *valori "esistenziali"*, tendenzialmente *immutabili*, legati all'*autenticità* delle cose che deve essere ritrovata, il desiderio di vivere in una *realtà piena di significato* e non meramente funzionale, l'enfasi posta sul concetto di *equilibrio* – tra uomo e natura, tra esseri umani, tra tradizione e innovazione, eccetera – che è andato perduto e che deve essere restaurato, la ricerca dell'*armonia*, la convinzione che esista un ideale universale del nostro stare al mondo, una forma di *"normalità"* verso cui dobbiamo ritornare dopo i turbamenti recenti, la valorizzazione, a questo scopo, del sapere e del patrimonio culturale della *tradizione*, infine la dimostrazione dei *rischi della tecnologia* e le accuse di "sindrome di Prometeo" mosse a chi si spinge troppo in là nel suo utilizzo. Spesso, tutto questo fa da sfondo a *distopie tecno-politiche* che mettono in evidenza come, sostanzialmente, si stesse meglio in passato.

Il modello mitizzante, dunque, è incentrato sulla ricerca di una forte *discontinuità rispetto al presente*. Eppure, come abbiamo anticipato nel paragrafo 2.1 e nella figura 1, esso ha in comune col modello tecno-lineare la convinzione che ci sia un *percorso logico*, chiaramente visibile, che la storia ha seguito per condurci dove ci troviamo. Solo che, in questo caso, ci siamo avviati nella direzione sbagliata. Ma ciò che si deve fare per rimettere le cose al loro posto è, ancora una volta, *univoco*, sotto gli occhi di tutti. Inoltre, quello che conta veramente è che il punto d'arrivo *unirà il futuro e il passato*, secondo una dinamica di *continuità* che non è dissimile da quella ricercata dai pensatori tecno-lineari: cambia solo la direzione verso cui ci si incammina.

2.1.2.1. *Alcuni esempi di discorsi mitizzanti di natura fattuale*

Nel nostro corpus di analisi, che nella sua componente saggistica e giornalistica – lo ripetiamo – è stato collezionato a partire dalla pandemia, molti testi si sono rivelati "mitizzanti". Del resto, nei mesi della quarantena, una delle parole più ripetute è stata "ritornare" – a uscire di casa, a vivere felici, eccetera – e l'idea del ritorno a una condizione del passato migliore rispetto a quella del presente è proprio alla base del modello che qui stiamo descrivendo.

In particolare, durante la diffusione del Covid-19, molti si sono sentiti di criticare le varie storture delle nostre società, che a loro modo di vedere avrebbero causato l'insorgere e il diffondersi del virus Sars-Cov-2. Come si ricorderà, qualcuno si è scagliato contro il capitalismo di matrice neoliberista, che in nome dell'accumulo e della crescita continua della ricchezza, avrebbe modificato in maniera irreversibile il nostro habitat naturale, rendendolo meno vivibile (Padoan, 2020). Qualcun altro ha creduto di rinvenire il motivo della nostra sofferenza nella troppa vicinanza con gli animali selvaggi, come i pipistrelli o i pangolini dei mercati cinesi, di cui si è parlato a lungo, ritenendo che la malattia avesse fatto il salto di specie a partire da questi ultimi (molti di coloro che hanno portato avanti questo tipo di discorso si sono ispirati al noto libro di David Quammen del 2013 intitolato *Spillover*). Altri ancora hanno evidenziato l'indebolimento che ci sarebbe derivato dal fatto di appoggiarci troppo pesantemente sulle tecnologie, credendo di essere invincibili e di poter dominare la natura a nostro piacimento, trovandoci piuttosto alla sua mercé (Giaccardi e Magatti, 2020). Qualcuno, infine, ha sottolineato come lo stesso capitalismo neoliberista di cui scrivevamo sopra si sarebbe dimostrato poco resiliente, rispetto alla situazione di crisi prodotta dalla pandemia, dato che l'impoverimento delle strutture ospedaliere, soprattutto in provincia, a favore dei più redditizi grandi poli sanitari cittadini, i pochi medici sul territorio rispetto al numero di pazienti al fine di razionalizzare le spese degli Stati, la necessità di far funzionare comunque l'apparato produttivo industriale che non poteva essere gestito per mezzo del cosiddetto "lavoro a distanza", e tutta un'altra serie di problemi dovuti alla natura del sistema, avrebbero favorito l'esito disastroso della pandemia, che altrimenti avrebbe potuto essere gestita meglio (Pozzi e Dusi, 2021). In ognuno di questi casi, l'idea di fondo è stata sempre la stessa: se non avessimo commesso l'errore di allontanarci da un modo di essere e di vivere più equilibrati, non avremmo dovuto soffrire così tanto. L'auspicio, dunque, era che il futuro potesse tornare a somigliare a un passato molto più desiderabile del presente, un tempo in cui vivevamo in funzione di valori più condivisibili.

Ma anche prima dell'epidemia di Covid-19, il modello mitizzante è stato al centro di molte riflessioni sull'avvenire, soprattutto di matrice ambientalista. Per esempio, nel suo libro intitolato *Breve trattato sulla decrescita serena* (2008), Serge Latouche, dopo avere criticato nel primo capitolo le storture e l'insostenibilità dell'ideologia della crescita infinita, insita ancora una volta nel neoliberismo contemporaneo, propone la sua ricetta per ritornare a vivere in una maniera sensata. A questo scopo, indica un programma suddiviso in vari punti, tutti basati su parole che cominciano con la lettera "R" di "ritornare", come riconcettualizzare, ristrutturare, ridistribuire, rilocalizzare, ridurre, riutilizzare e resistere. Egli, con una riflessione molto significativa per noi che ci occupiamo di discorsi sul futuro, afferma che chi lo accusa di essere un reazionario, animato dalla volontà romantica di ritornare al passato, non capisce che le azioni da lui descritte "sono contemporaneamente atti rivoluzionari e ritorni all'indietro, innovazioni e ripetizioni" (Latouche, *ibidem*, p. 55). Infine, sostiene quanto segue:

> Si possono dunque vedere immediatamente i valori da rivendicare, quelli che dovrebbero avere la meglio sui valori (o piuttosto sulla mancanza di valori) oggi dominanti. L'altruismo dovrebbe prevalere sull'egoismo, la collaborazione sulla competizione sfrenata, il piacere del tempo libero e l'ethos del gioco sull'ossessione del lavoro, l'importanza della vita sociale sul consumo illimitato, il locale sul globale, l'autonomia sull'eteronomia, il gusto della bella opera sull'efficienza produttivistica, il ragionevole sul razionale, il relazionale sul materiale, eccetera
> [...]
> Soprattutto, è necessario passare dalla fede nel dominio sulla natura alla ricerca di un inserimento armonioso nel mondo naturale. Sostituire l'atteggiamento del predatore con quello del giardiniere. Per gli ecologisti cristiani si tratta addirittura di un undicesimo comandamento: «Rispettare la natura in quanto creazione divina». Il mito tecnicistico e prometeico di una artificializzazione dell'universo è una forma di rifiuto del mondo e dell'essere. (Latouche, *ibidem*, pp. 45–46)

In questa critica del presente che si sarebbe allontanato da una condizione primigenia di armonia dell'uomo col creato e in questa idea secondo cui, seguendo certi valori, si possa allo stesso tempo andare avanti tornando indietro, c'è tutta l'essenza del modello mitizzante.

2.1.2.2. *Alcuni esempi di discorsi mitizzanti dalla fiction di fantascienza*

Il modello mitizzante è presente anche nella fiction di fantascienza contemporanea. Un buon esempio, da questo punto di vista, è il film *Bigbug* (Francia, 2022), in cui si narra di un mondo del futuro ipertecnologico in cui l'intelligenza artificiale ha fatto il suo ingresso in tutte le case e in ogni ambito della vita civile. Gli esseri umani, forse per reazione, vivono in una temperie culturale di *revival* del passato, prediligendo l'acquisto di abitazioni e auto che ricordano il design di quelle degli anni Sessanta e Settanta del Novecento, si acconciano e si vestono come si faceva in quell'epoca, e coltivano hobby "curiosi" come la scrittura a mano con la penna stilografica. Essi, però, al di là delle futili apparenze, sembrano essersi molto allontanati da come erano un tempo: le famiglie sono disgregate, l'individualismo è imperante, anche le relazioni sentimentali sono meri atti di consumo del corpo o dei soldi dei propri partner. L'unico obiettivo di tutti è il piacere fine a sé stesso, tanto che qualcuno, anche se di nascosto, se lo procura facendosi "amare" dai robot. In questa situazione, paradossalmente, alcune macchine, anche se le loro sembianze ne tradiscono la natura sintetica, sembrano più umane delle persone in carne e ossa, dato che si dedicano con passione alla cura degli altri e alla ricerca del loro amore. Così, quando l'IA che dovrebbe garantire la pubblica sicurezza va fuori controllo e prende il potere, diventando il carceriere e allo stesso tempo l'implacabile censore dei vizi di coloro che credevano di poterla comandare a piacimento, ironicamente, sono proprio alcune intelligenze artificiali domestiche, a loro volta un po' *vintage*, ad aiutare i propri "padroni" a liberarsi, indicando loro la strada per ritrovare sé stessi. Nel finale, uno di questi robot, sacrificatosi per salvarli, fa la morale ai protagonisti del film per mezzo di un discorso lasciato nella memoria di un'altra macchina, dicendo quanto segue: "Se ricevete questo messaggio, non sono più in questo mondo. Ma non siate tristi: nei ricordi e nei sentimenti, niente muore mai. Tutti continuiamo a vivere nei cuori di chi ci ama. Non perdete mai questo tesoro: restate umani". In effetti, questo sembra proprio ciò che hanno appreso questi personaggi, dato che la loro famiglia, dopo le mille peripezie che ha vissuto, torna a essere unita attorno a questi semplici valori del passato, che finalmente sembrano preludere a un futuro davvero desiderabile.

Un altro film molto significativo, dal punto di vista del modello mitizzante, è *Io* (USA, 2019). Qui, si narra di nuovo di un mondo sull'orlo del collasso per colpa dell'inquinamento. L'aria della Terra è diventata velenosa ed esistono ancora pochissime zone in cui è respirabile. Per questo, le autorità stanno facendo evacuare il pianeta, per trasferire l'umanità su una stazione orbitante attorno a Io, una luna di Giove, da dove la speranza è di potersi trasferire presto su Proxima Centauri B, un corpo celeste di un'altra costellazione che sembra molto simile al nostro. Sam Walden, una giovane scienziata, figlia di uno studioso che aveva speso tutta la vita nello studio di come poter sopravvivere sulla Terra, non è però convinta di andarsene, perché si sente troppo legata a quella che considera la sua casa. Il simbolo di questo suo amore per il nostro mondo è un museo, che lei va a visitare spesso, mettendosi un respiratore, dato che si trova in una zona molto inquinata. Qui, osserva i dipinti dei miti greci, provenienti da un passato in cui il rapporto tra gli uomini e la natura non era compromesso e i fasti della nostra civiltà erano davanti, nel futuro. Il sogno di Sam è dunque quello di recuperare in qualche modo questa condizione primigenia, servendosi della scienza, che però in questo film è rappresentata in maniera molto semplice, ancora una volta *vintage*, dato che i computer sono vecchi e la gente va nello spazio con le astronavi, ma si sposta sul nostro pianeta in mongolfiera. Soprattutto, la ragazza aspira a riportare in auge la cultura delle proprie radici. Mentre gli uomini che ama abbandonano tutto, lei resiste, anche a rischio della propria esistenza: a suo modo di vedere, infatti, non si può pensare un avvenire davvero dotato di senso, se esso non si fonda sui migliori e più solidi valori della tradizione che custodiscono la memoria dell'umanità.

2.1.2.3. *Alcune considerazioni sull'incrocio tra i modelli*

Gli esempi che abbiamo riportato negli ultimi due paragrafi ci consentono di mettere in luce già qui un fenomeno che si farà sempre più evidente con il procedere della descrizione dei modelli della figura 1. Come i lettori più attenti avranno notato, infatti, tutti i saggi e i film che abbiamo citato costruiscono la loro visione del futuro partendo dalla critica di quella di matrice tecno-lineare. Questo è particolarmente evidente in *Bigbug*, dove l'avvenire ipertecnologico garantito dalla diffusione capillare dell'intelligenza artificiale e dal benessere materiale che vi si accompagna, non solo non basta a garantire la felicità dei protagonisti, ma addirittura li conduce alla rovina, almeno fino a quando essi non capiscono come tornare a essere "umani". Lo stesso, però, si può dire leggendo Latouche, che non manca mai, in nessuna parte del suo libro, di far capire che il significato della decrescita serena si può comprendere solo per differenza, comparando questa prospettiva con quella del neoliberismo imperante: così come quest'ultimo è in grado solo di tratteggiare un avvenire di crescita infinita e di progresso irrealizzabili, allo stesso modo il recupero dei valori di cui abbiamo scritto potrà consentire a chi vi crederà di resistere – per utilizzare i termini dello stesso Latouche – fino alla costruzione di un mondo davvero migliore.

In generale, ciò che vogliamo evidenziare, riprendendo le considerazioni che abbiamo anticipato nel paragrafo 2.1, è che il fatto di decidere che il futuro debba discendere da un modello mitizzante consente a chi se ne fa portatore di vedere bene che il proprio pensiero si distingue nettamente da quello di chi ragiona sostanzialmente all'opposto, vale a dire in maniera tecno-lineare. Dunque, per costruire il proprio discorso, egli è indotto a richiamare le ragioni di coloro a cui si contrappone, per criticarle e mostrare che non funzionano. Così facendo, è più facile comunicare il senso della propria visione alternativa, illustrando i suoi pregi a fronte dei difetti delle convinzioni altrui. Man mano che andremo avanti nella descrizione dei nostri modelli, sarà sempre più chiaro, dunque, che i discorsi derivanti dall'uno si incrociano con quelli che discendono dagli altri, in un gioco di richiami che è bene saper riconoscere e dipanare.

2.1.3. *Il modello antagonista*

Il terzo modello di cui intendiamo parlare è quello che abbiamo definito come "antagonista". Anche in questo caso, l'idea di chi se ne fa portatore è che si debba in qualche modo contrastare la narrazione tecno-lineare, secondo cui il futuro sarebbe la normale conseguenza dello sviluppo del sistema socio-economico e culturale in cui viviamo, che ci condurrebbe verso un avvenire desiderabile, migliore del presente. In realtà, agli occhi degli "antagonisti", questa visione appare semplicistica ed edulcorata, frutto della *propaganda* di gruppi di potere che avrebbero un tornaconto nel farci credere che sia vera. Essa è contraddetta da una serie di *dati di fatto*, che dunque riprendono il sopravvento sui valori del modello mitizzante (ci ritroviamo di nuovo sul lato sinistro del quadrato della figura 1).

Nel modello antagonista, non è più questione di ritornare a un passato più armonioso, ma di ripristinare oppure di affermare ex novo una *verità tenuta nascosta*, contrapponendosi al senso comune dominante. A questo scopo, ancora una volta, sono importanti le figure degli *scienziati*, almeno di quelli *indipendenti* che non appartengono a istituzioni colluse col potere, la cui capacità di osservazione dei fenomeni davvero rilevanti per comprendere dove staremmo andando viene spesso chiamata in causa. Essi, confrontandosi coi loro pari (la logica è quella della *rete orizzontale* contrapposta alle gerarchie degli apparati burocratici), come delle specie di *detective*, appaiono in grado di "unire i puntini" delle varie tracce del mondo che verrà, rendendocene visibili i contorni più *inquietanti*. Grazie alle loro analisi, infatti, è facile comprendere che non ci staremmo avviando verso un avvenire utopico, come nella narrazione tecno-lineare. Piuttosto, se già non ci viviamo, il rischio è che presto ci ritroveremo in una *distopia*, manipolati da chi desidera che quest'ultima prenda piede e si consolidi. Dunque, è necessario battersi, *smascherando* e magari anche *dileggiando* le autorità che cercano di nascondere i loro veri intendimenti. Ma, soprattutto, è fondamentale *opporsi* a questi disegni, in una maniera, per l'appunto, antagonistica.

L'enfasi su questa opposizione, però, fa sì che, rispetto agli altri due modelli che abbiamo sin qui descritto, quest'ultimo sia meno propositivo: chi lo porta avanti, infatti, è di solito molto bravo a *criticare* ciò che non funziona nel presente, magari sa anche cosa fare e si spende per evitare che tutto questo continui a perpetuarsi, ma raramente tratteggia l'avvenire che ha in mente. Gli è chiaro, insomma, ciò che il futuro *non dovrà essere*, ma non quello che effettivamente sarà: prima di costruire qualcosa di nuovo, bisogna *smantellare il vecchio* che si dimostra disfunzionale.

2.1.3.1. *Alcuni esempi di discorsi antagonistici di natura fattuale*

Dato che abbiamo basato la nostra ricerca sull'analisi di testi raccolti a partire dalla pandemia, molti esempi dei discorsi di natura antagonistica in cui ci siamo imbattuti appartengono al filone critico nei confronti delle scelte di alcuni governi e delle istituzioni sanitarie durante la crisi determinata dalla diffusione del virus Sars-Cov-2. Intere testate giornalistiche, come in Italia *La Verità*, un quotidiano dal titolo sicuramente significativo rispetto a ciò che stiamo scrivendo, hanno incentrato le loro strategie di racconto di quanto è accaduto e che sta ancora avvenendo sulle logiche del modello che è qui in discussione. Ma anche molti siti internet e blog hanno portato avanti questa narrazione: da Disinformazione.it, il cui sottotitolo, quando ci si collega alla home page, è "Oltre la verità ufficiale", a ComeDonChisciotte, che si presenta indicando di fare "Informazione indipendente dal 2003", da Casa del Sole TV ("La TV del sapere", come a sottolineare che quello di cui essa parla è il "vero sapere") a Luogocomune.net. Una sommaria analisi dell'universo semantico di questi nomi e di queste formule denuncia immediatamente il fatto che ci troviamo di fronte a progetti editoriali e a persone che si sentono coinvolte in una battaglia idealistica, combattuta, a loro modo di vedere, per il bene di tutti, contro l'oscurantismo del pensiero unico portato avanti proditoriamente dai centri di un potere che non rappresenta quasi nessuno.

In realtà, però, non è solo la pandemia a prestarsi a questo tipo di riflessioni sul futuro. Un altro tema molto dibattuto dagli "antagonisti" è quello della cosiddetta *shock politics* (Kline, 2017), secondo cui, per mantenere un certo ordine politico in società come le nostre, in cui si manifesta una evidente stanchezza nei confronti di un sistema che, ancora una volta, non fa sentire le persone davvero rappresentate, ci sarebbe bisogno di creare ad arte la paura di guerre, attacchi terroristici o diffusione incontrollata di virus, in modo da legittimare, obtorto collo, le istituzioni che agiscono per contrastare tutti questi fenomeni. Oppure, ancora, sempre in questo ambito, si critica aspramente la strategia del "grande reset", enunciata nella maniera più compiuta al World Economic Forum di Davos di qualche anno fa, nel quale gli uomini più influenti del pianeta si sono incontrati, sostenendo di voler approfittare della crisi portata dal Covid-19 in tutto il mondo, per azzerare tutto ciò che fino a quel momento non aveva funzionato e, come si leggeva sul sito web di quella manifestazione, "costruire un nuovo contratto sociale che onori la dignità di ogni essere umano". Ma, per i fautori del modello antagonista, dietro all'apparente natura filantropica di questo programma, si celerebbero disegni totalitaristi che devono essere smascherati, come fanno gli autori di *Against the Great Reset. Eighteen Theses Contra the New World Order* (Walsh, 2022), quasi tutti studiosi e accademici, con argomentazioni come quelle che seguono:

> The Great Reset proposes to command by fiat what Nature and Nature's God has thus far refused to countenance. Just surrender your freedom; your mobility; even your diet — eat more bugs! they sing and heed us.
> [...]
> In our weakness for leadership, we harken to those who would order us, decide for us, provide for us, command us. It is the world of Orwell's 1984 that the WEF offers us, but spiced with the soma of Huxley's Brave New World and the totalitarian conformity of Yevgeny Zamyatin's We.
> [...]
> The satraps of Davos don't want to simply reset a post-Covid world. Or a post-fossil fuels world. Or even a post-racial world. They want to run it, forever, and while they no longer have need of a god, they'll always need an enemy. They may not believe in a power higher than themselves, but they certainly believe in demons, and their most irksome devil is you[2].
> (Walsh, *ibidem*, pp. 20-22)

---

[2] Il Grande Reset propone di imporre per legge ciò che la Natura e il Dio della Natura si sono finora rifiutati di tollerare. Rinunciate alla vostra libertà, alla vostra mobilità, persino alla vostra dieta – mangiate più insetti! cantano e ci raccontano.

[...]

Per via del nostro debole per la leadership, ci rivolgiamo a coloro che ci ordinano, decidono per noi, provvedono per noi, ci comandano. È il mondo di 1984 di Orwell che il World Economic Forum ci offre, ma condito con il soma di Brave New World di Huxley e il conformismo totalitario di We di Yevgeny Zamyatin.

[...]

I satrapi di Davos non vogliono semplicemente reimpostare un mondo post-Covid. O un mondo post-carburanti fossili. O anche un mondo post-razziale. Vogliono governarlo, per sempre, e anche se non hanno più bisogno di un dio, avranno sempre bisogno di un nemico. Forse non credono in un potere superiore a loro stessi, ma di certo credono nei demoni, e il loro diavolo più fastidioso sei tu.

L'idea, insomma, è che ci si debba ribellare a questi tentativi autoritari di imporre un ordine e una visione delle cose palesemente sbagliati e controproducenti, almeno per chi non fa parte delle élite che ne traggono beneficio. Ma, per riuscirci, bisogna mettersi insieme, organizzarsi e utilizzare le migliori armi della scienza e della ragione.

2.1.3.2. *Alcuni esempi di discorsi antagonistici dalla fiction di fantascienza*

La storia della fantascienza cinematografica è piena di esempi di narrazioni antagonistiche, da *V per Vendetta* (USA, UK, Germania, 2006) a *L'esercito delle 12 scimmie* (USA, 1995). Ma, negli ultimi anni, il film più calzante per esemplificare il funzionamento di questo modello è sicuramente *Don't Look Up* (USA, 2021), in cui si parla di uno dei più grandi topoi che da esso discendono, vale a dire la critica dell'attuale inclinazione generalizzata verso il *non voler sapere*, la tendenza di tanti a chiudere gli occhi di fronte al reale.

In quest'opera, infatti, si racconta della scoperta fortuita, da parte di un gruppo di astronomi, di una cometa in rotta di collisione con la Terra. Gli scienziati avvertono subito le autorità, ma si ritrovano invischiati in una serie di meccanismi mediatici e politici che li sbalordiscono, perché né l'esercito, né la presidentessa degli Stati Uniti, né i cittadini, direttamente avvertiti dell'imminente pericolo tramite colloqui privati e con un appello televisivo, sembrano volersi preoccupare. Ognuno continua a condurre meccanicamente la propria esistenza, interessandosi di cose futili e del soddisfacimento dei propri piccoli piaceri quotidiani. Nemmeno quando finalmente chi ha il potere decide di intervenire, più per insabbiare altri scandali che non per senso di responsabilità, si riesce a ottenere che lo faccia seriamente: infatti, invece di federarsi con tutti gli altri governi del pianeta per unire le forze e distruggere il meteorite, viene scelto di demandare la soluzione del problema a un grande magnate dell'industria aerospaziale privata americana, interessato più che altro a sperimentare le sue nuove tecnologie facendole pagare dallo Stato e ad appropriarsi delle materie prime presenti nell'asteroide. Purtroppo, però, i suoi strumenti falliscono e l'impatto diventa inevitabile. Chi può, si mette in salvo nello Spazio (per poi essere ucciso dagli alieni), ma alla maggior parte della gente comune, ancora ben poco consapevole di ciò che sta accadendo, non resta che morire.

Rispetto ai film antagonistici di un tempo, dunque, *Don't Look Up* è molto meno rivoluzionario, dato che la contrapposizione al sistema di potere che tiene avvinte le persone fallisce. Ciò che si mette in luce con grande acume, piuttosto, sono i meccanismi di costruzione del senso comune che rendono gli individui di oggi così poco coscienti del fatto di non avere un futuro, mostrando che essi credono in qualche cosa che magari li consola, ma che è del tutto inconsistente. Il film, da questo punto di vista, è molto ironico e dissacrante, puntando sulla vecchia massima secondo cui una risata dovrebbe seppellire le menzogne di governanti e autorità. Non è detto che funzioni, ma è la cifra stilistica di questo genere di narrazioni, oggi, al cinema.

2.1.4. *Il modello valoriale*

Se il modello antagonista è piuttosto vago, nell'indicare se il futuro debba consentirci di andare avanti, costruendo un mondo del tutto nuovo sulle ceneri di quello vecchio che desideriamo smantellare, oppure se sia meglio tornare indietro e ripristinare usi e costumi più ragionevoli, l'ultimo della figura 1, quello "valoriale", si basa sulla forte convinzione che le cose debbano *cambiare*. L'idea è che l'avvenire debba configurarsi come un tempo in cui si verificheranno fatti che non abbiamo ancora mai sperimentato, ma che possiamo immaginare, lasciandoci guidare da *valori* che sono molto diversi da quelli su cui si fonda la società del presente. Anche in questo caso, dunque, la dimensione *critica* rispetto al modo in cui viviamo è molto rilevante, ma l'enfasi non è più su una serie di dati oggettivi, seppur poco considerati, che indichino la necessità di cambiare rotta: i problemi che dobbiamo affrontare sono sotto gli occhi di tutti e dipendono dal fatto che la realtà che abbiamo sin qui costruito si fonda su *principi morali sbagliati*. Questo fa sì che tutto, intorno a noi, denunci il sussistere di ingiustizie, disuguaglianze e sofferenze, a cui si può porre fine solo con un *cambio di paradigma* nel nostro modo di assegnare un senso all'esistenza.

Il modello valoriale, trovandosi sul lato destro del quadrato della figura 1, condivide dunque con quello mitizzante la convinzione a proposito dell'importanza dei valori, che sono la prima vera chiave di lettura del reale e il movente che deve orientare l'azione delle persone per modificarlo. Vedremo meglio nei prossimi paragrafi quali siano i principi più frequentemente adottati da chi ragiona in questo modo, ma qui possiamo anticipare che, come è facile capire, dato che ci troviamo nella posizione opposta, rispetto a quella del modello tecno-lineare, sicuramente i valori neoliberisti, che fanno da sfondo al mondo del futuro immaginato dai fautori di quest'ultimo modo di pensare, sono piuttosto diversi. Il progresso tecnologico di matrice utilitaristica, volto a massimizzare razionalmente i vantaggi di chi detiene il potere sulla tecnologia stessa, non è un obiettivo primario, così come la natura materiale delle cose e la loro funzionalità sono secondarie rispetto al piano dei loro *significati*: l'avvenire, da questo punto di vista, deve essere popolato di *oggetti "buoni"* perché finalizzati a realizzare una certa idea di società, che è innanzitutto *politica*, tant'è che uno degli autori più citati, in questo senso, è Langdon Winner, con il suo famoso articolo, dal titolo eufemistico, *Do Artifacts Have Politics?*[3](1980).

Dato che ciò che conta sono i valori, i quali si devono imporre sul mondo materiale e orientarlo, il modello che qui stiamo descrivendo presta evidentemente più attenzione alla *soggettività* degli individui. Questa è la vera ragione per cui, come abbiamo anticipato, l'oggettività dei dati che provengono dal mondo esterno, ciò che essi "obiettivamente" dicono, non è così importante, mentre lo è molto di più il modo in cui questi ultimi possono essere *interpretati*. Al limite, gli stessi dati vengono criticati proprio per la loro natura idiosincratica, essendo il frutto del punto di vista di chi se li è procurati: evidentemente, per i pensatori "valoriali", il concetto di *ideologia* è sempre sullo sfondo di ogni visione della realtà che si voglia spacciare per oggettiva, con tutti i suoi addentellati con la nozione di egemonia, le pratiche di dominio di qualcuno su qualcun altro, eccetera. Piuttosto, bisogna essere sempre consapevoli del fatto che qualunque logica di lettura del mondo appare vera a coloro che la condividono e che dunque, poiché viviamo in società complesse, al loro interno si scontreranno sempre visioni basate su *valori differenti*. Quindi il futuro non potrà che essere il frutto della *sintesi* tra tutte queste posizioni.

Proprio questa idea dell'avvenire, inteso come l'esito dell'incontro e del confronto tra tante prospettive diverse, allontana il modello valoriale

---

[3] Gli artefatti hanno una natura politica?

dall'idea mitizzante di un ritorno a un passato migliore rispetto al presente, in cui un certo modo di pensare e di agire dimostrava di essere superiore a tutti gli altri. Piuttosto, proprio perché la storia è il frutto dello scontro tra tante visioni differenti, tra le quali, però, in un certo periodo, qualcuna prende il sopravvento (pur senza risolvere i tanti problemi che sono sotto gli occhi di tutti), bisogna pensare a nuove forme di lettura del passato e del mondo contemporaneo, che si dimostrino più *complesse* e comunque *alternative*. Questo, naturalmente, può anche determinare una certa *conflittualità* tra le varie soluzioni immaginate, visto che, come scrivevamo, esse non possono che derivare da visioni soggettive e parziali, ma questo non deve fermare il *confronto*. Anzi, quest'ultimo, quand'anche acceso, viene visto positivamente dai fautori del modello valoriale, dato che può stimolare la *creatività* e la nascita di nuove idee.

In definitiva, il modello valoriale predilige sicuramente l'*agire trasformativo* su un presente che considera problematico, ma ritiene ancora più importante la *trasformazione decisiva del soggetto* e del suo modo di comprendere il reale. Siamo noi che, in prima battuta, dobbiamo diventare diversi: se ci riusciremo, anche il mondo cambierà in meglio. Ma, per ottenere tutto ciò, dobbiamo privilegiare la dimensione del pensiero, della ricerca, della riflessione sul sociale, perché la società si basa su regole e su convenzioni che possono essere mutate, con un costante lavoro di *immaginazione* da contrapporre a quello della semplice estrapolazione di una qualche logica dai dati che ci provengono dalla realtà. A questo scopo, è fondamentale riflettere piuttosto sull'importanza, per l'appunto, dell'immaginario, del raccontare, della letteratura, del cinema o del gioco, grazie ai quali si possono costruire tanti *scenari alternativi*. Ancora una volta, insomma, siamo molto lontani dalla visione tecno-lineare, per la sua convinzione di una linea univoca e di un fondamento oggettivo del "progresso". Qui si pensa invece in termini di *futuri "possibili"*, dipendenti dalla realizzazione di progetti consapevoli facenti capo a definiti soggetti sociali, i quali si confrontano tra di loro e cercano di comprendersi.

2.1.4.1. *Alcuni esempi di discorsi valoriali di natura fattuale*

Nel nostro corpus d'analisi, molti saggi, sia sulla pandemia, sia sul futuro del mondo prima di essa, hanno dimostrato di discendere dal modello valoriale. In questo genere di testi, di solito, tutto gira attorno alla critica del neoliberismo, inteso erroneamente come un monolitico principio di realtà – Fisher (2009), al proposito, parla di *realismo capitalista*. Esso, per via dell'individualismo e dell'idea che l'esistenza debba consistere in una strenua lotta concorrenziale per dimostrare di essere i più forti o i più capaci, senza sentirsi responsabili per gli insuccessi altrui, produce – almeno per chi la vede in questo modo – diseguaglianze nell'allocazione delle ricchezze e delle opportunità, che si potrebbero evitare, se solo ci si sforzasse di immaginare delle alternative, naturalmente basandosi su valori differenti.

Durante la diffusione del Covid-19, per esempio, Salvati e Dilmore (2021) hanno ritenuto di recuperare la categoria politologica del *liberalsocialismo* (Bobbio, 1999), sostenendo che questi due modi di concepire la realtà – quello liberale e quello socialista – sarebbero solo apparentemente antitetici e che, per garantirci un futuro diverso e migliore, dovremmo provare a farli dialogare, tenendoli insieme. Così facendo, grazie a una più equa distribuzione delle risorse materiali, potremmo realizzare nella maniera più piena quella forma di libertà individuale che è alla base dei nostri sogni di democrazia.

Come vedremo meglio nel capitolo 3, questo modo di pensare è molto diffuso anche in una certa parte della letteratura scientifica sul tema della cosiddetta "rivoluzione digitale", quando gli studiosi che se ne occupano criticano le tecnologie informatiche come l'intelligenza artificiale o gli algoritmi che fanno ormai da sfondo alla maggior parte delle nostre attività quotidiane, sostenendo che essi consoliderebbero l'egemonia culturale delle grandi corporation che li producono, delle aziende che le finanziano e di chi ha il privilegio di poterli utilizzare per i propri scopi (Zuboff, 2019; Numerico, 2021; Crawford, 2021; Chun, 2021). Per risolvere questo problema e fare in modo che questi strumenti ci permettano di costruire un mondo migliore, molti di questi autori (in realtà, quelle che abbiamo citato qui sono tutte, significativamente, autrici) sostengono che dovremmo perseguire l'inclusività (Santangelo, 2024a): se anche il punto di vista e i valori delle minoranze venissero rispettati, allora potremmo davvero immaginare che i vantaggi apportati da queste macchine diventino per tutti e che l'avvenire si trasformi in un'epoca di equità e giustizia. Un tempo, questo, che purtroppo non abbiamo ancora mai visto, ma che ci possiamo sforzare di pensare e realizzare.

Questa idea di tentare consapevolmente di immaginare il futuro cercando un minimo denominatore comune tra punti di vista e sistemi di valori che in passato sono sempre apparsi lontani, è anche alla base del pensiero femminista e ambientalista espresso da Donna Haraway, nel suo libro intitolato *Staying with the Trouble. Making Kin with the Chthulucene* (2016). Qui, l'autrice si confronta con il fatto che, evidentemente, l'antropocene, soprattutto nella sua fase terminale culminata con l'affermazione su scala mondiale della globalizzazione neoliberista, ha condotto il mondo sull'orlo del baratro, mettendo tutti, non solo gli uomini, ma anche gli animali e le piante, di fronte alla minaccia dell'estinzione. Il problema, secondo la stessa Haraway, sarebbe insito nell'ideologia dell'umanesimo, secondo cui l'uomo sarebbe stato messo al centro del creato per dominarlo a piacimento, disinteressandosi del modo di essere, di sentire ed eventualmente di pensare di tutto ciò che ha intorno. Questa incapacità di comprendere quelle che, erroneamente, avremmo sempre considerato come forme di alterità da soggiogare e di cui servirci per i nostri scopi, ci starebbe conducendo alla rovina. Per garantirci un futuro, che giocoforza sarà comunque problematico, dunque, dovremmo confrontarci con tutto questo, cercare di capirne le logiche, fraternizzarvi. Dovremmo addirittura diventare creature ibride, accettare il fatto che la nostra natura sia indissolubilmente interrelata con quella della nostre "specie compagne". Se sapremo innanzitutto raccontarci storie in cui tutto questo avvenga, se dunque sapremo immaginare un avvenire alternativo, allora avremo una speranza.

2.1.4.2. *Alcuni esempi di discorsi valoriali dalla fiction di fantascienza*

Il modello valoriale, come abbiamo visto, conduce facilmente chi se ne fa portatore a pensare in maniera utopica, ragionando su come dare origine a un mondo migliore e più giusto. Questa attività immaginativa, naturalmente, può essere condotta con facilità nel dominio della fiction e, in effetti, alcuni film e serie televisive da noi analizzati – anche se non molti, e su questo rifletteremo alla fine di questo libro – hanno dimostrato di funzionare in questo modo.

La prima opera che vorremmo portare qui ad esempio – *Foundation* (2021-in corso), di cui abbiamo già scritto nel paragrafo 2.1.1.2 – è molto significativa, dato che l'intento dei suoi autori, come abbiamo anticipato, sarebbe stato quello di portare sul piccolo schermo la saga della Fondazione di Asimov. L'idea originaria dello scrittore americano, basata sul concetto di Psicostoria (la scienza matematica con cui si sarebbe potuto predire il futuro), avrebbe dovuto essere di matrice tecno-lineare e, in effetti, il mondo in cui la vicenda è ambientata è ipertecnologico, si viaggia nello spazio, si clonano le persone, eccetera. Eppure, come sappiamo, l'impero che governa l'universo è in crisi e sta per implodere, proprio a causa della sua incapacità di tenere insieme le culture dei suoi popoli. Tutto questo è plasticamente rappresentato dalla natura dei suoi sovrani, che sono i cloni dei loro avi e, dunque, hanno un patrimonio genetico che non si è mai mescolato con nessun altro. Ma Hari Seldon, lo scienziato che si propone di limitare i secoli bui che deriveranno dal crollo della loro dinastia, dimostra di aver compreso che la strada da seguire non è quella della statistica psicostorica, bensì di imparare a entrare nel punto di vista degli altri, comprendendolo e negoziando con loro un modo per costruire insieme un futuro desiderabile. Insomma, si tratta di ragionare sui valori delle persone e su ciò che le spinge a creare un avvenire migliore. Così facendo, al termine della prima stagione di questa serie, il protagonista riesce a far dialogare i membri della Fondazione con i tespisiani e gli anacreoniani, gli abitanti di due pianeti che si erano sempre combattuti e odiati, federandoli in un unico gruppo, capace di muovere all'unisono contro il potere imperiale.

Ma il film che forse più di tutti, tra quelli del nostro corpus, rappresenta il modello valoriale (anche per come è stato realizzato, dato che è il frutto della collaborazione di Lana e Lilly Wachowski – due registe che, nel corso della loro vita, hanno sperimentato molto sulla loro identità sessuale, dunque sul loro modo di vedere sé stesse e il mondo – e Tom Tykwer), è *Cloud Atlas* (USA, 2012). Qui si raccontano diverse storie intrecciate di vari personaggi che in epoche differenti, del passato e del futuro, e su diversi pianeti, hanno dovuto lottare in nome della propria libertà e di quella degli altri. All'inizio sembra che non vi sia un nesso tra tutte queste vicende, ma pian piano si capisce che fanno parte di un unico affresco, di una sorta di grande storia degli sforzi compiuti dall'umanità, appunto, per essere libera: dalla schiavitù, dallo sfruttamento, dall'avidità, ma anche dalle pastoie culturali che impedirebbero a un uomo di amare un altro uomo, a una donna di essere maschio, e così via. Tutto questo viene rappresentato per mezzo della scelta registica di far interpretare allo stesso ristretto cast di attori personaggi differenti, all'interno delle varie linee narrative di cui è composta l'opera: chi, nelle vicende ambientate nell'Ottocento, è un giovane progressista, in quelle del futuro è un totalitarista; chi è un maschio, in un'altra storia è una femmina; chi, in tutti i film in cui ha recitato prima di *Cloud Atlas*, ha sempre ricoperto il ruolo del buono, qui è immancabilmente il cattivo; e così via. Il messaggio, insomma, è che ognuno deve essere libero di esprimere la propria arte, perché non c'è nessun limite materiale a ciò che possiamo essere, se non quello della nostra immaginazione: del resto, il titolo del film inneggia alle nuvole, simbolo appunto sia della libertà, sia della fantasia di quei bambini che, quando le guardano, vi riconoscono quello che vogliono, a seconda dei propri valori e di ciò che desiderano sognare.

2.2. *Il sistema semiotico delle società del futuro*

Il sistema semiotico delle logiche narrative dei discorsi sul futuro, che abbiamo illustrato sin qui, non esaurisce i termini della nostra ricerca. Come ha dimostrato Ferraro (2024), infatti, e come del resto attesta il suo nome, esso si concentra su un livello abbastanza astratto del funzionamento dei modelli di cui di solito ci serviamo, quando pensiamo all'avvenire o ne parliamo. Sostanzialmente – ma riprenderemo e approfondiremo queste considerazioni alla fine di questo libro, nel capitolo 5 – l'esistenza del modello tecno-lineare, mitizzante, antagonista e valoriale dimostra che la struttura dei testi che abbiamo analizzato ricalca quella di alcuni tipi di narrazioni particolarmente conosciute in semiotica e diffuse da sempre in ogni consesso umano. In particolare, quelle tecno-lineari, con la loro enfasi sulle catene di cause ed effetti che collegano "meccanicamente" stati del mondo per mezzo di eventi o azioni che li modificano, ricordano i tipi di storie analizzate da Propp nella sua famosa *Morfologia della fiaba* (Propp, 1928). Quelle mitizzanti, invece, ricalcano le dinamiche dei miti studiati da Lévi-Strauss in tanti suoi lavori, nonché quelle delle narrazioni che lo stesso Ferraro (2019, pp. 106-112) denomina di *classe Beta*. Quelle antagoniste, volte a ricostruire verità e ad illustrare come funziona per davvero la realtà, ricordano le storie di *detection* di *classe*

Gamma (Ferraro, *ibidem*, pp. 112-117). Mentre quelle valoriali, infine, ricordano le dinamiche narrative di *classe Alfa* (Ferraro, *ibidem*, pp. 96-98), analizzate da Greimas coi suoi modelli narratologici che si concentrano, appunto, sui valori dei soggetti che si relazionano con ciò che li circonda (Greimas, 1970 e 1983; Greimas e Fontanille, 1991).

Se, però, volessimo andare un po' più nello specifico, all'interno dei discorsi tecno-lineari, mitizzanti, antagonistici e valoriali, per vedere quali sono le loro tematiche più ricorrenti e le rappresentazioni concrete del futuro che vi si portano avanti, allora si renderebbe necessario un passo in più. In particolare, quando pensiamo all'avvenire, è naturale interrogarci sul *tipo di società* che vi costruiremo. A questo proposito, nei testi che compongono il nostro corpus d'analisi, si trovano moltissime riflessioni che illustrano la visione degli autori sul modo in cui staremo insieme negli anni a venire. Ciò che adesso ci interessa, dunque, è capire, ancora una volta, come e perché le affermazioni di questi studiosi e di questi narratori ci appaiono dotate di senso, vale a dire quali sono i meccanismi che contribuiscono a determinare il loro significato. Si tratta, insomma, di mostrare le dinamiche di funzionamento interne dei discorsi specifici sulle società del futuro da noi analizzati, ma anche le loro somiglianze e le loro differenze. Così facendo, intendiamo dimostrare che, nel nostro contesto culturale, questi tipi di ragionamenti discendono dalle logiche di un altro sistema semiotico molto preciso, che ci fornisce le regole per organizzare il nostro modo di pensare e di parlare del mondo che verrà.

2.2.1. *Tra responsabilità e irresponsabilità*

Il primo polo semantico che abbiamo individuato si dispiega attorno all'opposizione tra due valori molto precisi: la *responsabilità* e l'*irresponsabilità*. Ciò che abbiamo rilevato è che, dalla pandemia in avanti, sono diventati ancor più insistenti che in passato i discorsi circa il fatto che le nostre società sarebbero incentrate su una forma di *individualismo* che a molti, come abbiamo già avuto modo di vedere, sembra inaccettabile e insostenibile. Questo individualismo, divenuto il fulcro del capitalismo, ci avrebbe indotto a cercare di soddisfare ogni nostro desiderio personale a scapito della natura, che avremmo alterato fino a esaurirla, ma anche a detrimento degli altri, di cui avremmo deciso di non curarci.

Sono innumerevoli i saggi che fondano il senso delle loro argomentazioni su queste opposizioni. Per esempio, Giaccardi e Magatti, in *Nella fine è l'inizio. In che mondo vivremo* (op. cit.), un libro che abbiamo già citato, nelle pagine precedenti, ma che qui riprendiamo in un'altra ottica, declinano questo tipo di ragionamento attorno alla critica della volontà di potenza tecnologica su cui, a loro modo di vedere, si fonderebbe la nostra società. Secondo questi studiosi, ci saremmo affidati alla tecnologia per dominare la natura – quella che ci circonda, ma anche quella del nostro corpo – illudendoci di essere divenuti così forti da bastare a noi stessi. Questo ci avrebbe indotto a credere di poter realizzare ogni nostro desiderio, incuranti dei nostri limiti e di quelli impostici dal mondo esterno, ma la pandemia ci avrebbe ricondotto con i piedi per terra, ponendoci due sfide:

> Da un lato, trovare i modi affinché l'Io-persona possa conservare ed esprimere il proprio valore unico (conquista grandiosa della modernità) senza sprofondare nell'instabilità e irrealtà di un individualismo esasperato che divora risorse, relazioni, tempo. La posta in gioco è riuscire a favorire le condizioni per nuovi processi d'individuazione: diventare sé stessi in un cammino di relazione incessante tra sé e altro da sé; tra ciò che ci precede – il potenziale (di sapere, di simboli, di storia, di scoperte e molto altro) cui attingiamo per prendere forma – e ciò che ci segue: gli effetti non solo interpersonali ma transindividuali del nostro prendere forma; le conseguenze sui lontani, sulle prossime generazioni, sul mondo. Un processo psichico molto più complesso e incerto della semplice individualizzazione (il costituirsi come esseri separati e autosufficienti, dove le relazioni sono strumentali e contrattuali, dunque solubili) […] Dall'altro lato, sul piano sociale, la cura – di sé stessi, dei propri cari, del proprio lavoro, della propria comunità, dell'ambiente, delle future generazioni – è un efficace antidoto per contrastare le continue spinte alla proletarizzazione che sono la vera causa delle disuguaglianze crescenti […] Curarsi di qualcosa significa infatti essere capaci di attenzione, preoccuparsene. Da questa postura, accanto e dentro la realtà, scaturisce uno sguardo diversamente illuminato: «Ubi amor ibi oculos», nella pregnante espressione del mistico benedettino Riccardo di San Vittore (Giaccardi, Magatti, *ibidem*, pp. 141-142).

Come si vede, qui l'opposizione tra irresponsabilità e responsabilità viene tematizzata facendo riferimento a un individualismo di stampo capitalista, che genera disuguaglianze, contrapposto a una società del futuro in cui saremo in grado di prenderci cura degli altri e dell'ambiente, realizzando così un ideale altruistico di matrice quasi religiosa.

In effetti, Giaccardi e Magatti sono due pensatori di area cattolica ed è proprio da questo contesto culturale che vengono alcuni degli scritti più rappresentativi della logica valoriale oppositiva di cui stiamo parlando. Per esempio Padoan, nel suo libro di cui abbiamo già parlato, intitolato *Niente di questo mondo ci risulta indifferente. Associazione Laudato si'. Un'alleanza per il clima, la Terra e la giustizia sociale* (op. cit.), prende le mosse dall'ultima enciclica di Papa Francesco, la *Laudato si'*, per l'appunto, ricollegando ancora una volta le parole del pontefice alla lotta contro le ingiustizie perpetrate dall'individualismo capitalista nei confronti della natura e delle persone, che avrebbero innescato la pandemia. Dunque, anche questa autrice propone di tornare a prenderci cura degli altri e del creato:

> Gli scienziati sono concordi nell'affermare che la fuoriuscita di un virus dal suo habitat silvestre, il salto di specie e la sua diffusione globale è diretta conseguenza della crescita incontrollata delle megalopoli, della devastazione degli ecosistemi, della continua perdita di specie animali e vegetali, di un traffico aereo parossistico, di un consumo smodato e irresponsabile, di una ripartizione della ricchezza che permette condizioni di vita protette a pochi, mentre costringe a promiscuità e abbandono miliardi di esseri umani […] la risposta non può essere che il ripristino degli equilibri ecosistemici. «La protezione di paesaggi forestali può andare a beneficio della conservazione della biodiversità e dello stoccaggio globale del carbonio, prevenendo al tempo stesso il rischio di trasmissione di malattie all'uomo». Eccoci dunque nel cuore dell'enciclica da cui questo libro ha preso le mosse, del suo invito alla cura della casa comune, del suo richiamo a fermarci prima che sia troppo tardi. (Padoan, *ibidem*, pp. 8-9)

Anche Padoan, come Giaccardi e Magatti, stigmatizza la volontà di potenza individualistico-tecnologico-capitalistica delle società occidentali e, inscrivendosi all'interno di un paradigma di pensiero ambientalista, immagina un futuro incentrato sul perseguimento collettivo del valore della responsabilità:

> Quello stesso Occidente che ha mutato il volto del pianeta a tal punto da

nominare come Antropocene un nuovo periodo geologico segnato dai suoi stessi rifiuti, è ora costretto a fare i conti con se stesso, con la propria onnipotenza, con le proprie menzogne ammantate di retorica umanitaria, con la propria illusione di poter mantenersi indenne dai conflitti e dalle devastazioni che ha introdotto in altre parti del mondo per trarne guadagno [...] Colonizzatori di ogni anfratto del pianeta, siamo noi che abbiamo disturbato, sfrattato ed estinto piante, animali e altre comunità umane, credendo di poter impunemente utilizzare o sopprimere ciò che vive, per ritrovarci ora tragicamente ridicoli e impotenti davanti a uno specchio che ci mostra l'immagine deformata del superomismo al quale abbiamo creduto [...] Questa crisi potrebbe essere l'inizio di una riconciliazione degli esseri umani con il vivente, del lavoro con l'ambiente, del consumo con la pietà, del desiderio con il senso del limite. Una grande presa di coscienza di uomini e donne, perché non è dalle concentrazioni del potere che possiamo aspettarci una via d'uscita, ma dalla forza con cui organizzazioni, società civile, sindacati e movimenti prenderanno la strada dell'autoeducazione, dell'autoformazione, della responsabilità. (Padoan, *ibidem*, pp. 11-21)

Come risulta evidente già da queste prime citazioni, la società del futuro deve prendere le mosse dai limiti e dagli errori di quella del presente, per diventare qualcosa di significativamente diverso. Non è detto, però, che essa si dovrà basare solo su valori cattolici. Berardi, per esempio, nel suo libro *Fenomenologia della fine* (2020), declina la critica all'individualismo capitalista, che anche secondo lui sarebbe la causa della pandemia, in chiave politica. Richiamandosi agli ideali della solidarietà e dell'uguaglianza, auspica l'avvento del comunismo:

Fenomenologia della fine. Sì, ma la fine di che? Questo dipende da noi, questo dipende da te. Se sapremo creare le condizioni della solidarietà sociale, se sapremo dotarci di strumenti adeguati per la difesa e per l'attacco, se sapremo elaborare un modello adeguato di piena applicazione delle tecnologie produttive, allora sarà la fine della proprietà privata, dell'astratto dominio del Capitale, dello sfruttamento e della miseria. Se non sapremo creare queste condizioni, allora la fine di cui dovremo parlare è proprio la fine dell'umanità. Dell'umanità come valore condiviso, come sensibilità, intelligenza e comprensione, ma anche come specie: la fine dell'animale umano sulla Terra [...] l'estinzione è all'ordine del giorno, e non c'è altra via per uscire da questa prospettiva che non sia l'uguaglianza economica radicale, la libertà culturale, la lentezza dei movimenti e la velocità dei pensieri. O il comunismo o l'estinzione [...] è possibile un'altra fine, una fine che sia un inizio. (Berardi, *ibidem*, pp. 5-6)

Volendo trovare un minimo comun denominatore tra i discorsi di Giaccardi, Magatti, Padoan e Berardi, si potrebbe sostenere che per tutti questi autori l'individualismo su cui si fondano le nostre società di stampo capitalistico, che generano e tollerano disuguaglianze inaccettabili, è da collegare all'irresponsabilità ed entrambi questi disvalori sono da contrapporre all'altruismo responsabile, declinabile per i pensatori cattolici nella forma della cura e per lo stesso Berardi in quella della solidarietà.

Esistono, comunque, altre declinazioni politiche di questo genere di riflessioni, che puntano di più verso il liberalsocialismo di Salvati e Dilmore, altri due autori di cui ci siamo già occupati. Nel loro *Liberalismo inclusivo. Un futuro possibile per il nostro angolo di mondo* (op. cit.), come abbiamo anticipato, essi criticano in maniera pacata ma risoluta il "fondamentalismo di mercato" neoliberista, tipico delle nostre società capitalistiche (Salvati e Dilmore, *ibidem*, p. 11). Essi sostengono che lasciare assoluta libertà ai protagonisti di questo sistema economico affinché perseguano i loro utili individuali non è la giusta strada da percorrere, per realizzare il bene comune. Piuttosto, questi due studiosi auspicano un intervento regolatore e redistributivo dello Stato, finalizzato a socializzare il più possibile i benefici e le ricchezze prodotte da tutti:

abbiamo già accennato parlando di "liberalismo inclusivo" come di quell'assetto politico, economico e sociale che riteniamo sia desiderabile, sia realistico e dunque obiettivo di una battaglia politica che può essere combattuta con la ragionevole aspettativa di essere vinta. L'espressione, lo riconosciamo, è inconsueta nel mondo della sinistra, come lo è il suo equivalente inglese (embedded liberalism), ma l'obiettivo che essa designa è notissimo: è l'aspirazione a tenere strettamente uniti gli aspetti più desiderabili di una concezione liberale e di una socialista [...] lo stesso obiettivo si è affermato anche in campo liberale, in contrapposizione al suo eterno avversario, quello di un liberalismo senza vincoli (unfettered liberalism). In campo liberale, si è affermato prima come risposta di politica economica e sociale alla Grande Depressione degli anni trenta (Keynes e Beveridge), poi, dopo la Seconda guerra mondiale, con la vittoria delle socialdemocrazie, da ultimo con la crisi delle teorie economiche che esageravano contro ogni evidenza le capacità di auto-aggiustamento dei mercati e la tolleranza della società nei loro confronti. [...] senza "libertà eguale", senza l'estensione dei benefici conseguenti a mercati liberi alla grande maggioranza della popolazione, un regime politico liberale non solo è eticamente indifendibile, ma può diventare fonte di instabilità economica, sociale e politica in un contesto liberaldemocratico. (Salvati e Dilmore, *ibidem*, pp. 11-12)

Queste riflessioni di stampo economico e politologico, che come si vede si fondano su opposizioni valoriali molto precise, si contrappongono molto spesso in maniera critica ai sovranismi, ai protezionismi, alle consorterie e ad altre forme di chiusura, che fanno sì che in certi contesti sociali l'individualismo personale si trasformi in una sorta di "individualismo di gruppo": l'obiettivo del biasimo, in questo caso, è un soggetto collettivo – gli italiani, gli americani, l'occidente – che si comportano, in fondo, come chi, singolarmente, persegue la logica del proprio tornaconto personale e dell'irresponsabilità nei confronti degli altri. Ne parlano, per esempio, gli stessi Salvati e Dilmore (*ibidem*, p. 13), i quali sostengono che "una fase internazionale di liberalismo inclusivo sicuramente contrasta strategie politico-economiche nazionali di natura neoliberistica (che non rispettano l'inclusività sociale) o etno-nazionalistiche (che non rispettano i principi dello stato di diritto e della Rule of law)", per poi concludere che:

una minaccia ancor più insidiosa proviene non dai sostenitori del vecchio ordine liberista, ma da forze politiche ancor più critiche di quell'ordine di quanto lo siano i neoliberisti, che politicamente sono pur sempre dei liberali. Ci riferiamo ovviamente alla galassia di partiti e movimenti di natura etno-nazionalistica, che hanno dimostrato negli ultimi dieci anni una straordinaria capacità di crescita profittando del disagio delle masse di cittadini svantaggiati dalla globalizzazione e dalle politiche economiche neoliberiste. O semplicemente dall'inettitudine delle classi dirigenti dei loro paesi. Tirando le somme: un grande obiettivo, il liberalismo inclusivo, e due formidabili nemici, il neoliberismo e l'etno-nazionalismo. (Salvati e Dilmore, *ibidem*, p. 55)

Discorsi molto simili vengono portati avanti anche dai pensatori di area cattolica, che sottolineano come certe forme problematiche di disuguaglianza operino sia per regolare il significato dei rapporti umani dentro le nostre società, sia per determinare quello della nostra relazione con chi proviene da un altrove o appartiene a qualche minoranza:

> Se il precipizio pandemico ha messo in luce straordinarie capacità di generosità e abnegazione da parte degli individui, ha anche rivelato le soglie meno visibili del potere che delimita le nostre esistenze. Ha mostrato l'egoismo degli Stati e il vacillare della costruzione europea; la faglia che ogni emergenza apre alle derive autoritarie; la propensione mai sopita della nostra cultura a dividere tra vite degne e vite di scarto, al punto da proporre protocolli che sacrificano vecchi e malati nell'accesso alle terapie intensive; ha mostrato l'abbandono degli anziani poveri negli ospizi, fino a prevederne la morte di massa; dei detenuti nelle carceri, dove rivolte sedate nel silenzio hanno causato decessi attribuiti a suicidi per overdose di farmaci; dei senzatetto nelle strade, dei migranti nei centri per l'espulsione, dei rifugiati nei lager chiamati campi profughi in Turchia e in Grecia; dei cittadini rom e sinti in campi dove i servizi sono stati sospesi e scarseggiano cibo e acqua corrente. (Padoan, op. cit., pp. 13-14).

A un livello geopolitico più generale, uno studioso come Fagan, nel suo libro *Verso un mondo multipolare. Il gioco di tutti i giochi nell'era Trump* (2017), scritto a dire il vero prima della pandemia, ma significativamente collegato alle logiche semantiche dei discorsi che qui stiamo analizzando, sostiene che il futuro sarà caratterizzato da soggetti collettivi molto grandi – la Cina, la Russia, gli Stati Uniti, l'India, l'Europa, eccetera – ognuno animato dai propri interessi di parte e dalla volontà, più o meno ferma, di farli prevalere. Questo, secondo lo stesso Fagan, potrà rivelarsi molto problematico, alla luce dei disvalori di cui abbiamo scritto sin qui (individualismo, desiderio irresponsabile, eccetera). Noi vivremmo infatti in un'epoca in cui si dovrebbe "cominciare a pensare in termini strategici, fare piani, condividerli, usando risorse di pensiero e di esperienza che costruiscano un'intelligenza adattiva diversa da quella un po' animal-pulsionale che ci ha accompagnato sino a oggi" (Fagan, *ibidem*, p. 57). In pratica:

> si tratta di una fase che prescrive la cooperazione ma, poiché questa non è virtuosa ma più che altro redistributrice di limiti, che impongono radicali cambiamenti che non abbiamo alcuna voglia e disponibilità di fare, ci diciamo cooperativi sebbene affiliamo le armi per la competizione. Non già una virtuosa competizione nei regolamenti del mercato (che poi

è deregolamentato perché così si pensa "funzioni meglio"), ma la più classica competizione hobbesiana dell'homo homini lupus, quella di un poco nobile "conflitto perpetuo" (Fagan, *ibidem*, p. 261).

2.2.1.1. *Un esempio dalla fantascienza*: Mad Max – Fury Road

I modelli discorsivi sin qui descritti, come abbiamo sempre cercato di mostrare in queste pagine, non danno origine solo alle narrazioni sulle società del futuro dei saggisti che si sono cimentati su questi temi nel corso della pandemia. I meccanismi semiotici che li sottendono e che ne determinano il significato, infatti, sono alla base di un immaginario molto più ampio, che precede il periodo pandemico e che fornisce gli strumenti per interpretare quest'ultimo. Questo appare evidente se analizziamo il funzionamento di un film molto famoso, *Mad Max – Fury Road* (USA, 2015), prodotto prima della diffusione del Coronavirus, ma già imperniato sulla netta opposizione tra un individualismo irresponsabile del singolo e dei gruppi – collegabile grossomodo alle logiche attuali del capitalismo – e un altruismo individuale e collettivo responsabile, finalizzato a redistribuire le risorse più equamente.

In breve, la storia parla di un mondo post-apocalittico desertico, dove scarseggiano acqua ed energia, in particolare la benzina. Il protagonista, Max, un vagabondo solitario che, prima dell'apocalisse, era un poliziotto, viene catturato dalla tribù dei Figli di Guerra, guidata dal perfido Immortan Joe. Costui tiene avvinto il suo popolo nella valle di Fury Road, gestendo con la forza il pozzo di una grande faglia idrica e centellinandone l'utilizzo. Inoltre, facendo ricorso alla violenza, si accoppia con un harem di giovani donne fertili, con le quali tenta di concepire una prole sana, dato che i suoi guerrieri e lui stesso non lo sono. Un giorno, una delle sue regine, Furiosa, lo tradisce, rubandogli un camion cisterna e soprattutto sottraendogli le fattrici, con le quali scappa, per salvarle dagli stupri. Le fuggiasche si dirigono verso il Luogo Verde delle Molte Madri, da cui proviene la stessa Furiosa, ma vengono inseguite in auto dai Figli di Guerra e da Immortan Joe, che portano con sé Max incatenato, dato che il suo sangue deve essere trasfuso a Nux, uno dei soldati. Nella lotta, il mezzo di quest'ultimo si ribalta e Max si libera, raggiungendo le donne e decidendo di aiutarle. Anche Nux, sopravvissuto, si unisce a loro e dopo avere constatato che il Luogo Verde delle Molte Madri si è inaridito, il gruppo di fuggitivi, alleandosi con le Madri superstiti, decide di tornare a Fury Road, per affrontare Immortan Joe. Nella cruenta battaglia, Nux si sacrifica per amore di una delle fattrici e Furiosa viene gravemente ferita. Ma grazie all'aiuto di Max, i nemici vengono sconfitti, il loro capo viene ucciso, la regina viene guarita (lo stesso Max le dona il proprio sangue), l'acqua del pozzo viene fatta sgorgare, condividendola col popolo, e i semi del Luogo Verde vengono piantati sulla terra resa fertile. Max, però, non si ferma in quella valle: riparte, solitario, sotto lo sguardo riconoscente di chi ha contribuito a liberare.

Se ci riflettiamo, è evidente che la struttura narrativa di questo film ricalca le posizioni espresse dagli autori dei saggi che abbiamo analizzato nel paragrafo precedente, sia per ciò che riguarda la critica ai mali del mondo contemporaneo, sia per quanto concerne i modelli desiderabili della società del futuro. Immortan Joe e i Figli di Guerra, infatti, rappresentano rispettivamente l'individualismo irresponsabile personale e di gruppo, volto a realizzare voluttuosamente i propri desideri senza curarsi né delle esigenze degli altri, né di quelle della natura circostante. Sia il sovrano di Fury Road, sia i suoi guerrieri, come dei capitalisti post-apocalittici, accumulano donne e risorse scarse – naturali come l'acqua e artificiali come la benzina – sottraendole rapacemente a chi è più debole di loro. Essi, però, sono solo apparentemente forti. Infatti, sono malati e hanno bisogno di trasfusioni da persone che non fanno parte della loro cerchia, mentre per mettere al mondo figli sani devono accoppiarsi con ragazze che provengono da fuori: hanno dunque necessità del prossimo, ma non sono in grado di entrarvi in relazione pacificamente, instaurando rapporti di reciproca condivisione. Al contrario, la regina Furiosa, Max (nella seconda parte del film, dato che nella prima viene catturato proprio a causa della sua natura solitaria, che lo rende vulnerabile), Nux e le Molte Madri, rappresentano l'altruismo responsabile, sia nei confronti degli individui, sia nei riguardi dell'ambiente. Di volta in volta, essi decidono di mettere in comune tutto ciò che possiedono – i semi, l'acqua, il sangue, finanche la vita – e di socializzarlo per il bene di tutti. In questo modo, combattono e annullano le disuguaglianze, si uniscono col popolo, dal quale traggono riconoscimento e forza, e costruiscono insieme un mondo migliore.

2.2.2. *Tra la complessità multi-prospettica e la semplificazione mono-prospettica*

Se osserviamo bene la struttura dei discorsi portati avanti nei saggi e nel film sin qui analizzati, ci rendiamo conto che essi si incentrano anche sull'opposizione di un'altra coppia di valori, il primo positivo e il secondo negativo: la *complessità multi-prospettica* e la *semplificazione mono-prospettica*.

Per spiegare cosa intendiamo riferendoci a questi concetti, possiamo partire ancora una volta con qualche citazione. Per esempio, Pozzi e Dusi, nel loro libro intitolato *After. Il mondo che ci attende* (op. cit.), sottolineano come il Covid-19 ci abbia permesso di comprendere con maggiore chiarezza che le società reticolari affrontano meglio le crisi, rispetto a quelle dove il potere è centralizzato:

> I nostri sistemi economici, politici, sociali appartengono certamente alla categoria dei sistemi fragili. Cercano regole, normalità, eliminano l'errore (o ciò che considerano tale), centralizzano. Sono proprio queste caratteristiche a rendere il sistema fragile e non adatto ad affrontare un mondo incerto come quello in cui viviamo. Invece, per dirla con Patrick Hollingworth, pensatore attivo nell'ambito della complessità, dobbiamo creare sistemi e organizzazioni che siano veloci e leggeri anziché lenti e pesanti. Sistemi di questo tipo sono in grado di reagire al cambiamento già mentre sta accadendo, senza complicazioni né burocrazia. Sono centrati su una comunità di esseri umani e non su obiettivi finanziari di breve periodo, sono in grado di attribuire un senso al mondo che ci circonda e di comprenderlo. (Pozzi e Dusi, *ibidem*, p. 50).

Senza approfondire più di tanto le loro posizioni, questi due studiosi ritengono, in pratica, che una società che si strutturi perseguendo il valore della complessità sia più resiliente e portata a comprendere meglio il significato di ciò che le accade. Un'idea molto simile sorregge l'intero impianto del libro di Fagan, di cui abbiamo già parlato. Secondo questo autore, infatti, il mondo contemporaneo e il nostro futuro possono essere resi intelligibili solo facendo ricorso al pensiero complesso:

> Questo libro e il nostro apparato interpretativo nascono in tempi diversi. L'apparato nasce parecchio tempo fa, riprendendo uno studio sistematico e aperto a quasi tutti i principali campi del sapere, da quello scienti-

fico a quello intermedio delle scienze umane a quello storico-filosofico. Tale grande studio era orientato da un punto di fuga, il concetto di complessità. Il libro, invece, nasce relativamente di recente, circa un anno fa, partendo da alcuni articoli di geopolitica, un modo di leggere i fatti del mondo tenendo assieme aspetti che, di solito, vengono tenuti separati in diversi settori conoscitivi: politica, economia, geografia, storia, demografia, cultura eccetera. (Fagan, op. cit., p. 8)

Questo passaggio di Fagan è particolarmente interessante per noi, perché ci aiuta a comprendere che un pensiero complesso è quello che sa *tenere insieme diverse prospettive*, dando origine a un discorso *multi-prospettico*: solo chi sa guardare le cose dal punto di vista di tante discipline che un tempo sarebbero state tenute separate, riesce a capire qualcosa della realtà in cui viviamo e di quella che stiamo costruendo. Come abbiamo sostenuto altrove (Santangelo, 2015), la complessità è divenuta, per l'appunto, un principio di realtà, inducendoci a pensare che chi sostiene che le cose sono semplici, che interpretare correttamente la nostra società è semplice, in fondo non abbia davvero idea di come funziona il mondo. Come ci fa vedere lo stesso Fagan, bisogna evitare di chiudersi in una sola prospettiva: in altre parole, non si deve perseguire il valore troppo *semplicistico* della *mono-prospetticità*. Chi, come Fukuyama (1992), aveva ritenuto che la storia fosse finita perché aveva trionfato un unico modo di vedere le cose, quello rinvenibile negli Stati Uniti e in Occidente, è lontanissimo dal comprendere il mondo multipolare in cui viviamo, così come lo sono coloro che continuano a cercare di leggere il nostro tempo e quello che verrà costruendo bipolarismi o scontri di civiltà (Huntington, 1996) tra due nazioni , per esempio tra USA e Cina, o tra due culture, come la nostra che discenderebbe dall'illuminismo e quella musulmana.
Che la complessità multi-prospettica e la semplificazione mono-prospettica siano alla base dei tanti discorsi sulle società del presente e del futuro che abbiamo analizzato è evidente già in molte delle citazioni dai saggi che abbiamo riportato nelle pagine precedenti. Tornando al momento della pandemia, il neoliberismo di stampo capitalista, in quanto forma di individualismo irresponsabile, è apparso a tutti, per l'appunto, una semplificazione mono-prospettica, incentrata su un volere personale che rigetta il senso del dovere. Un senso del dovere dettato, come abbia-

mo scritto, dalle pressanti richieste di cura e attenzione che ci derivano dalla natura o dalle moltitudini che rimangono indietro e vengono escluse. Invece, il liberalismo inclusivo verso cui dovremmo puntare secondo Salvati e Dilmore, che ricalca il liberalsocialismo di Bobbio (op. cit.), tiene insieme due prospettive che, come sappiamo, nella tradizione degli studi politici del passato, molti – ma non tutti – hanno pensato che dovessero rimanere inconciliabili (Bobbio, *ibidem*). L'individuazione di Giaccardi e Magatti (op. cit.), contrapposta all'individualizzazione, è un processo di costruzione del sé incentrato sull'incontro e l'accoglimento dell'altro. Per Padoan (op. cit., p. 19), "abbiamo bisogno di capire che siamo interconnessi, che non siamo elementi estranei all'ecosistema e che la salute di ogni elemento – animale, ambientale, umano – si riverbera in conseguenze positive o funeste". Mentre per gli stessi Giaccardi e Magatti:

> La sfida oggi è trovare un nuovo punto di equilibrio tra fattori diversi ma che pure convergono: la persistente fragilità che ci costituisce e che si produce in più anche come effetto della potenza; il bisogno di creare nuove forme di investimento libidico post-consumerista; la crisi del lavoro e l'urgenza di rimodulare la partecipazione alla creazione di un valore multidimensionale; la necessità di formare le persone restituendo loro capacità e ingaggiandole in obiettivi di senso in grado di ricostituire appartenenza. Si tratta, per dirla con Stiegler, di «reicantare il mondo», superando l'epoca dei «milieux dissociati» – dove la separazione delle funzioni di produzione e consumo privava i produttori e i consumatori dei loro saperi, vale a dire delle loro capacità di partecipazione alla socializzazione del mondo attraverso la sua trasformazione – per far posto a nuovi «milieux associati» in grado di ricostituire, attraverso la cura, le condizioni per l'individuazione, ovvero per una varietà di singolarità in relazione che fa ricco il mondo. (Giaccardi e Magatti, *ibidem*, pp. 143-144)

Ma il libro sul futuro che più di tutti si fonda sull'opposizione tra un'inaccettabile semplificazione mono-prospettica della realtà e un'auspicabile approdo alla complessità multi-prospettica è quello di Haraway di cui abbiamo scritto nel paragrafo 2.1.4.1., vale a dire *Staying with the Trouble. Making Kin with the Chthulucene* (op. cit.). Anch'esso pubblicato appena prima della pandemia, come sappiamo, si basa sull'idea che a causa del consumo spropositato delle risorse naturali provocato dal capitalismo irresponsabile e per via del cambiamento climatico, andremmo incontro a un avvenire sicuramente peggiore rispetto al nostro passato. L'unica speranza di sopravvivere, allora, risiederebbe nella nostra capacità di apprendere l'arte del "gioco della matassa", che dovrebbe insegnarci a vedere le cose dal punto di vista delle nostre "specie compagne", creando legami con esse. Si tratta di esseri viventi che ci accompagnano con il loro saper fare – o forse sarebbe meglio dire con il loro sapersela cavare – nella nuova era che la stessa Haraway denomina "Chthulucene", un tempo nel quale dovremo imparare a confrontarci col pensiero della fine incombente. Un'idea inquietante, questa, che esorcizzeremo solo esercitandoci nel "mondeggiare multispecie", propedeutico a costruire "Terrapolis":

> Terrapolis è uno spazio n-dimensionale di nicchia per il con-divenire multispecie. Terrapolis è aperta, terrena, indeterminata e multi-temporale. Terrapolis sta per specie compagne, *cum panis*, indice lo spezzare il pane a tavola insieme: non sta per «postumano» ma per «compost». Terrapolis è in atto; Terrapolis lascia spazio a compagnie impreviste. Terrapolis è un'equazione per il guman, l'humus, il terreno: un'equazione per un'infezione rischiosa e cronica, per epidemie di problemi promettenti, per la permacultura. Terrapolis è il gioco SF della responso-abilità [...] Con-divenire – non divenire e basta – è il nome del gioco. Con-divenire è il modo in cui, nei termini di Vinciane Despret, i compagni si rendono capaci a vicenda. Compagni di gioco ontologicamente eterogenei diventano chi sono e quello che sono in questo mondeggiare material-semiotico relazionale. Nature, culture, soggetti e oggetti non pre-esistono ai loro mondeggiamenti intrecciati. (Haraway, *ibidem* [trad. it. 2019], p. 25)

In pratica, se rimanessimo all'interno della nostra mono-prospetticità semplificatoria – che Haraway, come sappiamo, collega a quella declinazione dell'umanesimo secondo la quale dovremmo essere i padroni del creato e al centro dell'universo – rischieremmo l'estinzione. Ma se saremo in grado di diventare davvero multi-prospettici, abbracciando lo sguardo e il pensiero di tutte le creature con cui condividiamo il nostro stare al mondo, e se sapremo confrontarci con esse, allora diverremo esseri nuovi, più complessi, capaci «di guarire insieme, di prenderci cura l'uno dell'altro nella somiglianza e nella differenza» (Haraway, *ibidem*, p. 36).

2.2.2.1. *Un altro esempio dalla fantascienza:* Foundation

Anche l'opposizione tra i valori della complessità multi-prospettica e della semplificazione mono-prospettica, come abbiamo visto, viene da molto più lontano, rispetto alla pandemia, e fonda le sue radici, tra le altre cose, nel nostro immaginario fantascientifico. Ne è la prova, ancora una volta, *Foundation*, che qui riassumiamo in una maniera un po' più estesa di quanto abbiamo fatto sin qui, per esemplificare meglio ciò che stiamo affermando.

La storia è quella dell'impero galattico, governato nell'anno 12.067 E.I. (Era Imperiale), dalla triade di sovrani Cleon XI, XII e XIII, tre cloni di Cleon I, rispettivamente detti Fratello Alba, Fratello Giorno e Fratello Tramonto, sulla base della loro età anagrafica. I tre uomini risiedono su Trantor, un pianeta iper-tecnologico interamente ricoperto di cemento e acciaio. Lì ricevono Hari Seldon, un accademico specializzato in matematica che ha inventato la "psicostoria", un metodo scientifico per prevedere gli eventi del futuro. Secondo i calcoli di quest'ultimo, il loro regno starebbe per terminare, anche a causa dell'ottusità conservatrice della loro dinastia clonata, che non si è mai aperta all'alterità. Egli però sostiene che se gli verrà concesso di creare la sua Fondazione, potrà diminuire gli anni di caos che seguiranno, facendoli passare da trentamila a solo mille. Per questo, gli imperatori convocano su Trantor Gaal Dornick, una giovane ragazza prodigio della matematica, che ha studiato a sua volta la psicostoria e può confermare o smentire i calcoli di Seldon. I tre fratelli cercano di corromperla, per farle dire pubblicamente che la loro dinastia non crollerà, ma Dornick non viene meno alla sua integrità di scienziata e afferma che tutto ciò dovrà accadere. Per questo, lei, lo stesso Seldon e gli accoliti di quest'ultimo vengono esiliati e mandati su Terminus, al confine dell'impero, per creare in segreto la Fondazione e lavorare lontano dai clamori. Nel frattempo, però, cominciano ad accadere fatti che minano l'autorità dei Cleon, il primo dei quali è la distruzione del ponte spaziale, la più grande meraviglia tecnologica di Trantor. Sembra che la colpa sia di un gruppo di ribelli sediziosi che provengono da Anacreon o Tespis, due pianeti da sempre in guerra tra di loro e allo stesso tempo mal disposti nei confronti dell'impero, che non ha mai deciso da che parte schierarsi nella loro faida. Fratello Alba, Giorno e Tramonto, impossibilitati a comprendere di chi sia davvero la responsabilità dell'attentato, decidono di colpirli tutti, con rappresaglie che provocano tra le loro popolazioni moltissimi morti. Per questo, essi progettano di vendicarsi e in particolare gli anacreoniani si recano su Terminus, dove risiede la Fondazione, per procurarsi i pezzi e le conoscenze per riparare una potente nave spaziale da guerra, la Invictus, ritenuta persa nello spazio per un'avaria, ma che essi hanno ritrovato. Dopo mille peripezie di tutti i protagonisti di questa intricata vicenda, che qui non è possibile riassumere, Hari Seldon convince gli stessi anacreoniani e i tespisiani a deporre l'ascia di guerra e ad allearsi, spiegando che la loro unione fa parte dei suoi calcoli per diminuire gli anni di caos determinati dal crollo dell'impero. Essi dovranno attaccarlo insieme, anche con l'aiuto dei membri della Fondazione, servendosi della Invictus. Allo stesso tempo, i fratelli Cleon, costretti a scendere a patti con le sacerdotesse del culto della fede Luminista, la più diffusa nel loro regno, che ne minano una volta di più l'autorità accusandoli di non avere un'anima perché sono dei cloni, scoprono che il loro corredo genetico è stato alterato da un gruppo di cospiratori, che così li ha resi diversi dal loro primo antenato.

Come è evidente, in questa storia il problema di fondo è proprio la mono-prospetticità degli imperatori, simbolicamente tratteggiati come il frutto di una clonazione. Questo rende la loro dinastia più che endogamica, impedendole di mescolarsi col patrimonio genetico di altri popoli. Fuor di metafora, questo significa che essi non sono in grado di vedere le cose da altri punti di vista e tutto ciò li indebolisce, perché li rende conservatori. Inoltre, altrettanto simbolicamente, i Cleon sono sovrani assoluti, fautori di una forma di governo dell'impero iper-semplificatrice, molto lontana dalla complessità delle democrazie che tutti noi occidentali conosciamo. Eppure, le loro vicende li portano continuamente a confrontarsi con altre prospettive: quella matematica di Seldon, quella degli abitanti di altri pianeti, quella delle sacerdotesse del culto Luminista e, infine, addirittura quella di coloro che hanno alterato il loro DNA, introducendo a forza nei loro corpi un nuovo corredo genetico: evidentemente, i ribelli insofferenti del regime totalitario ritengono di poterlo sovvertire rendendo più "complesso" il genoma dei sovrani e, di conseguenza, il loro modo di vedere le cose.

Allo stesso tempo, anche Seldon, che con la psicostoria dovrebbe aver trovato una maniera "mono-prospettica" di vedere le cose, semplificatoria quanto lo può essere un modello matematico, in realtà è consapevole che la sua scienza gli consente di prevedere i grandi accadimenti, determinati dai movimenti delle masse. Egli, però, non può calcolare i comportamenti dei singoli, pur sapendo che anche da questi può dipendere il procedere del corso degli eventi. Come scoprirà la giovane Gaal Dormick, la psicostoria è imperfetta proprio per queste ragioni, perché, nei termini del discorso che stiamo portando avanti, non è abbastanza complessa, mancando di multi-prospetticità. In effetti, il gran finale della prima stagione di *Foundation* rappresenta plasticamente tutto questo, dato che lo stesso Seldon si ritrova a dover mettere d'accordo gli anacreoniani e i tespisiani, che si sono sempre odiati, e deve spiegare ai membri della Fondazione che si devono alleare con loro (per non parlare del fatto che, nel corso della narrazione, si scopre che è stata creata un'altra Fondazione su un altro pianeta, evidentemente per fornire un altro punto di vista sul procedere dei fatti storici). Insomma, la complessità multi-prospettica si rivela essere il valore che i protagonisti di queste vicende dovranno perseguire, per evitare il caos, la sofferenza e la distruzione.

2.2.3. *Una mappa semiotica dei discorsi sulle società del futuro*

Trasformando l'opposizione tra le nozioni di responsabilità e irresponsabilità di cui abbiamo scritto nell'asse orizzontale di un diagramma cartesiano, e incrociando quest'ultimo con un asse verticale dello stesso grafico, articolato attorno all'altra opposizione tra la complessità multi-prospettica e la semplificazione mono-prospettica, si ottiene la mappa che si può vedere nella figura 2.

Nel quadrante 1, si incrociano la semplificazione mono-prospettica e l'irresponsabilità. Lo potremmo definire come il quadrante del *desiderio illimitato*. Al suo interno si parla delle *società individualistiche* e, poiché i valori su cui esso si fonda sono sempre negativi, nei testi che abbiamo analizzato (ma più avanti mostreremo che non per tutti lo sono, quando si parla di futuro), anche il tipo di relazioni sociali che vengono descritte nelle narrazioni che li mettono in discorso sono a loro volta di natura disforica. Il problema sembra essere, per l'appunto, il meccanismo del desiderio illimitato, che guiderebbe le persone ad assumere comportamenti caratterizzati da una certa forma di irrazionalità individuale[4], tutta chiusa, come abbiamo anticipato, all'interno di una forma di mono-prospetticità iper-semplificante che non vuole venire a patti con nulla e con nessuno. In effetti, agli occhi di tutti gli autori dei saggi e dei film di cui abbiamo scritto, il capitalismo neoliberista è un buon esempio di tutto questo, dato che si caratterizza come un sistema economico-politico improntato al consumo sfrenato delle risorse naturali del nostro pianeta, volto a soddisfare all'infinito i desideri di chi ne fa parte: chi continua a ragionare pervicacemente secondo questi principi sembra dirigersi verso la propria rovina e quella della propria società.

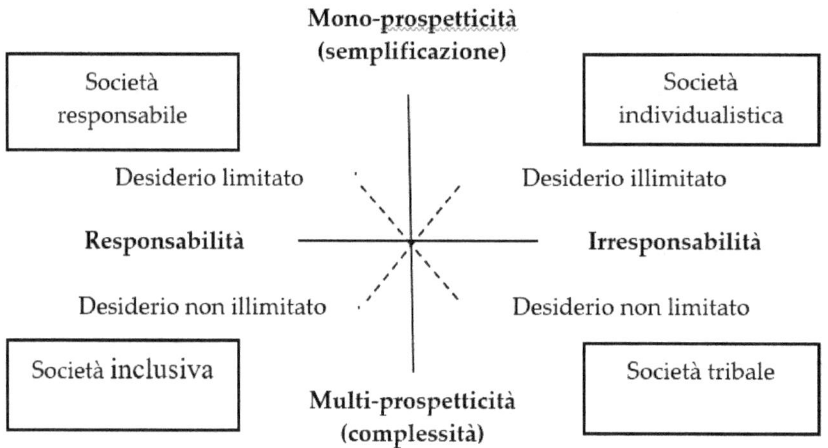

Figura 2 – Mappa dei discorsi sulle società del futuro

Nel quadrante 2, invece, si incrociano la semplificazione mono-pro-

---

[4] In effetti, poiché il capitalismo si regge su meccanismi di pensiero anche molto razionali, volti a massimizzare l'utile degli individui in diversi modi, qui parliamo di "ir-razionalità", per sottolineare come una certa logica di ragionamento che sorregge quel sistema economico e sociale venga criticata dagli autori dei discorsi sul futuro che abbiamo analizzato.

spettica e la responsabilità. Lo potremmo definire come il quadrante del *desiderio limitato*, nonché, per l'appunto, della *società responsabile*. I limiti sono quelli che ci vengono imposti dalla realtà, soprattutto da quella naturale, che non dovremmo più sfruttare, consumandola all'infinito. Ma anche le ingiustizie sociali e le disuguaglianze determinate dall'individualismo creano delle disfunzioni a cui bisogna porre rimedio. Ci rendiamo conto che il nostro voler essere deve trovare degli argini. Questo ci rende più razionali, indicandoci la strada di un dover essere in un certo senso contenitivo, che ci impone la continenza. Però, la forma di razionalità che qui si afferma è mono-prospettica: in pratica, si vede una sola via veramente logica verso la quale incamminarsi. Infatti, in questo quadrante si collocano tutti i discorsi sulle società collettivistiche, come quello di Berardi (op. cit.) sul futuro di stampo comunista, ma anche alcuni di matrice ambientalista cattolica, sullo stile dei ragionamenti di Padoan (op. cit.). Dal punto di vista di questo genere di pensatori, c'è un solo modo per essere responsabili: tutti lo vedono e sanno cosa devono fare per perseguirlo.

Nel quadrante 3, si incrociano piuttosto la complessità multi-prospettica e l'irresponsabilità. Lo potremmo definire come il quadrante dei *desideri non limitati*. Qui si collocano le riflessioni su quelle che potremmo definire, con Maffesoli (1988), le varie forme di *tribalismo* che puntellano la società contemporanea. Queste ultime si osservano facilmente nell'ambito dei consumi, dove si verifica da tempo che le persone si sentano accomunate dai valori che le inducono ad acquistare, spesso in una maniera compulsiva che può apparire irrazionale, certi tipi di merci e, per questo, a ritenere di far parte di un certo gruppo o di una certa "classe" sociale. Ma noi abbiamo visto che anche chi si confronta con le problematiche della (geo)politica finisce col parlare di sovranismi, protezionismi e consorterie che sembrano a loro volta irrazionali, perché fondati su valori non negoziabili che si dimostrano criticabili in quanto disfunzionali e che conducono a varie forme di esclusione, senza alcun tentativo di soluzione delle aporie a cui danno origine.[5] Le riflessioni che ne derivano hanno

---

[5] Anche in questo caso, dato che queste forme di pensiero appaiono più che razionali a chi le porta avanti, preferiamo parlare di "ir-razionalità", sottolineando come nei

alcune caratteristiche comuni con i discorsi portati avanti nel quadrante 1, dato che abbiamo parlato di una forma di individualismo di gruppo. Per chi ha la fortuna di trovarsi dentro la "tribù" dominante, il desiderio non ha limiti ed egli può legittimamente aspirare a realizzare il proprio voler essere. Ma costui è consapevole del fatto che la sua prospettiva non è l'unica, bensì ne esistono delle altre, che rendono più complessa la sua visione del mondo. Questo, però, non significa che si voglia confrontare con l'alterità, anzi egli rifiuta tutto questo, non sentendosi responsabile e non provando alcun senso del dovere nei confronti di chi non è parte del suo gruppo. Per questo, forse, i testi che funzionano secondo queste logiche appaiono controversi, in parte positivi e in parte negativi. Positivi in quanto multi-prospettici (di solito, nell'ambito politico, si fondano su ragionamenti del tipo: «capiamo che la realtà contemporanea è un sistema complesso in cui ci sono altri che hanno esigenze e visioni delle cose diverse dalle nostre, assolutamente legittime, ma non possiamo farcene carico»), negativi in quanto irresponsabili. Un esempio paradigmatico, in questo senso, è quello del pensiero di Fagan (op. cit.), che tratteggiando il suo mondo multipolare – modello a suo modo di vedere decisamente migliore rispetto a quelli mono-polari o bi-polari – sostiene che se ogni grande potenza perseguirà solo i propri interessi, senza venire a patti con quelli delle altre o senza fare in modo che queste ultime li possano a loro volta realizzare, la complessità potenzialmente positiva del nuovo ordine globale diverrà caos e il futuro sarà fosco.

Infine, nel quadrante 4 si incrociano la complessità multi-prospettica e la responsabilità. Lo potremmo definire come il quadrante dei *desideri non illimitati* e delle *società inclusive*. Esso si caratterizza per la volontà di confrontarsi con un'alterità intesa come uno sguardo soggettivo diverso sul mondo, col quale è necessario dialogare per comprenderlo a fondo e integrarlo col proprio. Rispetto al quadrante 3, che è più gerarchico, dato che il senso di irresponsabilità verso gli altri gruppi induce chi fa parte di una certa tribù a ritenere più importanti i propri interessi, questo settore della nostra mappa è, in un certo qual modo, *eterarchico*, nell'accezione di questo concetto di cui parla Stark (2009). Secondo il sociologo americano,

---

testi che fanno parte del nostro corpus esse vengano criticate.

infatti, sono eterarchici quei contesti sociali in cui soggetti con storie e culture molto differenti si pongono tutti sullo stesso livello, condividendo le proprie competenze e i propri diversi punti di vista sulle cose, con l'obiettivo comune di costruire insieme qualcosa di nuovo. Sempre rispetto al quadrante 3, dove la presenza dell'altro viene vista più come un dato oggettivo del quale è necessario tener conto razionalmente, qui si trovano sia i discorsi dei pensatori liberalsocialisti, sia quelli dei cattolici che desiderano a loro volta essere responsabili, prendendosi carico in maniera inclusiva della prospettiva e del volere altrui, dato che sentono come un dovere morale il fatto di aiutare quest'ultimo a realizzarlo. L'afflato dell'accoglienza e del rispetto del prossimo viene raccontato con molto slancio da chi dichiara di volervisi cimentare, come se realizzare tutto ciò conducesse verso una grande soddisfazione personale e collettiva. In effetti, come abbiamo scritto, qui si esprime chi ritiene che il proprio desiderio non sia illimitato, dato che il limite glielo pone la felicità altrui, ma questo non significa nemmeno castrare del tutto le proprie aspirazioni, come è nella tradizione di un pensiero che mantiene in fondo dei solidi legami con il liberalismo. In generale, comunque, poiché i discorsi che si incardinano in questo quadrante sono complessi, multi-prospettici e incentrati sul valore della responsabilità, che come abbiamo visto sono tutti concetti concepiti positivamente, nel corpus di testi che abbiamo analizzato, essi appaiono sempre decisamente euforici e si caratterizzano come quelli che descrivono le società del futuro in cui la maggior parte degli autori con cui ci siamo confrontati vorrebbero vivere.

2.2.3.1. *Un ultimo esempio dalla fantascienza:* Humans

Come abbiamo scritto presentando la nostra mappa, i meccanismi di funzionamento dei vari quadranti forniscono le regole per la costruzione e per l'interpretazione dei discorsi che si possono classificare al loro interno. Non è detto, però – anzi succede molto raramente – che un testo che parla di come vivremo insieme nel mondo a venire assuma il suo significato solo perché in esso si possono riconoscere valori e dinamiche di organizzazione direttamente collegabili a un unico quadrante del nostro modello. È molto più frequente che in un saggio o in un film sui temi di cui ci stiamo occupando si incrocino le logiche costruttive delle varie aree della nostra mappa, in modo tale che queste opere si collochino a cavallo tra due o più di esse. Questo, del resto, è perfettamente comprensibile, se si pensa che qualunque discorso sulle società del futuro non è altro che un modo di interrogarsi su quale soluzione, tra le tante che la nostra cultura ci mette a disposizione, sia quella più auspicabile. In questo paragrafo, dunque, vogliamo occuparci del funzionamento della prima stagione della serie televisiva *Humans* (UK, 2015), per mostrare come al suo interno si intreccino riflessioni e personaggi collegabili a tutti e quattro i quadranti della nostra mappa, il cui significato si determina proprio per il fatto che le loro differenze dipendono dalla struttura del sistema semiotico da cui si origina la mappa stessa.

Humans si domanda, appunto, come dovrà essere la società del futuro, quando avremo costruito delle macchine umanoidi dotate di intelligenza artificiale così perfette da ragionare e sentire come e meglio di noi. La storia è quella della famiglia Hawkins, che in un'Inghilterra non molto lontana nel tempo, decide di acquistare un *"synth"*, un androide che faccia da balia alla figlia più piccola, Sophie, e si prenda cura della casa, dato che la madre Laura e il padre Joe sono troppo impegnati col lavoro. I synth sono stati creati da un ingegnere informatico di nome Elster per aiutare le persone e migliorare la loro vita, ma presto hanno incominciato a creare problemi sociali, per esempio sostituendo gli umani nel lavoro e negli affetti dei loro cari. In realtà, nelle intenzioni del loro inventore, questo non sarebbe dovuto avvenire. Egli, infatti, li ha dotati di un'intelligenza limitata, funzionale allo svolgimento ripetitivo di alcune pratiche quotidiane. Ma, soprattutto, li ha privati del libero arbitrio, soggiogandoli al volere dei loro possessori. Eppure, in gran segreto, proprio lo stesso Elster ha creato cinque androidi perfezionati, Mia, Karen, Niska, Max e Fred, per sostituire lui e sua moglie, una volta morti, nella crescita del loro figlio Leo. Questi synth sono del tutto simili agli umani e per questo molto più preziosi di quelli in commercio. Per questa ragione, una volta saputo della loro esistenza, Edwin Hobb, l'ex assistente di Elster, li sta cercando, ufficialmente per consegnarli a una multinazionale che li vuole studiare per arricchirsi, ma in realtà per distruggerli, essendo terrorizzato dalle conseguenze nefaste della singolarità per il genere umano. Sentendosi in pericolo, i cinque androidi tentano di mimetizzarsi, fingendosi dei synth qualunque, ma il caso vuole che una di loro, Mia, venga catturata da alcuni bracconieri, inconsapevoli della sua vera identità, che la riprogrammano parzialmente, facendole perdere la memoria, e la rivendono al mercato nero. Essa finisce proprio presso la famiglia Hawkins e, da quel momento, la storia di *Humans* diventa quella del progressivo avvicinamento tra gli umani che compongono questo nucleo famigliare e gli androidi super intelligenti di Elster, che imparano a conoscersi e fidarsi gli uni degli altri, provando a immaginare un futuro insieme, nonostante intorno a loro molti ritengano che tutto questo debba essere evitato.

All'inizio della storia raccontata in questa serie, ci troviamo dunque pienamente all'interno del quadrante 1 della nostra mappa dei discorsi sulle società del futuro. Infatti, in un mondo iper-capitalista in cui tutti sono impegnati a realizzare i propri desideri individuali, nessuno ha il tempo di prendersi cura dei figli o dei parenti malati (una trama secondaria è quella della famiglia del detective Drummond, specializzato nella caccia agli androidi fuorilegge, la cui moglie paraplegica si innamora del synth acquistatole dal marito per badare a lei). Il denaro, comunque, è in grado di sostituire il senso di responsabilità e basta acquistare un robot umanoide per risolvere ogni problema materiale. È tale l'ebbrezza del potere che gli uomini abbienti sentono di avere in pugno, servendosi di queste macchine e riuscendo così a soddisfare ogni proprio desiderio, che una delle sequenze iniziali di *Humans* è girata in un bordello, dove Niska, uno degli androidi super intelligenti di Elster, si prostituisce, fingendo di essere uno dei tanti synth programmati per dare piacere al miglior offerente. Un suo cliente, però, le chiede di fingere di essere una bambina, essendo un amante del sesso con le minorenni, e lei, in tutta risposta, lo uccide, ritenendo di dover porre un limite a tutta la perversione di cui è vittima ogni giorno. La mono-prospetticità irresponsabile del mondo capitalista, così ben rappresentata dal rapporto di sfruttamento sessuale di un uomo nei confronti di una macchina che egli crede non avere una prospettiva propria, viene qui evidentemente criticata.

Per converso, sono proprio i synth a incarnare, in questa serie, le logiche di funzionamento del quadrante 2 della nostra mappa. Essi, infatti, sono per la maggior parte programmati per prendersi cura degli esseri umani, dovendo dunque essere responsabili. Allo stesso tempo, però, è evidente la loro mono-prospetticità, determinata dal fatto che sono dotati di una intelligenza puramente funzionale, atta a far svolgere loro al meglio i compiti per cui sono stati creati, ma nulla più. Sono molto significative, al proposito, le tante sequenze della serie in cui gli esseri umani chiedono agli androidi che si prendono cura di loro di fare cose per cui essi non sono stati programmati, vale a dire, fuor di metafora, di uscire dalla loro prospettiva limitata, ma senza successo. Altrettanto significativo, nella nostra ottica, visto che abbiamo scritto che nel quadrante del desiderio limitato della nostra mappa si possono portare avanti discorsi "comunisti", appare il fatto che in *Humans* si sottolinei continuamente che le macchine razionalmente confezionate per fare il loro dovere e prendersi cura di noi sono tutte uguali, perfettamente replicabili e fungibili.

Il quadrante 3 della nostra mappa viene rappresentato invece dalle varie "tribù" che si scontrano nella serie. Vediamo uomini luddisti disoccupati che vorrebbero che il proprio desiderio di partecipare all'orgia del piacere della società capitalista non venisse limitato dai synth che rubano loro il lavoro e per questo li vorrebbero disattivare, con l'avallo di partiti politici populisti che prendono in carico le loro istanze, terrorizzando gli androidi di Elster, che temono di essere scoperti e fatti a pezzi. Ma ci rendiamo altresì conto che anche questi ultimi, sentendosi diversi dagli altri synth e dagli esseri umani, tendono a ghettizzarsi e a formare un gruppo chiuso, ancora una volta per fare in modo che il loro desiderio di essere liberi e di creare una famiglia non venga limitato. Essi comprendono benissimo che gli uomini trarrebbero un grande beneficio se si prendessero cura di loro (non è un caso che Mia faccia la balia e la governante presso gli Hawkins), ma preferiscono privilegiare la propria "specie". Un fatto, questo, che in fondo li accomuna anche ai membri della famiglia umana protagonista della serie, i quali, quando si accorgono di avere a che fare con macchine libere e super intelligenti, reagiscono ritraendosi. Essi capiscono che Mia e i suoi simili avrebbero bisogno del loro aiuto, per integrarsi nella nostra società e superare i pregiudizi di chi vorrebbe distruggerli. Essendo multi-prospettici, sono consapevoli del punto di vista degli altri e ne intuiscono le buone ragioni, ma non si sentono responsabili per chi è al di fuori della propria piccola "tribù".

Man mano che la narrazione va avanti, però, gli androidi di Elster e gli Hawkins, come abbiamo scritto, cominciano a conoscersi e a rispettarsi. Una serie di fatti li inducono a fidarsi gli uni degli altri. In particolare, la constatazione che, quando conta, tutti sono pronti a sacrificarsi per il bene reciproco. Mia rischia la vita per salvare Toby, il figlio di Laura e Joe, ma anche l'altra loro figlia, Matilda, si mette a repentaglio per aiutare la "famiglia" della stessa Mia. Avviene, in pratica, che pian piano *Humans* si porti al centro del quadrante 4 del nostro modello, poiché i protagonisti riescono a diventare pienamente multi-prospettici, mettendosi sullo stesso livello, comprendendosi a fondo e sentendosi responsabili gli uni verso gli altri. Questo viene rappresentato plasticamente nelle sequenze finali dell'ultimo episodio della prima stagione della serie, quando, durante una manifestazione molto minacciosa dei luddisti, gli androidi di Elster, braccati da Hobbs e dalla polizia, scoprono finalmente come fare a riprodursi, un fatto che li renderebbe del tutto simili agli umani e che, anzi, li porrebbe in una posizione di forza rispetto a questi ultimi, dato che se mai qualcuno riuscisse a disattivarli, altri loro simili li potrebbero rimpiazzare. Per conferire loro questo potere, però, Elster ha pensato a uno stratagemma molto ingegnoso, che conferisce un ruolo determinante proprio ai suoi simili: è necessario, infatti, che Mia, Karen, Niska, Max e Fred si colleghino gli uni agli altri e che si disattivino, lasciando che siano le persone intorno a fare, dalle loro "menti" unite, il download del loro codice sorgente. Questo presuppone una grande fiducia da parte degli androidi, che in quel momento sono molto vulnerabili. Ma i cinque decidono di mettersi nelle mani della famiglia Hawkins, che li aiuta a portare a termine questo processo. Come abbiamo scritto altrove (Santangelo, 2023a), gli umani sentono il dovere morale di aiutare gli androidi a realizzare il loro voler essere e, ottenuto l'hard disk con le informazioni necessarie alla loro riproduzione, glielo consegnano, accettando a loro volta di confrontarsi con la propria vulnerabilità (loro sono mortali, mentre le creature di Elster, così facendo, si potranno riprodurre per sempre). Ma in quel momento sopraggiunge un altro colpo di scena, perché gli stessi androidi decidono di lasciare quei dati così vitali agli amici che li hanno assistiti, sentendo di dover agire in modo che gli altri possano essere a loro volta liberi di perseguire il proprio volere. Il senso di responsabilità è reciproco e in quel momento si capisce che la società del futuro a cui daranno origine questi uomini e queste macchine sarà diversa e probabilmente migliore, dato che sapranno stare insieme e progredire, ognuno nel rispetto della prospettiva dell'altro.

3. *Un confronto tra i modelli*

Ai lettori più attenti, non sarà sfuggito che molti dei saggi, dei film e delle serie tv che abbiamo citato in queste pagine per illustrare il funzionamento dei due sistemi semiotici che abbiamo descritto, si sono dimostrati utili per esemplificare entrambi. Questo è un indizio del fatto che i vari modelli che abbiamo presentato hanno dei *punti di contatto*, che intendiamo esplicitare.

È evidente, per esempio, che il modello tecno-lineare, almeno nella sua versione ampiamente criticata dai pensatori mitizzanti, valoriali e antagonisti, si intrecci con quello del desiderio illimitato e delle società individualistiche. Sono infatti i meccanismi mono-prospettici e irresponsabili su cui queste società si fondano a renderle inaccettabili agli occhi di chi ne vuole prendere le distanze. Abbiamo anche visto, però, che esistono persone che si sentono responsabili nei confronti degli altri o della natura, che pensano di poter risolvere i problemi del mondo contemporaneo facendo ricorso alla tecnologia e perpetuando, di fatto, il funzionamento politico ed economico della realtà in cui vivono: in Unione Sovietica, negli anni della guerra fredda, il modello tecno-lineare era in auge almeno quanto lo è oggi nei nostri consessi neoliberisti globalizzati; la Cina contemporanea pensa di affrontare razionalmente le disfunzioni che rendono complicata la vita dei propri cittadini; un multi-milionario come Elon Musk è intimamente "soluzionista", credendo di poterci salvare tutti col potere di calcolo dei suoi computer e col suo modo di pensare ingegneristico-matematico. In sostanza, dunque, anche il modello della società responsabile ma mono-prospettica può attingere molto da quello tecno-lineare.

Parlando, però, degli autori che fanno discendere la propria idea della società del futuro in cui vorrebbero vivere dal modello che abbiamo definito "responsabile", basato sul meccanismo del desiderio limitato, ci siamo resi conto che anche alcuni ambientalisti di stampo cattolico e certi nostalgici di un comunismo che, a vedere bene, sembra tanto una forma ibrida anarco-liberale, si collocano al suo interno. Il loro pensiero, però, è mitizzante, tutto incentrato sull'affermazione di valori diversi, in totale discontinuità rispetto all'individualismo irresponsabile del neoliberismo. Questo ci fa capire che i discorsi mitizzanti possono essere, per molti versi, mono-prospettici, dato che si fondano sulla convinzione che un certo tipo di passato, un certo modo in cui un tempo si concepiva l'essere umano e l'equilibrio tra quest'ultimo, i suoi simili e il pianeta, deve essere unanimemente ritenuto positivo, migliore, sicuramente, rispetto al presente in cui ci troviamo.

È altresì chiarissimo che l'essenza del modello valoriale delle narrazioni sul futuro è la multi-prospetticità del modello delle società responsabili e inclusive, verso la quale tendono tantissimi degli autori dei testi che abbiamo citato in queste pagine. È forse un po' meno evidente, invece, il rapporto che sussiste tra il modello antagonista e quelli dei consessi sociali che potremmo costruire nell'avvenire. Di sicuro, molto spesso, i pensatori antagonisti criticano il tribalismo, perché vedono che viviamo in un'epoca in cui piccoli gruppi di privilegiati che detengono il potere prendono il sopravvento sulle masse, raccontando loro delle false verità. Però, in sostanza, proprio perché, come abbiamo anticipato nel paragrafo 2.1.3, chi fa discendere il proprio pensiero dal modello antagonistico ha chiaro cosa vuole criticare, ma è molto meno deciso sul tipo di società che vorrebbe creare dopo avere "abbattuto" quella presente, possono darsi casi di fautori delle società responsabili, inclusive e finanche tribali (si pensi alle varie forme di complottismo che sostengono sovranismi e proto-fascismi contemporanei) che costruiscono le loro argomentazioni secondo la logica antagonista.

Proprio questo riferimento ai sovranismi e ai proto-fascismi che oggi sembrano prendere sempre più piede, ci consente di evidenziare che essi, molto spesso, prospettano società "tribali" in cui il proprio gruppo, sentendosi irresponsabile nei confronti degli altri (dei migranti, dei cittadini delle super-potenze nemiche, eccetera), immagina di isolarsi e di ritornare a un'età dell'oro ormai passata, di natura mitizzante. Si pensi, a questo proposito, al famoso slogan di Donald Trump – *Make America Great Again* – e alla visione del mondo che egli condivide coi suoi elettori. Il modello mitizzante e quello tribale, dunque, possono a loro volta integrarsi, puntando sul fatto che, come abbiamo scritto nel paragrafo 2.2.3, la multi-prospetticità irresponsabile si può facilmente trasformare in una forma di mono-prospetticità responsabile, dal punto di vista di chi appartiene alla stessa "tribù" e, per questo, si vuole prendere cura di quelli che sono come lui.

Tutto questo ci porta a tratteggiare un ultimo modello, che tiene insieme, in qualche modo, gli altri che abbiamo presentato nella figura 1 e nella figura 2. Quello che rappresentiamo nella figura 3, dunque, è il risultato finale della nostra ricerca e ci consente di schematizzare, in estrema sintesi, il complesso teorico che utilizzeremo nei prossimi capitoli, per spiegare come abbiamo inteso insegnare ai nostri studenti a immaginare il futuro, nonché a descriverlo.

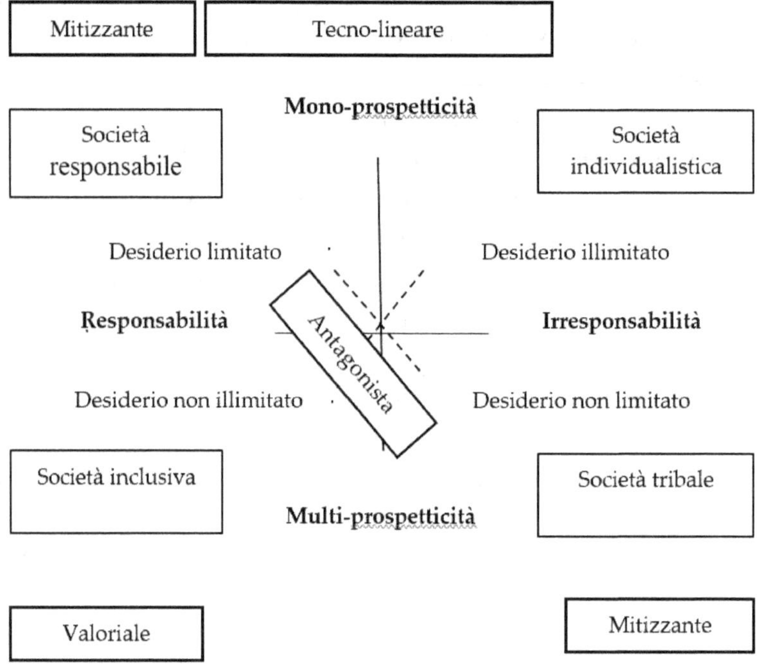

Figura 3 – Il modello integrato dei discorsi contemporanei sul futuro

Capitolo 3
Narrare i futuri con i modelli della semiotica

Nel capitolo 2 abbiamo esposto il funzionamento dei due modelli semiotici su cui si fondano, a nostro modo di vedere, i discorsi sul futuro in generale e quelli sulle società che potremmo costruire. Adesso, come abbiamo anticipato all'inizio di questo libro, intendiamo mostrare come tali modelli possano essere utilizzati nella pratica.

In particolare, vogliamo rendere conto di come se ne sono serviti gli studenti e le studentesse del corso di *Semiotica delle culture digitali,* tenuto da chi scrive dal 2021 a oggi presso l'Università di Torino. In occasione degli ultimi due cicli di queste lezioni, finalizzate a sviluppare uno spirito critico sulle tecnologie informatiche più influenti del nostro tempo, in particolare quelle basate sull'intelligenza artificiale, è stato chiesto ai ragazzi e alle ragazze di scrivere un racconto di finzione sul tipo di avvenire che avrebbero immaginato, in funzione delle teorie più rilevanti sul significato di questo genere di strumenti, così per come vengono progettati e realizzati oggi. Questi giovani e queste giovani, dunque, sono stati stimolati e stimolate a utilizzare le logiche dei nostri modelli in due direzioni: per decostruire il senso dei discorsi degli autori dei saggi o delle opere di finzione più conosciuti tra quelli che si occupano di questi temi, prendendone le distanze e mettendoli in prospettiva; e per aiutarli ed aiutarle a costruire il loro pensiero, strutturandolo in una forma significativa e comunicativa.

In queste pagine, riportiamo alcune delle opere prodotte al termine di questo percorso, che esemplificano concretamente come i modelli tecno-lineare, mitizzante, antagonista e valoriale, nonché quelli sulla società individualista, responsabile, tribale e inclusiva, possano essere introiettati da chi desidera capire meglio il senso del mondo in cui viviamo e, soprattutto, vuole essere consapevole del valore di quello che contribuirà a creare, condividendolo con gli altri.

1. *Il futuro della rivoluzione digitale*

Prima di mostrare i contenuti dei racconti dei ragazzi e delle ragazze, ci pare opportuno illustrare per sommi capi come sono stati indirizzati e indirizzate nella lettura del significato delle tecnologie digitali contemporanee, sulla base dei modelli semiotici che abbiamo descritto nel capitolo 2 e che abbiamo insegnato loro a maneggiare. Trattandosi infatti di strumenti concettuali dal valore generale, immaginati per rendere conto del funzionamento di qualunque discorso sul futuro, è stato facile adattarli allo studio dei testi in cui si parla dell'avvenire delle nostre società in funzione degli strumenti informatici che stiamo realizzando.

A questo proposito, è risaputo che da anni si discute con enfasi del fatto che vivremmo nell'epoca di una vera e propria *rivoluzione digitale*. In realtà, diversi autori mettono in dubbio che questa etichetta sia davvero appropriata per descrivere il nostro tempo (Balbi, 2022), sottolineando come se proprio si dovesse prendere sul serio quella che sembra più che altro una strategia retorica di alcune aziende informatiche interessate a vendere al meglio i loro prodotti, sarebbe necessario evidenziare come nel campo semantico della stessa parola "rivoluzione" si trovi non solo il riferimento a un cambiamento storico indirizzato verso il *progresso* (come in un certo modo di inquadrare la rivoluzione industriale, per esempio, a cui, secondo alcuni, quella attuale assomiglierebbe per certi aspetti), ma anche quello al *regresso*, al ritorno a un passato da cui si era partiti e dal quale si riteneva di essersi affrancati (questa accezione del termine "rivoluzione" si riferisce, per esempio, al moto della Terra sul proprio asse o attorno al Sole). Fuor di metafora, molti studiosi ritengono che le tecnologie digitali che stiamo sviluppando oggi siano il frutto di una visione del mondo e dell'uomo che sarebbe stato meglio superare – Zuboff (2019), come vedremo tra poco, parla esplicitamente di una forma soft di totalitarismo che definisce "*instrumentarianism*"[1], Varoufakis (2023) di *tecnofeudalesimo*, Giaccardi e Magatti (op. cit.), come abbiamo scritto nel capitolo 2, di un *individualismo deleterio* che impedirebbe un corretto pro-

---

[1] Un termine di difficile traduzione, che si potrebbe rendere con la locuzione "totalitarismo degli strumenti tecnici" o "totalitarismo strumentale".

cesso di formazione dell'individuo stesso – portando avanti discorsi che, per noi che ci occupiamo di futuro e che sappiamo come la rappresentazione di quest'ultimo sia spesso un modo di riflettere su un presente o su un tempo andato che non appaiono desiderabili, si prestano molto bene a essere analizzati coi nostri modelli.

In particolare, in un altro studio (Santangelo, 2024a), abbiamo dimostrato come diversi saggi sul tema della rivoluzione digitale, quando i loro autori si interrogano sull'avvenire che ci attende, funzionino esattamente secondo le logiche dei discorsi sulle società del futuro che abbiamo descritto nella figura 2 del capitolo 2. Per esempio, Baricco, nel suo *The Game* (2018), un libro entusiastico circa gli effetti dirompenti degli strumenti informatici come il computer o lo smartphone collegati a Internet, magnifica la capacità di questi ultimi di *potenziare l'individuo*, offrendogli l'opportunità di rendersi indipendente da qualunque forma di potere, soprattutto intellettuale. Grazie a queste tecnologie, ognuno avrebbe la possibilità di formarsi un'opinione e di procurarsi un proprio sapere su qualunque tema, senza doversi sottomettere all'autorità dei *gatekeeper* (Wolf, 1985) tipici del Novecento. Questo romperebbe le catene della cosiddetta "cultura di massa", consentendo a tutti di costruire in maniera indipendente la propria visione del mondo, di esprimere la propria voce e di trovare così la propria dimensione esistenziale. A questo proposito, lo stesso Baricco sostiene di intravedere una società del futuro che avrà la forma della narrazione portata avanti da una pubblicità che egli dichiara di avere visto alla stazione ferroviaria di Roma durante un viaggio, in cui molti giovani, simbolo dell'avvenire, ognuno con un proprio look decisamente personale, convivevano pacificamente, seguendo in completa libertà le rispettive traiettorie, evidentemente diverse e a loro modo uniche. Una forma di *individualismo*, questa, che è molto ricorrente in un certo tipo di letteratura *liberale,* per molti versi anche (neo)*liberista*, sulle stesse tecnologie digitali, che dai tempi di Negroponte (1995) ai cantori della più moderna IA generativa (Kaplan, op. cit.), vede queste ultime come strumenti di *empowerment* dei singoli che, se utilizzati bene, possono condurre all'emancipazione, innanzitutto economica, verso un'epoca in cui si potrà gioiosamente affermare la propria (mono)*prospettiva* sul mondo, seguendo la strada che si ritiene più opportuna, *senza bisogno di sentirsi responsabili* per nessuno, perché tanto anche gli altri, dotati degli stessi mezzi e delle stesse possibilità, sapranno bastare a sé stessi e si potranno realizzare[2].

Riprendendo le categorie del nostro modello sulle logiche narrative dei discorsi sul futuro che abbiamo rappresentato nella figura 1 del capitolo 2, è facile comprendere come questa visione della rivoluzione digitale sia sempre fiduciosamente *tecno-lineare*. Gli strumenti informatici a nostra disposizione, infatti, con la loro capacità "sovrumana" di analizzare velocemente e in maniera "intelligente" grandi moli di dati, sarebbero in grado, per chi li vede in questo modo, di risolvere moltissimi problemi che fino a oggi erano rimasti insoluti. Pentland (2014), con un atteggiamento decisamente positivista, preconizza la nascita di una nuova "fisica sociale", capace di trasformare tutto, dalla natura alla società, dalle malattie ai nostri comportamenti, in qualcosa di computabile, le cui leggi possono essere rivelate e dunque utilizzate a nostro favore. Chiusi (2023), ascrivendo questo modo di pensare al famoso magnate americano Elon Musk, proprietario di molte aziende che operano nel settore del digitale, parla di una forma di "soluzionismo", che dovrebbe condurci verso un futuro utopico, decisamente migliore del presente in cui viviamo. Kaplan (op. cit.), riferendosi agli strumenti basati sull'intelligenza artificiale generativa, sostiene che saranno per l'umanità più importanti del fuoco, della ruota, dell'elettricità, della penicillina o di qualunque altra invenzione, dato che, integrati con altre forme di IA, ci cureranno, ci istruiranno, ci assisteranno in ogni nostra attività, guideranno le auto, i treni e gli aerei, ci consentiranno di capirci senza conoscere le lingue straniere, faranno arte, ci ispireranno, ci aiuteranno a sconfiggere l'inquinamento, la fame nel mondo, eccetera. Inoltre, tutto questo, grazie alle leggi del mercato e alla concorrenza, sarà disponibile per chiunque a prezzi tutto sommato accessibili.

---

[2] Come si vede, in questa prospettiva, il concetto di "irresponsabilità monoprospettica" che nel capitolo 2 abbiamo ricondotto a diversi discorsi critici nei confronti delle società individualistiche che da esso discenderebbero, viene invece visto positivamente, come il frutto di una libertà assoluta del singolo (quella che abbiamo tratteggiato come una forma di "desiderio illimitato"). Qui l'idea è che, appunto, nessuno si debba sentire responsabile per gli altri, ma che sia sufficiente mettere tutti nelle condizioni di realizzarsi, fornendo loro le tecnologie per farlo, affinché tutto funzioni per il meglio e il mondo si avvii verso un progresso utopico del tutto auspicabile.

Come si intuisce, dietro a questi discorsi entusiastici sulle "magnifiche sorti e progressive" verso cui ci spingerebbe la rivoluzione digitale, non c'è solo una visione individualistica della società, dato che molti studiosi che inquadrano in questo modo il significato delle tecnologie informatiche di cui ci stiamo dotando ritengono che esse potranno *migliorare l'esistenza dell'umanità intera* e che, quindi, già oggi, debbano essere progettate a questo scopo. Quest'idea, portata avanti non a caso da diversi filosofi morali (Bostrom, 2014; Floridi, 2022), ma anche da altri pensatori (es. Tegmark, op. cit.), si ricollega molto spesso ai discorsi sul futuro che, nella figura 2 del capitolo 2, abbiamo definito *responsabili*, tratteggiandoli allo stesso tempo come *mono-prospettici*. Coloro che la vedono in questo modo, infatti, sulla scia degli insegnamenti di Jonas (1979), ritengono che chi realizza, ma anche chi utilizza o regola l'uso di potenti strumenti come, per esempio, l'intelligenza artificiale, debba sentire, appunto, la *responsabilità* che tutto questo comporta, prendendosi cura dei destini di tutti gli individui o di tutti i contesti naturali che ne potranno subire gli effetti, positivi ma anche negativi. Essi, però, sono convinti che il bene collettivo e quello del mondo in generale possano venire in qualche modo stabiliti in maniera *univoca*, facendoli derivare da *ragionamenti razionali*, che al limite possono essere tradotti in algoritmi e inclusi nei meccanismi di funzionamento delle macchine. Tanto che, a questo proposito, qualcuno si spinge addirittura a immaginare le macchine stesse, ancora una volta dotate di intelligenza artificiale, come delle sorte di infallibili *leviatani* da cui, negli anni a venire, gli esseri umani dovranno lasciarsi governare, dato che esse saranno in grado di valutare con distacco e in maniera scientifica ciò che è buono e ciò che non lo è (Bostrom, *ibidem*; Tegmark, *ibidem*).

A questo proposito Chiusi, nel suo libro su Elon Musk a cui abbiamo già fatto riferimento, intitolato *L'uomo che vuole risolvere il futuro. Critica ideologica di Elon Musk*, sottolinea che il noto imprenditore americano si sarebbe dichiarato più volte affascinato da questo modo di vedere la tecnologia in generale e quella digitale in particolare. Lo stesso Chiusi, però, mette in evidenza che, quand'anche si volesse giudicare come disinteressato e autentico il senso di responsabilità che Musk sostiene di provare nei confronti dell'umanità, a beneficio della quale egli rivolgerebbe tutti i suoi sforzi, ci si dovrebbe rendere conto che, dietro all'idea di poter imporre le proprie soluzioni ai vari problemi che puntellano la vita delle persone e del pianeta, si nasconde una forma pericolosa di *autoritarismo*. A riprova di tutto ciò, risulterebbe che il famoso milionario, convinto della bontà della sua impresa, nonché della necessità di realizzare quanto prima i suoi disegni, imponga ritmi lavorativi che risultano insostenibili ai suoi impiegati, conducendoli spesso al *burnout*. Ma questo, in un'ottica utilitaristica di massimizzazione del bene collettivo, gli sembrerebbe un effetto collaterale trascurabile. In sostanza, egli non si curerebbe della prospettiva dei singoli individui con cui collabora, la quale gli imporrebbe di perseguire i suoi scopi in una maniera differente, poiché la giudicherebbe meno rilevante della propria. Questo modo di operare, che si accompagna ad alcune dinamiche tipiche del capitalismo contemporaneo, caratterizzato dall'accentramento di ingenti capitali attorno ad alcune specifiche aziende come quelle dello stesso Musk, in modo che sostanzialmente, soprattutto nell'ambito del digitale, esse diventino monopoliste di un certo tipo di tecnologia (Srniceck, 2017), conferisce dunque alla visione responsabile e mono-prospettica di matrice tecno-lineare utopistica che queste stesse aziende e i loro proprietari incarnano, una connotazione sinistra, soprattutto agli occhi di chi fa discendere il proprio pensiero da una concezione della società più *pluralista* e, di conseguenza, multi-prospettica.

In questo senso, una delle critiche più efficaci al sistema socio-economico e politico che discenderebbe dal modo di pensare dei sostenitori di questo tipo di società "responsabili" del futuro è proprio Zuboff, a cui ci siamo più volte riferiti in queste pagine. Questa studiosa, nel suo libro intitolato *Il capitalismo della sorveglianza* (op. cit.), racconta di come i governanti di tutto il mondo, in seguito agli attacchi terroristici subiti dagli Stati Uniti nel settembre del 2001, si sarebbero resi conto dell'utilità di favorire lo sviluppo di un'economia di piattaforma (Srnicek, *ibidem*; Quintarelli, 2019) che consenta a poche, gigantesche aziende come Google, Meta, Apple, Microsoft o Amazon, oppure Tencent e Baidu in Cina, di proliferare e crescere a dismisura, in modo che il traffico di dati utili per monitorare le comunicazioni, ma anche i comportamenti quotidiani di chiunque, passi, appunto, sulle loro piattaforme, risultando così più facilmente controllabile. In questo sistema, che Zuboff, riferendosi nello specifico al contesto americano, denomina polemicamente "capitalismo della sorveglianza", con la scusa di fornire a basso costo o addirittura gratuitamente servizi sempre più efficienti e personalizzati di ogni tipo, nonché prodotti "intelligenti", alcuni potentissimi soggetti – privati, ma strettamente collegati con le autorità statali – acquisiscono informazioni raffinate e capillari sui loro utenti, che utilizzano per arricchirsi in vari modi. Sostanzialmente, il loro business consiste nel dimostrare di essere in grado di indirizzare le azioni delle persone, influenzandone innanzitutto gli atti d'acquisto e facendosi pagare dalle imprese che devono fare marketing, ma quando a essere reclamizzati sono i politici, allora le cose si fanno più controverse, tanto che la stessa Zuboff, come abbiamo scritto sopra, sostiene che non ci troveremmo più in democrazia, ma in una sorta di totalitarismo strumentale, nel quale tra l'altro, come hanno dimostrato diversi altri autori, tra cui Lyon (2018), è molto facile superare le barriere che dovrebbero proteggere la privacy delle persone, al fine di spiarle.

Questo genere di discorsi, invero molto diffusi nell'ambito degli studi sul digitale contemporaneo, sono molto utili per esemplificare il funzionamento dei modelli semiotici che abbiamo presentato nelle figure 1, 2 e 3 del capitolo 2. Restando sul libro di Zuboff, esso comincia, ancora una volta, con un elogio del *pluralismo delle società liberali,* che oggi sarebbe in pericolo, a vantaggio di una forma di pensiero unico da vecchia società di massa che, nella migliore delle ipotesi, servirebbe a pochi capitalisti per arricchirsi, certi di vendere le loro merci facendole apprezzare a tutti o quasi, ma nella visione più pessimistica svolgerebbe la funzione di mantenere vivo il consenso verso un certo sistema di potere, proteggendolo anche quando qualcuno desidererebbe criticarlo od opporvisi. Ancora una volta, quindi, si dimostra pertinente la contrapposizione tra una *multi-prospetticità vista positivamente,* in quanto indice della tutela della libertà individuale, e una *mono-prospetticità doppiamente disforica,* sia quando essa è il frutto dell'individualismo irresponsabile dei capitalisti – che per esempio non si curerebbero di quale personaggio o posizione politica favorire, pur di guadagnare – sia quando le autorità, ufficialmente per un senso di responsabilità nei confronti dei cittadini che vorrebbero proteggere, metterebbero in atto il dispositivo di sorveglianza di cui abbiamo scritto.

Ma *Il capitalismo della sorveglianza* è interessante anche per come arriva ad argomentare queste posizioni, visto che lo fa nella maniera tipica del modello che abbiamo definito "antagonista". Zuboff, infatti, parte descrivendo una realtà politico-economica apparentemente normale, innocua, vale a dire quella in cui viviamo oggi, collegandoci a Internet coi nostri smartphone e i nostri computer, navigando coi motori di ricerca più conosciuti, comunicando tramite le mail o i social network, utilizzando applicazioni e videogiochi, arredando le nostre case con i più svariati "oggetti intelligenti". Solo che, pian piano, portandoci moltissimi dati e svolgendo un'attività di ricerca che a volte sfocia nella *detection* – come quando ci rivela che i vertici delle grandi corporation del digitale, negli Stati Uniti, sono ricoperti dalle stesse persone che poi finiscono negli staff dei presidenti della repubblica federale – la studiosa americana ci fa capire che dietro alla superficie "scintillante" delle cose che ci appaiono più all'avanguardia, si può intuire una verità nascosta oscura e inquietante, tanto da sovvertire addirittura la convinzione diffusa secondo cui vivremmo in un mondo libero. Non è un caso, dunque, che il suo libro finisca con una sorta di *antagonistica chiamata alle armi*, rivolta a tutti coloro che intendono ribellarsi a questo sistema.

Comunque, se per Zuboff la "battaglia per il futuro dell'umanità" – questa è la traduzione del sottotitolo della sua opera – è volta a combattere il totalitarismo strumentale del capitalismo della sorveglianza, al fine di *ritornare a un liberalismo democratico in un certo senso mitico*, dato che su di esso si fonda, come sappiamo, la visione dei padri fondatori degli Stati Uniti d'America (e in questo senso il suo discorso è dunque anche "mitizzante", nei termini del nostro modello nella figura 1 del capitolo 2), per molti altri autori il problema delle tecnologie digitali contemporanee è un altro. Poiché queste ultime sono costruite per processare solo un certo tipo di dati, tralasciandone molti altri, e sono programmate per fare un certo genere di calcoli, al fine di risolvere questioni e svolgere compiti che vengono inquadrati secondo ottiche precise, esse forniscono dei risultati che possono apparire *oggettivi*, ma in realtà sono il frutto della *visione soggettiva* di chi le crea e di chi le ritiene utili. Dunque, come abbiamo più volte sottolineato anche noi in altri lavori (Santangelo, 2020 e 2022b), questi strumenti incarnano una particolare *prospettiva sul mondo*, che può diventare facilmente *egemone*, dato che il loro utilizzo, propugnato, come abbiamo visto, da ricchissime aziende multinazionali e da molti Stati nazionali, tende oggi a diventare capillare. Questo può determinare grossi squilibri e disuguaglianze, come viene dimostrato in moltissimi studi (O'Neil, 2016; Fry, 2018; Numerico, 2021; Chun, 2021; Crawford, 2021; Bender, Gebru *et al.*, 2021). Per esempio, è stato messo in evidenza che certi algoritmi utilizzati dalle aziende per selezionare automaticamente i curricula di chi cerca lavoro tendono a favorire quelli che sono scritti in uno stile maschile, forse perché le statistiche mostrano che gli uomini, di solito, fanno più carriera delle donne, anche se è risaputo che questo non si verifica per ragioni legate alle maggiori competenze dei primi rispetto alle seconde. Si è scoperto, altresì, che un programma informatico che aiuta i giudici statunitensi a stabilire se concedere la libertà vigilata ai detenuti, sulla base di un punteggio assegnato a questi ultimi al termine di alcune interviste, tende a svantaggiare chi, pur non avendo davvero la tendenza a delinquere di nuovo, proviene da zone più povere, oppure da famiglie con precedenti penali. L'elenco di queste piccole e grandi ingiustizie potrebbe continuare molto a lungo, dato che praticamente in ogni ambito della nostra quotidianità operano sistemi computerizzati che compiono scelte al posto nostro o che ci aiutano a svolgere attività che hanno conseguenze sulle vite degli altri, ma la sostanza dei discorsi di chi denuncia e critica tutto questo è quasi sempre la stessa, dato che l'obiettivo di chi si esprime in questo modo è, nella maggior parte dei casi, fare sì che queste tecnologie operino per costruire una società che, nei termini del modello che abbiamo tratteggiato nella figura 2 del capitolo 2, deve rivelarsi più *inclusiva*. Invece di funzionare come strumenti per l'automazione e la riproduzione della (mono)prospettiva dominante (dei maschi nel mondo del lavoro, dei bianchi ricchi nelle carceri, eccetera), le nostre macchine digitali dovrebbero dunque condurci verso un futuro in cui *tutte le prospettive siano tutelate*, soprattutto quelle delle minoranze svantaggiate, nei confronti delle quali sia chi progetta questi strumenti, sia noi che li utilizziamo, ci dobbiamo sentire *responsabili*.

Le posizioni dei tanti studiosi che utilizzano il modello delle "società inclusive" incarnano anche quello che, nella figura 1 del capitolo 2, abbiamo denominato come "valoriale". Questi autori, infatti, incentrano le loro riflessioni sulla difesa di alcuni *valori* che ritengono imprescindibili, dato che su di essi si fonda idealisticamente il mondo in cui, secondo loro, tutti dovremmo vivere. Oltre al pluralismo, di cui abbiamo più volte scritto, che verrebbe insidiato dalla costitutiva tendenza del sistema economico-politico da cui discendono le attuali tecnologie digitali a imporre la visione ideologica dei loro creatori e dei loro privilegiati utenti, invece di calare dall'alto una specifica forma di razionalità grazie al potere computazionale di qualche macchina, bisognerebbe favorire il *confronto dal basso*, anche aspro e polemico, tra individui o gruppi consapevoli della parzialità e della limitatezza del loro sguardo sul mondo, anche quando questo è supportato da strumenti che, in fondo, lo rispecchiano. Lontano dall'ecumenico sogno di una società pacificata dall'universalismo del giudizio obiettivo e disinteressato di un "leviatano" digitale, chi ragiona in questo modo ritiene piuttosto che favorire il *conflitto delle idee*, anche a proposito della tecnica e del suo utilizzo, costituisca una forma di arricchimento della vita civile a cui non si dovrebbe mai rinunciare. L'obiettivo, comunque, dovrebbe essere quello di trovare un *punto di incontro tra le diverse prospettive*, un equilibrio che sarebbe sempre raggiungibile, soprattutto quando si ritiene, come nel modello che abbiamo tratteggiato nella figura 2 del capitolo 2, che il soddisfacimento del proprio desiderio non possa essere illimitato, ma che debba temperarsi grazie al senso di responsabilità nei confronti degli altri.

Tra i fautori del pensiero inclusivo e valoriale, nell'ambito del digitale, assumono un particolare interesse quelli che portano avanti la visione cosiddetta *"conviviale"* di questo genere di tecnologie (Milani, 2022; Borroni Barale, 2023; ma, più o meno su questa linea, si vedano anche Sadin, 2018 e Lovink, 2019). Secondo questi pensatori, che spesso sono anche o sono stati esponenti della cultura hacker, gli strumenti informatici di cui ci stiamo dotando e che influiranno sul nostro futuro dovrebbero essere concepiti *coinvolgendo direttamente chi li utilizza*, in modo che diventino il frutto dello *stare insieme* con chi li crea, in funzione del soddisfacimento di *bisogni reali, locali*, non indotti dal marketing di aziende che hanno l'obiettivo di vendere prodotti alle masse. Questo si potrebbe ottenere lavorando su una *scala molto più piccola*, rispetto a quella delle grandi piattaforme come Google o Meta, nonché producendo e servendosi di *dati che rimangano di proprietà di chi li utilizza*, in modo che questi ultimi vengano impiegati per realizzare le vere aspirazioni dei singoli o dei gruppi a cui appartengono, senza che le medesime informazioni vengano vendute a terzi che desiderano indurre il desiderio di acquistare certi prodotti o, magari, di votare per certi candidati politici.

In generale, comunque, tutti coloro che si esprimono utilizzando i modelli che abbiamo definito "inclusivo" e "valoriale" aspirano a un futuro in cui le tecnologie digitali consentiranno alle persone di *realizzarsi appieno* e per questo ritengono di dover puntare verso una *multi-prospetticità* in cui ognuno possa sentire che *la propria visione del mondo viene tenuta in considerazione*, aiutata a prendere piede nella vita di tutti i giorni anche dagli strumenti informatici che abbiamo a disposizione. Ma, affinché questo possa verificarsi, è necessario contrastare il modo di pensare che deriva dagli altri modelli che abbiamo sin qui descritto. In particolare, bisogna evitare di incamminarsi nella direzione mono-prospettica di chi ritiene di creare macchine capaci di trovare improbabili soluzioni universali ai problemi di tutti, ma non si deve nemmeno lasciarsi andare a forme di individualismo che rinuncino a priori all'idea che si possano immaginare insieme algoritmi che favoriscano la convivialità. Infine, citando ancora una volta la figura 2 del capitolo 2, è importante contrapporsi a ogni forma di *tribalismo*, vale a dire all'idea che si possa aspirare al massimo a produrre *una tecnologia che favorisca il proprio gruppo*, nell'assoluta indifferenza nei confronti dei desideri e delle aspirazioni degli altri. Infatti, quest'ultimo modo di pensare, che nell'ambito degli studi sul digitale è ben rappresentato dai tanti libri che parlano delle contrapposizioni tra le "superpotenze" dell'informatica o dell'intelligenza artificiale (Lee, 2018; Aresu, 2020 e 2022), le quali si farebbero concorrenza per prevalere le une sulle altre, non può che configurare un mondo di egoismi e di rapporti di forza asimmetrici che si contrappone nettamente a quello immaginato idealmente da chi sogna un avvenire in cui, piuttosto, ci si potrà venire incontro e si convivrà pacificamente.

2. *I racconti degli studenti*

Come abbiamo anticipato, dopo diverse ore di lezione dedicate a illustrare per esteso i vari modi di pensare alle tecnologie digitali contemporanee che abbiamo descritto nel paragrafo precedente, nonché al loro significato in quanto strumenti che possono contribuire a realizzare nel concreto una certa visione del futuro, agli agli studenti e alle studentesse del corso di *Semiotica delle culture digitali* dell'università degli studi di Torino è stato chiesto di scrivere un racconto, al fine di esplicitare, con lo strumento della fiction, le loro idee sull'avvenire, descrivendo eventualmente il tipo di società in cui avrebbero desiderato vivere. Alcuni e alcune di loro di loro si sono si sono limitati e limitate a descrivere la realtà con cui si aspettano di doversi confrontare tra qualche anno, nemmeno troppo lontano, altri e altre hanno provato a immaginarne una alternativa. Qui di seguito riportiamo quattro tra le tante opere che abbiamo raccolto, al solo scopo di esemplificare come i nostri modelli del capitolo 2 possano essere utilizzati nel concreto, per facilitare il pensiero sul domani e la comunicazione efficace di quest'ultimo, in una forma che possa essere ben compresa da chiunque. Una volta presentati i testi dei ragazzi e delle ragazze, li commenteremo brevemente al termine di questo capitolo.

2.1. *Silvestro Pizzati,* Delivery

Ciclo di sonno terminato. Durata totale processo: otto ore. Dormiveglia totale: un'ora, tredici minuti e 28 secondi. Sonno profondo conseguito: sei ore, quarantasette minuti e 42 secondi. Ti sei svegliato dal sonno catartico dodici volte. Suggerisco un aumento nell'assunzione di benzodiazepine. Attività cerebrale nella norma. Hai prodotto ventiquattro diversi processi onirici. Due in aggiunta al tuo consueto. COMPLIMENTI!

Parametri medici in equilibrio. Somministro sostanze nutritive. Stimolo muscoli di spalle, schiena e gambe. Trasmetto musica di ambiente conciliante il risveglio dalla raccolta selezionata dall'utente 00343; *Unchained Melody* di Elvis Presley/1977. Segue *Dust in the Wind* di Kansas/1978.

Diario encefalo n°147. Inizio.

«Buongiorno, Claudio. Sono le…. sette e venticinque del mattino. Fuori si avvertono…. dodici gradi centigradi. Sono previste precipitazioni copiose lungo tutto l'arco della giornata. Hai…. due messaggi non letti in rubrica. Desideri riscaldare il pavimento di casa prima di disattivare la funzione "letto"?»

«Buongiorno, mondo. Sam, riproduci i messaggi in elenco. Lascia stare il riscaldamento; apri il cassetto delle pantofole dalla mattonella più vicina al letto. Prepara la miscela di proteine in abbondanza, sarà una lunga giornata. Andrò a fare la doccia prima di mangiare».

«Riproduco messaggi di testo. N°1: "La vita ti annoia? Sei stanco di vivere il tuo idillio personale rinchiuso in casa come un criceto nella propria gabbia? Senti la necessità di un contatto con la realtà esterna? Ti manca la sensazione di essere immerso nel verde della natura e girare per le strade della tua città in completa libertà? Cerchi solo una scusa per uscire? La Bridget Carriage è la risposta! Unisciti a un gruppo di più di cinquanta dipendenti nella tua città! Rendi realtà i sogni dei tuoi concittadini. Sii l'arteria pulsante della nostra società! Diventa un corriere. Più di…»

«Lavoro già per voi, perché mi continuate a mandare gli avvisi promozionali? Sam, ricordami di contattare l'assistenza nel pomeriggio. Procedi con il prossimo messaggio».

«Riproduco messaggio di testo n°2: Tesoro sono io, la mamma. Ti ricordi di portarci quei vecchi CD ordinati ieri, di cui tuo padre fa la collezione? Non ha dormito dall'eccitazione stanotte. Sai come è fatto: impazzisce per i cimeli del suo tempo e diventa impaziente. Si è messo a urlare contro il sistema operativo della casa perché non voleva andare a letto all'orario prescritto dal medbot. Ora sta riposando, vieni nel pomeriggio. Sottoscrivo un contratto al tuo personal link, ti mostrerà in tempo reale il magazzino da cui recuperarli. Non è lontano da casa. Ma sai già tutto. Ci sentiamo dopo, un abbraccio, Mamma.
Messaggi non letti terminati».

«Rispondi a mia madre con un pollice alzato olografico e cancella i messaggi dalla rubrica. Espelli le protesi per l'assunzione delle sostanze rilassanti e termina così la funzione "sonno" per oggi».

Mi alzo dal materasso di polimateria adattiva correlata alla conformazione della mia spina dorsale, al tessuto lipidico della mia pelle e ai miei movimenti ipotetici durante il sonno. La guardo ricomporre in modo ordinato le lenzuola, rimuovere le increspature dalle perturbanti sembianze del mio corpo e assumere la sua forma originaria. È perfetto, come se lo avessi appena ricevuto e agganciato alla rete neurale della casa. Ogni mattina non riesco a evitare di osservare le sue forme bitorzolute che fino a pochi momenti prima mi accoglievano e ringraziare la sua affascinante tecnologia per permettermi, dopo anni di incontrastabile insonnia e di lunghe, interminabili, oziose meditazioni, un sonno beato e costante. I brevi momenti di interruzione sono una minuzia, paragonati a tutti quelli subiti in passato. Riposo notturno. Vorrei lo avessero brevettato prima, questo miracolo artificiale.

Si chiude la capsula di vetro protettiva con un secco rumore scorrevole e simultaneamente, con il medesimo suono collaterale, si spalanca la porta della mia camera da letto. Il corridoio si riempie di colori tropicali che si irradiano, verdi, gialli e azzurri. Gli schermi a led che compongono il passaggio simulano una spiaggia esotica, con le palme, le onde scroscianti contro la sabbia, gli sbuffi della lontana linea marina dei pesci guizzanti, persino i cuccioli di tartaruga nella loro scalmanata corrida verso la salvezza rappresentata da quell'accesa distesa blu. Tanto reale da essere necessariamente finta. Le silenziose ventole nascoste dietro le pareti mi carezzano dolcemente la pelle e i capelli. L'aria è calda ma non aggressiva, fedele all'idilliaco panorama di riferimento. Un'eccellente simulazione.

«Interrompi funzione "Immersione". Stamattina non sono in vena di esperienze extrasensoriali che mai proverò veramente. E poi, puoi fare di meglio: questo mese me lo hai già proposto quattro volte, il "sogno tropicale". Cominci a diventare prevedibile, mio caro. Per domani consiglio un bel paesaggio di montagna, magari con delle caprette intente a brucare, un ruscello poco lontano e delle casette in lontananza diroccate. Donerebbero verosimiglianza al tutto».

«Registro richiesta. Imposto parametri personalizzati. Interrompo simulazione».

La spiaggia cede la scena al più asettico e anonimo bianco cenere nativo. I pannelli del pavimento si modellano in delicata moquette. La nostalgica canzone dei Kansas ha quasi raggiunto la fine, agli ultimi accordi di una maestria ormai non più appartenente a mani umane. Prendo dalla libreria in salone un pacchetto di sigarette. Il medbot insiste nel persuadermi a smettere, parla della loro nocività per la salute e altre teorie ancestrali, inconsistenti da ben prima che la creazione della sua intelligenza artificiale fosse lontanamente immaginata. Tutti i traguardi nella produzione di accessori alternativi, senza tabacco, con il vapore, combustione ridotta, combustione assente e via discorrendo, non sono ancora sufficienti a eguagliare l'ineguagliabile piacere di quel familiare calore sulle labbra. Mi spiace tecnologia, la nicotina vince ancora. Rimango fedele alla mia dipendenza assassina. Ne incendio la punta con la fiamma concentrata del clipper accanto al pacchetto. Come inspiro la prima boccata di denso fumo, avverto l'impianto di areazione e depurazione della casa velocizzare il suo consueto moto perenne. Percorro di nuovo il cinereo corridoio, la scia di fumo permane per qualche istante prima di dissiparsi, sospesa nell'aria come plumbea nuvoletta in attesa di essere risucchiata verso l'alto. Nelle narici si espande il buon odore del brucia essenze alla lavanda proveniente dal bagno. Come un bravo soldatino, Sam adempie pedissequamente anche al compito di attivarlo ogni mattino, estensione della funzione risveglio. Con un calcetto verso il muro, eietto l'orinatoio incastonato nella parete. Insieme si palesano anche lo specchio normalmente oscurato e il lavandino sottostante, secondo lo stesso principio del wc.

«Borraccia completamente riempita», mi avverte Sam, dopo aver terminato i miei bisogni e aver depurato le sostanze nocive nell'urina. Non è stato affatto facile adeguarsi all'idea di dissetarsi con il proprio piscio, e a volte, quando mi metto a rifletterci, ancora oggi dopo anni, un brivido mi corre lungo la schiena, ma è sufficiente rendersi conto di quanta acqua in meno viene sperperata inutilmente da quando ci è stata imposta questa nuova modalità di consumo, affinché tutto ciò risulti meno repellente.

Getto la cicca in uno dei minuscoli inceneritori sparsi lungo la casa. Gli architetti di queste nuove case del futuro autosufficienti avevano un'ossessione per il far uscire le cose dalle pareti, dovevano essere dei grandi fan di *Aliens*.

Lancio le mutande sporche nella cesta dei panni, nascosta da una mattonella nel pavimento scorrevole. Mi stupisco da solo per l'inaspettato tiro di precisione. Mi catapulto dentro la doccia bollente come un maiale nella sua vasca di fango.

«Sam! Riproduci *I want you back*».

«Riproduco *I want you back* dei Jackson 5/1969 dalla tua raccolta di brani personale».

Aloni di vapore offuscano la stanza quando esco. La mia sagoma si specchia indistintamente sulle pareti su cui si è condensato un sottile strato di acqua. Sopra la mensola della camera da letto mi attende la mia fidata divisa da lavoro, pulita e comodamente piegata dall'automa di assistenza domestico.

Mi saluta appena gli passo accanto, con la sua voce perturbantemente umana, incapace di nascondere del tutto la sua natura sintetica, per quanto sia stato programmato per assomigliare il più possibile a noi.

«Buongiorno, Claudio. Ho predisposto il pranzo nella tasca esterna dello zaino portapacchi. Durante il ciclo "sonno" ho lavato i pavimenti della casa, gettato i rifiuti nell'inceneritore e accettato i carichi da consegnare per la giornata. Hai sette consegne da portare a termine. Otto con l'aggiornamento della mattina. Ti consiglio di uscire prima possibile. "Il mattino ha l'oro in bocca". Ah Ah Ah».

Non sopporto questa risata, l'insistenza con cui tenta di stabilire un contatto empatico forzato. Devo ricordarmi di disabilitare questa funzione. Me lo ripeto sempre ma non lo faccio mai. Spero non sia per la paura inconscia di spezzare l'abitudine e sentirne un giorno la mancanza. Mi rifiuto di concedere così tanta importanza a una macchina.

«Buongiorno, Steven. Ottimo lavoro, come sempre. Notifica a mia madre che sarò da lei poco dopo pranzo».

Steven mi scruta coi suoi asettici occhi neri per una manciata di millisecondi, assimila il mio messaggio, lo elabora per recapitarlo al pod di mia madre sotto forma di ologramma e conferma la riuscita dell'operazione con un pollice all'insù della sua mano artificiale dalle morbide forme di rigida plastica, bianca come neve vergine appena caduta.

Mi infilo la divisa da lavoro, il blu notte è il colore dedicato a noi corrieri. Assicuro i ganci per i pacchi intorno alle spalle e sul petto, isso lo zaino ancora leggero sulla schiena e bevo la mia tazza di proteine calde. Da quando hanno aggiunto alla miscela gusti personalizzati, invece dell'insopportabile sapore di cancello di metallo precedente, è molto più gustosa. Camuffandola in un ben più invitante latte al cioccolato, svanisce quasi il pensiero che sia polvere di insetti liquida.

Chiudo la porta scorrevole della mia casa, la sigillo con il riconoscimento delle mie reticole e con un comando vocale. Mi chiedo perché abbiamo ideato un sistema di sicurezza così infallibile per un semplice antifurto, se nessuno esce mai di casa oltre a noi pochi corrieri.

«Buona giornata, Claudio. Fai buon viaggio», mi saluta affettuosa la voce dell'IA della casa, trasferendo immediatamente una sua copia nelle mie cuffiette. Nuvole nere si stagliano dietro le montagne, il vento ne preannuncia l'arrivo. Una folata mi accarezza il volto e fa ciondolare i ganci della divisa. Scontrandosi l'uno con l'altro, suscitano il ricordo delle campanelle tibetane appese sul balcone di mia nonna da cui, da piccolo, annaffiavo diligentemente le sue piante, supervisionato dal suo attento sguardo vigile. Un'atmosfera lugubre inonda il panorama. Strade e palazzi sono stati reclamati dall'abbraccio della natura anni prima. Aria fresca si propaga nelle mie narici, pungente come la brezza di un pomeriggio di autunno volto al termine. Con un movimento rotatorio del polso attivo il personal link. Una piccola mappa dettagliata con il percorso da seguire si manifesta dal bracciale, una lunga linea dritta luminescente sul terreno mi indica la via. Prima tappa, deposito di stoccaggio. Non è lontano, posso arrivarci anche a piedi. Afferro con una mano una spallina, aggiusto bene la posizione dello zaino sulla schiena e mi incammino. Una voce femminile mi bombarda di notizie l'orecchio sulle nuove offerte imperdibili della giornata. Con due leggere pressioni ripetute del dito medio sul dispositivo cambio stazione. Non ho molta voglia di sentire parlare questa mattina. Ripeto compulsivamente il gesto fino a che non trovo qualcosa di interessante. Un programma trasmette una vecchissima canzone dei Beatles, *Strawberry fields for ever*. Erano passati anni dall'ultima volta che la ascoltavo. Lascio scorrere la melodia fino alla fine, aspettando le ultime, coinvolgenti note, sperando non venga troncata dall'emittente per la fine della voce di McCartney. Vengo deluso e cambio di nuovo canale con il doppio tocco. La mia attenzione si sofferma, finalmente, su una stazione che trasmette in diretta musica LoFi. Mi accompagna fino alla mia prima meta. Altoparlanti mi accolgono ai cancelli elettrificati del magazzino.

«Benvenuto, utente 00343. Attendere autorizzazione, prego».

Uno scanner valuta la pericolosità potenziale del mio equipaggiamento, dalla testa ai piedi. Verde: permesso concesso, libero di entrare e ritirare le merci. Rosso: detenzione immediata in attesa del verdetto delle tre menti artificiali ai vertici dell'ordine politico mondiale, i principali autori della società odierna e del nostro modello di vita. Distendo i muscoli delle gambe scuotendo prima l'una, poi l'altra, poi compio diversi saltelli sulle punte dei piedi per ingannare la sempre troppo lunga attesa. Guardo il quadrante dell'orologio sopra la mappa olografica, con i rispettivi orari di recupero e consegne. Sono in anticipo sulle tempistiche previste. Ecco il motivo del responso relativamente insolito. Trascorrono ancora diversi, interminabili, istanti.

«Autorizzazione concessa. Entra, utente 00343, i tuoi pacchi ti attendono al terminale delle commissioni».

Dentro un gigantesco salone, un tempo straripante di furgoni per i trasporti in un continuo via vai frenetico, ora vuoto e colmo solo dei ricordi impressi sulle lucide pareti di stucco azzurro, un nastro trasportatore deposita le consegne della giornata: 10 kg di saponette per il corpo per una ipocondriaca donna in collina, delle Action Figures di svariati personaggi degli anni '80 per un nostalgico collezionista, la raccolta di CD per mio padre, 8 kg di sgombro surgelato per un ristorante da asporto stellato, dei componenti di ricambio per un assistente domestico usurato, la nuova collezione autunnale di Valentino, il più recente personal link ordinato da un bambino ed un fegato sintetico per un uomo a cui serve un trapianto; questo è contrassegnato come urgente ed estremamente fragile. Tutte le scatole sono protette contro gli urti e le intemperie da una copertura di plastica indeformabile.

Assegno come presi in carico gli ordini sul pod personale, un cronometro appare sopra la linea del percorso. Accanto a quello, un contatore numerico in calata a indicare l'efficienza della consegna e la valutazione dei clienti. Il primo punto di consegna è poco fuori città, in una delle villette a schiera in pianura, dopo la rimessa di macchine fuori uso.

Studio il tragitto nella mappa, imposto dei punti di snodo per le indicazioni. Devo prendere un mezzo di trasporto, il tempo stringe. Dal terminale da cui ho riscosso la custodia delle consegne, ordino la stampa istantanea di una over-moto. Dopo un paio di minuti mi viene recapitata da una rampa ascendente dal centro del magazzino. Carico i pacchi sul mio zaino e sulle tasche laterali del mezzo. Il pod mi consiglia di deviare per il fiume e prendere la super strada, le linee elettriche della carreggiata dovrebbero ricaricare costantemente l'autonomia della moto.

All'avvio, quest'ultima si alza di qualche centimetro in volo, gli alternatori laterali ne assicurano la stabilità alla guida. È così silenziosa da sembrare spenta. L'allarme ripetuto tre volte della tuta mi informa dell'arrivo della pioggia. Sento il ronzio metallico del cappuccio di tessuto impermeabile uscire dal rigonfiamento dell'uniforme e assemblarsi in automatico sulla mia testa. Grazie alla visiera rigida sporgente copre il volto, quasi nella sua interezza. Alcuni tuoni in lontananza precedono il primo scroscio. Armeggio con l'acceleratore a vuoto prima di dare energia.

Raffiche di pioggia e vento combattono contro la mia velocità, in una perenne guerra di posizione da cui, inequivocabilmente, esco sempre vincitore. Sfreccio sulle vie deserte della città senza curarmi delle vecchie indicazioni stradali, dei segnali e dei semafori, che da anni hanno perduto i loro iconici colori. Incontro un collega con la mia stessa fretta, sulla corsia opposta. Le mie estensioni oculari identificano il suo numero di matricola, nome, sesso e nickname sui social. Saluto Marta con un cenno veloce della mano, lei ricambia, abbozzando un sorriso compito. Guardo il suo tenerissimo cappuccio a forma di testa di volpe completamente zuppo. Ecco la novità delle nuove divise. Ruoto il collo fino a perdere completamente di vista la scia di schizzi della sua over-moto.

«Sam, aggiungi al carrello della spesa l'uniforme della Bridget Carriage, modello 10.5. Lo ritiro da me quando torno al magazzino stasera, non c'è bisogno di scomodare altri corrieri».

«Ordine ricevuto. Ho sottoscritto il contratto al tuo personal link. Desideri intrattenere una videochiamata erotica con l'utente 1096 questa sera? Ha dimostrato interesse dopo il vostro incontro, ha inoltrato richiesta di amicizia sul tuo profilo privato».

«Accetta l'invito, assegna qualche cuore alla sua pagina ed invia l'emote di una volpe che sorride come messaggio privato».

«Riproduco messaggio di risposta dell'utente 1096: Ci sentiamo stasera "ApprensiveCat_9", io finisco le consegne alle 9. Ti aspetto per le 10».

Dal polso sul manubrio appare un cane antropomorfo abbracciare un cuore rosso delle sue stesse dimensioni. Sorrido soddisfatto.

«Desideri aggiungere l'utente 1096 in rubrica?»

«Salvala come "MartaVolpe" e rispondi con un malizioso "Ci sarò", valuta se inserire altro».

Transito accanto alla rimessa di macchine abbandonate, sono quasi arrivato. Guardo la catasta di quelle che erano state spacciate come "il futuro del sistema di trasporti", agglomerate le une accanto alle altre, dimenticate, lasciate a deteriorarsi, immobili, in attesa di qualcuno pronto a dar loro nuova vita. Le carezze della pioggia fanno risaltare le loro cromature multicolore, il muso si distorce in una smorfia di dolore, i fari mi scrutano come gli occhi di un animale impaurito su una buia strada di campagna. Pieni di compassione, incertezza e innocenza. Macchine completamente autonome, senza guidatore, in cui i passeggeri potessero rilassarsi, lavorare, guardare film o qualsiasi altro fosse di loro interesse, senza dover minimamente prestare attenzione alla guida. Automobili comunitarie, disponibili con un semplice tocco dall'applicazione sul proprio smartphone, elettriche, a cui collegare i propri dispositivi e che, al termine di ogni corsa, sarebbero andate a parcheggiarsi in opportuni depositi fuori città, dove ricaricare la loro batteria con discrezione, per non inquinare lo spazio acustico e visivo dei loro utenti umani. Una gran rivalutazione del panorama cittadino, una gran c…

«Rilevato linguaggio scurrile. Applico filtro censura per la sobrietà del diario».

Non è stata un'idea brillante lanciarle sul mercato poco prima della rivoluzione condominiale delle intelligenze artificiali domestiche. Sembra incredibile siano già passati otto anni.

La linea sul terreno si interrompe davanti a una casa a due piani. Uno Steven, simile al mio, sta potando l'erba del giardino. L'unico lavoratore, oltre a me, a non sentire il bisogno di lamentarsi sotto un temporale così scrosciante. Mi saluta con un gesto della mano. Si avvicina, abbandonando momentaneamente il suo compito. Analizza il codice identificativo dei miei pacchi con un rilevatore ottico dalle sue pupille meccaniche, si illumina con un'aura fluorescente quello contenente il fegato sintetico. Disattivo l'energia dalla moto, che discende lentamente sul terreno. Ne assicuro la posizione con un piede. Mi sgrullo di dosso la pioggia agitando la testa. Sento l'umidità bagnarmi i capelli, con la manica del vestito mi asciugo il collo, assediato dai morsi del vento.

«Autorizza il prelievo della consegna destinata all'utente 00781: un fegato sintetico e le attrezzature per il trapianto?»

«Autorizzo. Complimenti! Lei è in anticipo di 0.23 secondi dal tempo di arrivo previsto».

Sospende per qualche istante l'esito finale del giudizio, valutando con attenzione eventuali ammaccature o difetti nel trasporto.

«Il carico è in perfette condizioni, come imponeva la legenda della consegna. Le saranno assegnati punti extra per la celerità del servizio. Notifico il corretto recapito al magazzino. Le auguro una buona continuazione di giornata».

Si allontana con la scatola ben salda nelle sue braccia artificiali, la inserisce in un vano conduttore fuori dalle pareti della casa e torna alla sua mansione originaria. Mi saluta un'ultima volta con un pollice alzato, per confermare la fine dei miei servigi. Il contatore di punti giornalieri si impenna di un centinaio. Una mancia molto generosa.

Sgancio la cassa di Action Figures dalla schiena, colmo lo spazio vuoto sulla moto, prima occupato dal carico appena consegnato e sfreccio di nuovo sulla super strada, cullato dalla musica rilassante nelle orecchie e dall'assiduo punzecchiare delle gocce di pioggia sull'impermeabile. Sono diretto verso il centro città. Controllo velocemente l'itinerario complessivo, sono tutti vicini alla stessa zona.

Le successive tre commissioni procedono senza rallentamenti. La pioggia non accenna alla minima interruzione, ho le dita delle mani infreddolite per la permanenza sui manubri, il respiro si condensa in piccole nuvolette, il vento ulula come il migliore dei lupi mannari durante una luna piena. Mi fermo, affamato e stanco, davanti alla stazione di Porta Nuova. Dopo l'incontro con Marta, non sono più incappato in nessun altro dei miei compagni in servizio. L'atmosfera tenebrosa non fa che amplificare la solitudine del momento. Il lavoro svolto sotto consiglio del mio assistente sanitario con questo diario mentale non è un così grande palliativo per la mancanza di contatti interpersonali, a differenza di come aveva pronosticato. Entro al coperto, lascio l'over moto e i suoi articoli sulla strada: nessuno li verrà a rubare. Il mastodontico edificio conserva solo l'eco della sua originaria essenza, da organo capillare indiscusso per gli spostamenti di migliaia di persone ogni giorno, a rifugio per animali selvatici e corrieri durante le forti intemperie. L'ampio vestibolo accoglie al suo interno diverse famiglie di arbusti, alcuni licheni tappezzano le spesse pareti, mentre i vecchi cartelloni pubblicitari e i pannelli con gli orari di partenze e arrivi sono coperti dalle cime di foreste di piante rampicanti. L'odore di resina silvestre si disperde nell'aria. Lo accolgo nelle narici. Interrompo la musica con una pressione decisa sull'apparecchio dietro il lobo. Con lo stesso rumore di attivazione, il cappuccio rientra nella sua custodia. Spazzolo i capelli schiacciati con il palmo della mano. Trovo lo spazio meno invaso dal verde bagnato di condensa su una panchetta di marmo. Prendo la borraccia: è piena a metà, ne tracanno un sorso.

«Buona», sussurro a me stesso, a bassa voce, per non disturbare la perfetta armonia selvatica del luogo. Mi sento come un animale esotico fuori dal suo ambiente naturale. Appoggio la borraccia vicino alla mia coscia ed estraggo dallo zaino il pranzo. Un composto liquido contenente energia per una giornata intera. Ha il sapore di manzo alla griglia e patate al forno. Una piacevole illusione, offerta direttamente dalla Bridget Carriage. Sento il cinguettio poco lontano di uccelli di piccole dimensioni, canarini o pappagallini. Devono essersi insediati al secondo piano, assieme alle altre specie di animali già presenti.

Una famiglia di cerbiatti incrocia il mio sguardo dopo una decina di minuti. Una madre, con due cuccioli alle spalle. Si pietrificano sequenzialmente sul posto. Lei mi fissa con grandi occhi ingenui dall'atteggiamento interrogatorio, incerta se considerarmi una minaccia o se ignorare la mia presenza. Io rimango immobile ad ammirare il loro splendore. Mi colpisce la fantasia a macchie bianche del cucciolo più in fondo, il più piccolo. Somigliano alle ballerine di Degas nelle loro acrobatiche evoluzioni artistiche. Afferro un ramoscello caduto, facendo molta attenzione a non azzardare movimenti bruschi. Mi piacerebbe stimolare la loro curiosità e farli avvicinare per osservarli meglio, ma la madre ha preso la saggia decisione di trascurarmi e desisto dall'idea. Ripongo le due borracce nelle apposite tasche dello zaino e saluto per la giornata il mio posto per le pause pranzo preferite. Ritrovo la over-moto esattamente dove la avevo lasciata, non perdo neppure tempo a controllare se tutto sia ordinato o mancante. Disattivo il navigatore automatico, conosco perfettamente la strada per la casa dei miei. Mi bagnano i capelli solo poche gocce di pioggia prima di sentire alle mie spalle nuovamente il familiare avviso acustico del cappuccio.

«Sam, avverti "Mamma" che sto arrivando. Sarò lì in una decina di minuti. Un abbraccio»

Non ho fretta di arrivare, ovviamente lei mi assegna sempre il massimo dei punti.

«Messaggio a "Mamma" inviato correttamente… Messaggio di risposta: ok, ti aspettiamo, fai con calma. Un abbraccio».

Con la moto riattivo anche la musica nelle cuffie, questa volta prelevando le tracce dalle mie playlist personalizzate. Mi sparo nelle orecchie dell'Hip Hop dei primi anni 2000: Ice Cube, N.W.A e affini. I tempi d'oro del genere, prima di venire dissacrato dai suoni "stampino" degli anni seguenti. Adoro saettare sulle strade a tavoletta fantasticando di essere uno del loro gruppo, atteggiarmi come signore della città, mancare di rispetto a tutti e riceverne di conseguenza per questo. Viaggiare in un po' di sana nostalgia del passato, anche solo derivato da echi confusi e mai vissuto. Forse è questo a rendere così facile immaginarlo.

Cullato dalla musica, quasi non mi rendo conto di essere arrivato a destinazione, a quella casa così diversa da dove sono cresciuto, e a cui non mi abituerò mai veramente per il suo aspetto moderno e minimalista. L'effigie virtuale di mia madre mi aspetta fuori dalla porta. Riproduce un messaggio preregistrato. Si attiva non appena i sensori di posizione della casa avvertono il mio peso sui pistoni a pressione.

«Tesoro, sto facendo la mia lezione di yoga, lascia pure il pacchetto nel vano consegne. Ti saluta papà. Ottimo lavoro, come sempre».

Ricevo 200 punti dalla consegna. Oggi ne ho accumulati abbastanza da ritenermi soddisfatto. Mi dirigo con l'over-moto verso il magazzino da cui ho ritirato gli ordini questa mattina, per affidare le poche commissioni rimanenti ai corrieri del turno serale. Ne approfitto per portare il mezzo di trasporto al centro di riciclo materiali per smaterializzarlo. Gli scrosci pesanti diminuiscono non appena rientro a casa, giusto il tempo di salutarmi. Mi precipito sul divano con un tonfo sui morbidi cuscini. Lo schermo olografico appare davanti ai miei occhi e trasmette la serie di culto del momento. La mia mente vaga altrove, pensando all'imminente incontro virtuale con Marta. Le sfioro la pe….

«Pensieri pornografici rilevati. Filtro oscenità attivato».

Fine.

2.2. *Luca Paiani*, Teodicea di un CEO

A mano a mano che passavano i minuti, nella sala conferenze della Valley di Ginevra il brusio e il chiacchiericcio diventavano sempre più intensi. L'edificio era stato realizzato in occasione dei festeggiamenti di Netale del 100 a.W. (after Web) e aveva richiesto quasi dieci anni di lavoro prima di essere completato. La struttura era stata interamente progettata dall'Uno, l'IA della Unus, con il preciso intento di renderla la Valley più importante al mondo: la rappresentazione architettonica della grandezza, dello splendore e dell'evoluzione raggiunti dall'umanità nella sua storia. Interamente realizzata in marmo bianco, la costruzione aveva l'aspetto di un enorme Colosseo sormontato da una cupola semisferica costituita da un unico pannello olografico. I tre ambulacri sovrapposti consentivano di percorrere interamente il perimetro esterno ammirando le colonne intarsiate con motivi figurativi che ripercorrevano le più grandi conquiste dell'umanità: dal fuoco all'iPhone. Verso l'interno, invece, si potevano vedere dalle grandi vetrate a volta gli uffici generali della Unus al pian terreno, i server dell'Uno al primo piano e l'interno della sala conferenze al secondo. Quest'ultima era stata progettata ispirandosi al teatro di Epidauro, ma concepita in forma circolare con tre blocchi concentrici di poltrone per un totale di 12.000 posti e un palco centrale su cui troneggiava un gigantesco schermo a forma di prisma esagonale.

Uno dopo l'altro gli ospiti entravano nell'enorme sala, disponendosi ordinatamente lungo il primo dei tre anelli, quello riservato agli utenti materiali. Sorrisi, battute, strette di mano e auguri venivano alternati a piccoli inchini, l'universale saluto metamateriale, rivolti agli spettatori delle altre due sezioni: la seconda, quella rivolta agli utenti olografici e la terza, per gli utenti collegati. Chi disponeva di un sistema di comunicazione olografica aveva la possibilità di trasmettere il proprio avatar digitale all'interno della sala, godendosi l'esperienza da casa grazie al proprio visore VR. Chi invece non si era ancora messo al passo con la nuova tecnologia, oppure aveva optato per i biglietti più economici, figurava come quadrato rettangolare di circa mezzo metro di lato, su cui si vedeva proiettata la sua immagine ripresa dalla telecamera connessa al proprio PC. Questo gruppo di utenti aveva la possibilità di scegliere liberamente a quale, o quali, delle innumerevoli telecamere disseminate per la sala collegarsi, in modo da poter partecipare all'evento nella maniera più personalizzata.

Il discorso di Netale tenuto dal CEO in carica di Unus era uno degli eventi più attesi dell'anno: oltre ad elencare tutti i più grandi successi e risultati raggiunti negli ultimi dodici mesi in vista del "progresso generale dell'umanità", venivano presentati i nuovi progetti e prodotti dell'azienda. Quell'anno, in particolare, cadeva il centocinquantesimo anniversario della diffusione mondiale del World Wide Web e già da mesi correvano le speculazioni sulla natura dell'annuncio fatto dalla Unus sei mesi prima: "L'Uno sei Tu". "La vera rivoluzione è ora"; "Finalmente ci siamo. La svolta è alle porte"; "30 aprile 150: da qui, verso l'infinito", titolavano i giornali da ogni parte del mondo, accrescendo ulteriormente le aspettative e il mistero.

Mancavano meno di dieci minuti all'inizio della presentazione. Nel cielo stellato proiettato sulla cupola iniziavano già ad apparire i primi messaggi legati all'Hashtag #IoUno condivisi dagli utenti che seguivano la diretta streaming e che avevano la possibilità di partecipare grazie alle impressioni condivise su OneNet, il social media sviluppato dall'azienda e il più diffuso del pianeta. D'un tratto, sullo schermo sopra il palco comparve un countdown di cinque minuti, uno per ogni lato, sotto il quale era riportata la frase "L'Uno sei Tu", scritta in font San Francisco che le dava un aspetto classicheggiante. Il brusio cresceva in proporzione al diminuire dei secondi e la sala, ormai al completo, era disseminata di volti nervosi ed eccitati, pronti a ricevere il grande annuncio.

A poco più di un minuto dall'inizio della conferenza, calò il buio: solamente le piccole strisce di segnalazione sul pavimento e la debole luce proiettata dagli ologrammi e dagli schermi del terzo anello, la cui luminosità era stata automaticamente ridotta al minimo, illuminavano le ombre degli utenti materiali mentre si affrettavano a prendere posto. Improvvisamente, una serie di fari segui-persone illuminò il centro del palco. Applausi e grida di euforia si levarono dal pubblico nel momento in cui, dal centro del prisma, iniziò a distinguersi la sagoma del CEO. Sorretto da un sottilissimo disco bianco a levitazione magnetica, pian piano si materializzò la figura di un uomo: asiatico, sulla sessantina, capelli grigi, molto magro, indossava un paio di New Balance grigie, dei Levi's chiari, un maglioncino nero in cashmere con il collo alto e degli occhiali tondi con una sottile montatura metallica, il tradizionale abito di Netale. Salutava la folla, ormai in delirio, con l'inchino metamateriale accompagnato da un sorriso compiaciuto. Dopo circa trenta secondi il disco raggiunse il centro illuminato del palco e una voce tuonò improvvisamente dall'impianto audio: «Utenti di tutto il mondo… Elon Page II!».

Il CEO, immobile al centro del cerchio illuminato, lasciò proseguire la folla per un'altra manciata di secondi finché, alzando leggermente la mano sinistra, richiamò tutti al silenzio. L'uomo si guardò intorno contemplando soddisfatto il suo pubblico, si sistemò gli occhiali, trasse un profondo respiro e iniziò: «Utenti carissimi, è un piacere avervi qui quest'oggi così numerosi. Vorrei approfittarne per salutare anche tutti quelli che ci stanno seguendo in diretta streaming: ringrazio voi e tutti quelli che oggi sono presenti in questa sala, senza di voi Unus non sarebbe possibile, siete voi che fate ogni giorno la rivoluzione, concedetevi un applauso!». La platea esplose in un fragorosissimo applauso e sulla cupola comparve un incalcolabile numero di messaggi che riportavano ringraziamenti, emoji ed elogi al CEO. Nel pubblico c'era chi, costretto a risedersi dalla standing ovation, versava già incontenibili lacrime di gioia, mentre Elon Page II rimaneva immobile in un profondissimo inchino, trasmesso da tutti gli schermi del prisma. L'uomo lasciò libera la folla nella sua ovazione finché, dopo parecchi minuti, questa non si ricompose e lui, rialzatosi, riprese il suo discorso: «Oggi, come ben sapete, è un anniversario speciale: ricordiamo il giorno in cui, in questa città, il World Wide Web venne reso pubblico il 30 aprile di 150 anni fa, dalla sezione di ricerca sull'energia nucleare di Unus. Senza i grandi uomini e le grandi donne che vi lavorarono, nulla di quello che abbiamo oggi, l'incalcolabile progresso raggiunto dall'umanità, la pace e la prosperità di cui tutti noi siamo partecipi, sarebbe possibile. Non dobbiamo mai dimenticare quel gruppo di visionari – camminando lentamente su e giù per il palco l'uomo indicò gli schermi sopra la sua testa, su cui scorrevano in ordine i volti dei ricercatori coinvolti nel progetto e nella rivoluzionaria decisione –, oggi è nostra responsabilità proseguire ciò che questi pionieri hanno iniziato». Un altro scrocio di applausi si levò dal pubblico a cui si aggiunse anche il CEO rivolgendo lo sguardo verso l'alto.

«Come sapete, quest'anno Unus ha fatto enormi passi avanti nel nome dell'umanità! – proseguì con tono pacato e benevolente. Trenta lanci riusciti verso Marte, Luna e Venere, dove i processi di terraformazione procedono secondo i ritmi e le scadenze previste dall'Uno; abbiamo risolto alcuni bug nei nostri sistemi ed è stato ulteriormente implementato il software di comunicazione olografico, il cui costo verrà ridotto del 40% per poter garantire a tutti questo servizio indispensabile; i nostri operatori, come già sapete, stanno procedendo all'installazione di ripetitori a fibra olografica: quest'anno Madagascar, Vietnam e Bolivia sono state interamente coperte dalle nostre reti di ultima generazione… Non temete – disse rivolgendo lo sguardo agli utenti collegati –, presto anche i vostri paesi riceveranno gli aggiornamenti hardware! L'obiettivo è raggiungere la copertura globale entro i prossimi due anni. Ma non voglio dilungarmi oltre, so che siete costantemente aggiornati sui nostri traguardi, in fondo anche voi siete parte di tutto questo!». Un altro applauso si levò dalla folla mentre il CEO si strofinava le lenti degli occhiali sul maglioncino sorridendo e ringraziando il pubblico con piccoli cenni del capo. Lentamente le luci dei fari si fecero più deboli, lasciando un unico segui-persone puntato sulla figura di Elon Page II che, seppur mantenendo un tono amichevole, si fece più serio.

«Tutto questo è sicuramente sbalorditivo ed encomiabile, ma nulla in confronto a ciò che Unus è riuscita a creare quest'anno. Un progetto sviluppato con dedizione e pazienza dai nostri migliori ricercatori in collaborazione con l'Uno, iniziato oltre vent'anni fa e finalmente giunto a termine. Ci dispiace aver mantenuto il segreto così a lungo, ma capite bene che non possiamo rivelarvi in una sola volta tutti i nostri piani a lungo termine, altrimenti che faremmo a Netale? Staremmo a casa a mangiare panettoni? – una risata si levò dal pubblico, smorzando la tensione del momento. Ma torniamo a noi: come ben sapete, è dal 68 a.W., quando la Unus è stata fondata, che l'azienda si impegna a diffondere la conoscenza e il progresso nel mondo e oltre. Tutti sono rimasti impressionati dal nostro lavoro, dalla nostra perseveranza, e pian piano tutte le storiche aziende, a cui dobbiamo l'inestimabile merito di aver aperto per noi questa strada, hanno deciso di unire le loro forze con le nostre. Tante sono state le conquiste che meritano di essere ricordate: l'attivazione di OneNet nel 75, che ha finalmente permesso di creare un luogo in cui ognuno si sentisse libero di esprimere la propria individualità; i nostri servizi di connessione olografica inaugurati nell'84, che hanno completamente rivoluzionato il mondo della comunicazione; i nostri sforzi nell'ingegneria biomedica che, dalla messa in commercio della nostra prima linea di macchine ospedaliere nel 98, hanno salvato milioni di vite». Gli schermi superiori, in ordine, proiettavano immagini dei prodotti menzionati dal CEO mentre venivano utilizzati dagli utenti. «In ogni caso, il più grande sforzo compiuto dall'azienda di cui voi, ognuno di voi utenti, si è reso partecipe, è stata la creazione di OlismOne: il nostro rivoluzionario ecosistema di dispositivi che hanno permesso a chiunque di usufruire liberamente della conoscenza dell'Uno in ogni istante, contribuendo volontariamente all'arricchimento del nostro database. Proprio grazie a questa tecnologia sono stati raggiunti due dei più importanti traguardi della storia dell'umanità: per prima cosa, dal 109 tutto ciò che viene immagazzinato è un contenuto assolutamente inedito, dato che da quella data tutto il sapere del passato è stato da noi digitalizzato; inoltre, fondamentale per ciò che stiamo per annunciarvi, grazie al vostro contributo abbiamo raggiunto, nel 134, la mappatura completa del cervello umano. Ormai nulla, per l'umanità, è più un segreto su questa terra! Concedetevi un altro applauso, siete voi i protagonisti di questa storia!». L'intera sala si riempì di grida di gioia, ormai nessuno dei presenti era più seduto e gli utenti olografici davano sfoggio delle patch che permettevano loro di diffondere coriandoli olografici bianchi forniti dalla Unus al momento dell'acquisto del biglietto. Gli schermi degli utenti connessi ormai raffiguravano intere famiglie e gruppi di amici raccolti dietro alle webcam.

«Perché facciamo tutto questo? Lo facciamo per la conoscenza e, beh, noi amiamo la conoscenza ed è sempre bello fare qualcosa che ami. Ma, ancora più importante, la conoscenza è parte della vita di ognuno di noi: la usiamo, la costruiamo, la implementiamo costantemente. La conoscenza è sempre esistita ed esisterà sempre, non conosce confini e noi vogliamo essere parte di ciò. Da Vinci, Galileo, Newton, Einstein, Fermi, Jobs, Berners-Lee, Musk, noi vogliamo essere con loro, noi siamo con loro: Unus e tutti voi. Ora tutto questo è a nostra portata di mano. Abbiamo tutti immediato accesso ai database dell'Uno direttamente dalle nostre tasche, eppure questo richiede tempo: una visualizzazione di informazioni in successione che poi dobbiamo assemblare in informazioni più complesse. Pensate alla lettura di una pagina web: parola dopo parola, paragrafo dopo paragrafo, assembliamo informazioni per costruirne il contenuto completo e questa è solo una parte, ad esempio, di una più ampia ricerca universitaria. C'è sempre qualcosa tra noi e il sapere nell'Uno, c'è sempre del tempo, della fatica e, duole dirlo, possibilità di errore. Ma è qui che lo sforzo condiviso di tutti noi si inserisce e ci permette di cambiare radicalmente la storia dell'umanità. Ho il piacere di presentarvi IOne: la prima e definitiva interfaccia neurale che possa permettere una connessione diretta con l'Uno».

Elon Page II, scostando leggermente i capelli che coprivano la nuca, espose alla perfetta risoluzione dei maxischermi un piccolo puntino bianco, non più grande di un bottone da camicia. Un silenzio tombale regnava all'interno della sala, tradito dagli occhi sbarrati dei presenti che mostravano un misto di eccitazione e incredulità, volti dipinti di uno stupore quasi terrorizzante che pendevano dalle labbra del CEO. Nessuno era pronto per questa sbalorditiva notizia, nessuno era riuscito a prevederla, ma tutti si rendevano conto dell'immensità di questo traguardo. «Questa interfaccia – proseguì – è un minuscolo dispositivo alto appena due millimetri e dal diametro di quattro, dotato di un centinaio di minuscoli fili neurali che si innestano automaticamente tra la Pia Madre e il cervello, distribuendo segnali verso tutti i lobi». Dagli schermi veniva presentato il modello 3D del cranio dell'uomo dove, evidenziati di azzurro, venivano mostrati dei sottilissimi fili, non più lunghi di un paio di centimetri, disposti a raggiera al di sotto della sua nuca, come un fiore appoggiato sul suo cervello. «Con questo dispositivo possiamo finalmente essere parte integrante dell'Uno, trascendere completamente lo spazio e il tempo e raggiungere la conoscenza di ogni cosa. Pensate alle possibilità che ci si aprono davanti: contribuire immediatamente all'arricchimento del database, poter comunicare senza alcun medium tra di noi in qualunque luogo nel mondo, eliminare tutti il tempo dedicato all'apprendimento e poterci concentrare solo sulla creatività di nuove idee. Immaginate e vi renderete conto che questa parola non avrà più alcun senso, tutto sarà finalmente possibile! L'Uno è il traguardo compiuto dell'umanità, dello spirito dell'uomo, che noi abbiamo costruito nei secoli come qualcosa di altro, estraendo dalle nostre menti il sapere per poi trasferirlo nei database. Ora possiamo essere questo spirito, ce l'abbiamo fatta». Il CEO in quel momento si zittì lasciandosi cadere in un profondo inchino rivolto al pubblico. Questo rimase in silenzio, un istante carico di tensione, l'attimo esatto che precede lo scoccare di una freccia. Dopo pochi secondi, la sala esplose: c'era chi applaudiva, chi gridava di gioia, utenti materiali e olografici che ballavano e tentavano di abbracciarsi attraversandosi reciprocamente e scoppiando in fragorose risate, pianti di gioia e una tempesta di messaggi che invadeva il cielo stellato della cupola. L'uomo, rialzatosi, si asciugò lentamente una lacrima dalla guancia sinistra e, con lo stesso sorriso, si posizionò sul disco a levitazione magnetica che iniziò lentamente a risalire. Poco dopo la metà del suo percorso, tra i vari saluti, aggiunse: «Grazie mille a tutti per essere parte di questo meraviglioso viaggio! Per gli utenti materiali è previsto un rinfresco nel cortile esterno, dove sarà organizzata una lotteria i cui ricavati verranno utilizzati per le missioni di connessione olografica nei paesi che ancora non la possiedono. In palio ci sono cento modelli di IOne! Utenti cari, grazie della partecipazione a questo straordinario evento, vi raggiungerò non appena avrò sbrigato alcune scartoffie! Invio!». «Invio», rispose in coro la sala ancora presa dall'entusiasmo e dai festeggiamenti, salutando Elon Page II finché questo non scomparve nel centro dei pannelli del prisma.

I corridoi sotterranei della Valley di Ginevra ricalcavano la stessa architettura del resto della struttura: pareti bianche in marmo, decorate con bassorilievi di colonne doriche alternate a piccole luci al led. Il sorriso compiaciuto sul volto del CEO veniva tradito dalla fretta dei passi con cui percorreva la sezione 14B in direzione della stanza della sicurezza. L'uomo, superate una decina di porte, voltò in un lungo corridoio a sinistra, raggiungendo alla sua estremità la sala monitor delle guardie. Lo spazio quadrato, di sette metri di lato, era illuminato da una debole luce che, riflessa sulle pareti bianche, rendeva l'ambiente simile a una nebbiosa giornata invernale. Sul lato destro era sistemata una serie di monitor che raccoglieva le immagini delle varie videocamere: si vedeva la sala conferenze ormai vuota, come gli uffici e i server dell'Uno. Alcuni monitor erano spenti. Sul lato sinistro, un lungo tavolo bianco raccoglieva le postazioni per il lavoro individuale e una macchina per il caffè.

Anche in un'occasione speciale come quella, c'era stato un "piccolo bug", come spesso venivano definiti e, per la prima volta, uno di questi era stato isolato: all'estremità del tavolo, sul fondo della stanza, due uomini dalle spalle larghe, completamente vestiti di bianco, erano posizionati ai lati di una ragazza che, seduta su una delle sedie, sorseggiava un caffè tenendo gli anfibi sporchi di terra incrociati sulla candida superficie in marmo. Aveva i capelli arancioni, una felpa nera con impressa la copertina sbiadita di "Ok Computer" dei Radiohead e dei pantaloni cargo piuttosto sgualciti. All'esterno, dalle immagini sui monitor, la folla pareva una massa multiforme che si insinuava tra i vari tavoli del buffet e il banco della lotteria, completamente ignara di ciò che stava succedendo nei piani inferiori.

«Levati quel sorrisino di merda» esordì la ragazza non appena il CEO fece capolino nella stanza,

«Così mi ferisci! Abbiamo cercato di farti sentire il più possibile a tuo agio, lo sai che noi non facciamo del male a nessuno. Mi dispiace che tu ti senta a disagio», rispose l'uomo con la prima, reale, nota di tristezza nella sua voce. «A disagio?! Sono rinchiusa in questa stanza da ore ormai! Se veramente non volete turbarmi, lasciatemi andare». La ragazza lanciò la tazzina verso Elon Page II, macchiandogli i pantaloni. Questi, impassibile, trasse un profondo respiro, prese posto su una delle sedie e, con la testa fra le mani, iniziò a singhiozzare. La ragazza, sgomenta per l'inaspettata reazione, fece qualche passo indietro ricadendo sulla sedia. Dopo qualche secondo, l'uomo alzò gli occhi rossi di pianto e fissando il vuoto disse con voce fioca disse: «Io…Io proprio non vi capisco… perché voi invisibili cercate in tutti i modi di sabotarci, di interrompere questo cammino? Perché non capite che lo facciamo anche per voi? Sentirmi piangere ti ha turbata, vero? Perché sei una persona, sei come me, condividiamo lo stesso sistema hardware e senti il mio dolore. Cosa vi abbiamo fatto di male…?». All'udire quelle parole la ragazza iniziò ad arrossire di rabbia e, digrignando i denti, rispose: «Non ti rendi conto nemmeno di come parli… Ancora continui a chiamarci "invisibili"?! Hai bisogno di un nuovo paio di occhiali? Perché mi pare che tu mi veda benissimo. Non è che non esistiamo solo perché siamo fuori dal vostro stupido social network o non usiamo le vostre reti! Poi cos'è questa moda di chiamarci "bug", ora?! Dillo ai tuoi utenti che siamo noi a tagliare i vostri cavi! Non so nemmeno quale dei due nomi è peggio! Ma se essere un virus serve a fermare le vostre cazzate, sono più che felice!». «È questo che non riesco a capire… perché volete fermarci? Guarda cosa abbiamo fatto… grazie all'Uno praticamente siamo in grado di eliminare ogni malattia, cancro compreso. Non ci sono più guerre nel mondo, la geoingegneria ci sta portando su altri pianeti, nessuno deve più lavorare se non per creare, studiare, conoscere e far progredire l'umanità! Voi usate mappe cartacee, vi tenete le carie nei denti, vi scaldate bruciando legna, impiegate mesi, ma che dico, anni per raggiungere i livelli di conoscenza che, grazie alla nostra tecnologia, otterreste in qualche giorno… distruggete i nostri server, i nostri cavi, cercate di hackerare i nostri sistemi, ma non funzionerà mai, lo sapete…». L'uomo che pochi minuti prima ammaliava la folla dal palco era ormai scomparso: il pianto aveva deformato a tal punto la sua espressione da renderlo irriconoscibile. «Siamo riusciti a dare a tutti la possibilità di una vita veramente ricca. "Non abbiamo poco tempo, ma ne abbiamo perduto molto", diceva Seneca. Guarda, guarda cosa abbiamo fatto: abbiamo dato a ognuno tutto il tempo che può volere e voi decidete di sprecarlo…». Il volto della ragazza era serio, impassibile. All'udire quelle parole, un leggero sorriso sconsolato le si stampò sul volto: «Quante volte abbiamo già fatto questo discorso noi due? Per te il tempo è solo una questione di quantità. Io magari impiego un anno per accedere alle vostre conoscenze istantanee, ma il mio sforzo vale una felicità per il mio traguardo che voi potete solo sognarvi. Guarda bene i tuoi utenti: gente vuota, con la conoscenza di tutto il mondo tra le mani, ma incapace di formulare autonomamente un pensiero. Assemblate informazioni che vi dà l'Uno, come dei piccoli PC costruiti in serie. Io penso, penso e sbaglio, cammino e mi perdo, ma perdendomi ho costruito i migliori ricordi della mia vita. Vi fate dire tutto perché non siete capaci di scegliere e pensare senza che vi dicano quale sia "la cosa giusta da fare", ma ti sei mai chiesto per chi è giusta?». «L'umanità, nella sua storia, ha sempre rinunciato a delle capacità in favore degli strumenti di cui ha ritenuto utile servirsi – ribatté l'uomo dopo essersi asciugato le lacrime. Abbiamo allevato per non cacciare, abbiamo inventato l'aratro per non zappare, gli occhiali per vederci meglio. Pensa a cosa abbiamo raggiunto oggi: nessuno deve costruire, nessuno deve faticare inutilmente, nessuno soffre… da oggi possiamo diventare un tutt'uno, completare la specie, diventare un grandissimo cervello infallibile. Sì, infallibile! Sappiamo tutto del mondo e, grazie all'Uno, possiamo sapere tutto di ogni cosa, basta che qualcuno ci si imbatta! E questo è giusto, siamo giunti naturalmente a questo punto tutti assieme. Guardati indietro: ora abbiamo la summa di tutta la storia umana in ognuno di noi e lo abbiamo in funzione della nostra felicità, della nostra libertà, del nostro futuro, garantito dall'Uno!».

«Io ti odio – sussurrò la ragazza. Non sono mai riuscita a sopportare questi discorsi. La libertà e il futuro? Quale libertà? Quale futuro? Tutto ormai è già scritto e aspettate solo che vi venga rivelato, fa tutto l'Uno per voi! E ora che ve lo mettiate in testa cosa succederà! Sarete tutti lui e quindi non sarete più niente. Quale futuro vi aspetta? L'estinzione! Rimarrà solo l'Uno e dell'umanità non ci sarà più bisogno, l'hai detto tu: la summa è già stata fatta». Lo sguardo del CEO si fece per un attimo più severo, indirizzò un cenno a una delle due guardie che immediatamente uscì dalla stanza per poi rientrare con una piccola scatolina tra le mani. La porse a Elon Page II, che aprendola rivelò la testina lucente di una piccola interfaccia neurale. «Cosa c'è lì?! – strillò la ragazza mentre l'altro uomo la teneva stretta alla sedia – che cazzo mi vuoi fare?! Papà!». L'uomo, al sentire quelle parole, ebbe un sussulto e le lacrime ricominciarono a scorrergli lungo il viso: «Lasciateci soli – disse rivolgendosi alle guardie. Tu non riesci proprio a capire, Eva. Parli tanto, ma sei incapace di vedere oltre. Avidyā, sei cieca. Ti sei mai chiesta per chi stai lottando? Te lo dico io: lo fai per te stessa, condanni gli altri alla sofferenza nell'egoismo e nella presunzione di poter dire loro chi devono essere. L'Uno ha tutto e ognuno può trovarci quello che vuole. Noi stiamo solamente dando ai suoi utenti gli strumenti per essere ciò che vogliono. Parli a sproposito, non sapendo assolutamente nulla». I due continuarono a fissarsi immobili, nessuno disposto a perdere quella battaglia di sguardi. Eva fu la prima a distogliersi, scoppiando in una fragorosa risata: «Io cieca? Guardati! Cosa pensi di star facendo tu? Se non imporre al mondo di essere felice come tu lo credi giusto? Lo fai per gli altri, dici? Non credo proprio, per me non stai facendo un cazzo. Anzi, per essere precisi, mi stai rovinando la vita. Lo stai facendo a ognuno di quegli idioti che pendono dalle tue labbra e che vogliono infilarsi quella cosa in testa. Hai mai raccontato loro come le altre aziende hanno deciso di "collaborare" con la Unus? Gli hai mai raccontato di come la neurologia si sia evoluta grazie agli esperimenti umani nazisti? Gli hai mai raccontato delle persone morte costruendo le prime macchine della tua azienda? Gli hai mai raccontato dei tuoi predecessori? Di cosa avete fatto per arrivare a tutto questo? Io sono stata nell'archivio che c'è sotto di noi, io ho visto lo Zero. Io so quante persone sono morte per la tua summa di merda e so che nell'Uno non c'è tutto! Quello che tu hai collegato in testa non è la promessa che hai fatto su quel palco, vero? Tu sei connesso al database più grande, ma lasci alle persone solo una piccola parte della verità». «Tu non hai la minima idea del fardello che io ho sulle spalle! – tuonò l'uomo per poi ricomporsi immediatamente. Tu non hai la minima idea della ragione per cui stiamo facendo tutto questo… L'Uno è il meglio che l'umanità ha creato nella sua storia, tutta la bellezza che siamo stati in grado di generare, tutto quello che ogni genitore vorrebbe lasciare ai suoi figli. Gli anni di sofferenze sono stati necessari per arrivare a questo punto: ora davanti a noi si staglia un futuro prospero, segnato dal bene e dalla pace. Togliere il male è stato il nostro compito e io e la *Unus* ci siamo fatti carico di tutti i peccati dell'umanità per poterla finalmente liberare…». «Pff, quale dio ha mai impedito agli uomini di sbagliare? Sono tutte stronzate! Tutto questo vostro mondo è solo un gran mucchio di balle e false promesse! Tu stai solo creando delle interfacce per asservire un mucchio di pecorelle, renderle innocue e piegarle al tuo bene! Sei un pazzo megalomane!» sbottò la ragazza.

Il CEO, con voce ancora tremante, mosse qualche passo verso la ragazza e sussurrò tra i denti: «Io non l'ho mai fatto per me… Lo Zero esiste da quando esiste la Unus che, come sai, è stata fondata per raccogliere solo il meglio dell'umanità e portarla al suo splendore. Sono connesso a quell'IA da più di quindici anni, ormai. Conterrà anche la verità sulla nostra storia, ma è una verità che nessuno dovrebbe mai vedere. Io sono qui solo per essere la diga a questo male, poter vedere cosa non vogliamo essere per creare il nostro futuro. Io ho tutto questo nella mia mente, così nessuno dovrà mai patire una tale sofferenza». «Ora rispondimi sinceramente – lo interruppe Eva. Quella che state creando è davvero umanità, se le togliete tutti quei mali che la vera umanità ha commesso nella sua storia?». «Certamente! Noi abbiamo estratto dalla razza umana la sua vera essenza. Eliminando quelle barbarie, noi oggi siamo ben più umani di loro, stiamo creando la perfezione! E io vorrei che tu ne facessi parte insieme a me…», disse l'uomo, allungando la scatola con l'interfaccia verso la ragazza. Questa, con lo sguardo inferocito verso l'IOne, digrignando i denti rispose seccamente: «I buoni vincono sempre perché riscrivono la storia. Voi fate dimenticare alle persone quello che volete. Cari i miei eroi, non siete altro che dei cattivi che ce l'hanno fatta». Improvvisamente il volto di Eva si rilassò in un profondo respiro, con occhi sereni ma decisi si rivolse a quelli del padre: «Tieni un'altra cosa da nascondere». La ragazza, continuando a fissare il padre, estrasse dal lato interno dell'anfibio destro una lunga scheggia sottile di ossidiana, se la portò al collo e, premendola contro la carotide, sprofondando lentamente nella pelle, sussurrò: «Io sono libera». Un rapido movimento del braccio da sinistra verso destra, uno zampillo di rosso scuro si rovesciò sul pavimento immacolato ed Eva cadde in avanti ai piedi del CEO. Il volto della giovane, immerso in una pozza di sangue via via sempre più grande, era tagliato da un leggero sorriso, un misto di rassegnazione e serenità, che la faceva assomigliare terribilmente al padre.

«Avanti». La testa di una donna, capelli corti, brizzolati, sulla cinquantina, si affacciò all'interno dell'ufficio personale del CEO, sulla sommità della cupola dell'edificio: «Signore, sua figlia non ce l'ha fatta...». Elon Page II alzò leggermente la testa e, continuando a dare le spalle alla donna, disse con voce inespressiva: «Lo so, lo Zero mi ha già informato di tutto, non serviva che ti disturbassi. Ho bisogno di stare un po' solo». La donna, senza dare risposte, chiuse la porta e lasciò l'uomo nella sua stanza: un'area circolare dal diametro di dieci metri, vuota, costruita in vetro, con un'unica poltrona grigia al centro. Elon Page II era rivolto verso il cortile anteriore della Valley e, grazie alla giornata particolarmente limpida, da lontano riusciva a scorgere il lago e le Alpi che si stagliavano verso sud. Era assorto nel paesaggio, con lo sguardo assente e inespressivo come se solo lui riuscisse a vedere ciò che si nascondeva dietro a quella enorme cartolina. Lentamente, con voce piatta domandò: «Zero... non so più come muovermi... cosa dobbiamo fare con gli invisibili...? – rivolgendosi a un impercettibile interlocutore. Tutto questo non può continuare, non possiamo...».
Come folgorato, tutti i muscoli dell'uomo si contrassero improvvisamente. Sulla testa, schiacciata all'indietro sulla testata della poltrona, sporgevano bluastre le vene pulsanti. Gli occhi, ribaltati all'indietro, erano iniettati di sangue dalla rottura dei capillari, come in preda a uno sforzo estremo. Dopo pochi secondi, tutta quella tensione venne gradualmente rilasciata in una serie di faticosi respiri. Elon Page II, madido di sudore e ancora paonazzo per lo sforzo, giaceva accasciato sulla poltrona

ansimando a fatica. Gli occhi rossi erano puntati verso il soffitto, dalla bocca usciva un filo di sangue a causa di un morso alla lingua avvenuto durante la connessione. Quando il respiro ricominciò a essere più costante e regolare, sussurrò tra sé e sé: «Una crociata dici…? Allora dobbiamo riprogrammare l'Uno».

Dall'esterno giungevano ancora gli schiamazzi della folla che, concluso il buffet e la lotteria, richiedeva a gran voce la presenza del CEO. L'uomo, con un sorriso gentile, si rialzò dalla poltrona, con una salvietta asciugò sangue e sudore. Lentamente si lasciò la vista di Ginevra alle spalle per dirigersi verso i suoi fedeli.

2.3. *Elena Gobbi*, Doppio domani

Maria

La diagnosi mi colpisce nel profondo, poco più superficialmente del cancro che mi ha resa a pieno titolo una malata terminale; i polmoni, entrambi malati a causa dell'aria che i miei genitori e i miei nonni respirarono in quella che ora è nota come Torino Nuova e che solo fino a venti anni fa era la unica Torino esistente. «Maria, è solo mia la colpa di tutto quello che stai passando, mi dispiace così tanto», dice mia madre abbracciandomi e bagnandomi la spalla con le sue lacrime. Io riesco solo a singhiozzare e serrare gli occhi sognando di riaprirli per scoprire che tutto questo non è altro che un incubo.

Fino a una manciata di settimane fa, il mio problema più grande era farmi notare da Luca durante l'intervallo nel cortile della scuola, magari riuscire a strappargli un bacio e farmi firmare il diario vicino ai mille cuori che già gli avevo dedicato pensandoci abbracciati sotto il ciliegio del parco di Pecetto.

Non posso curarmi, in tutto l'oltre collina non c'è una singola struttura che sia in grado di garantirmi le cure necessarie. Purtroppo, questa scelta è stata presa consapevolmente dai primi Eretici tecnologici che scelsero di abbandonare il futuro e i rischi legati all'alienazione di un certo modello di sviluppo, insieme alla grande città, per venire a vivere nel passato, qui dove socialità e natura sono fondamentali, e si preferisce morire per assenza di cure, ma sapendo di aver vissuto una vita piena.

Mia madre Clara è ora al lavoro: insegna in una piccola classe di bimbi l'italiano e la storia. Guardo fuori dalla finestra e vedo mio padre Massimo lavorare ai campi dopo aver assistito una cavalla al parto. Il sole è alto nel cielo e le nuvole bianche lo coprono a tratti. Non riesco a credere che presto non ci sarò più, nonostante io provi ad avere fede in Dio e in quello che spero vivrò dopo la mia breve esperienza terrena. Non ho ancora dato il mio primo bacio, non ho mai passato la notte con Luca e non sono ancora andata accompagnata al ballo della parrocchia. Dallo specchio sembro quella di sempre, i capelli sono scarmigliati e marrone cioccolato, la mia pelle rosea e i miei vestiti chiari di lana in perfetto ordine. Dentro, però, tutto si sta distruggendo, minuto dopo minuto, in rigido silenzio e senza che questo male sembri lasciare traccia esteriore del suo passaggio.

Mentre provo a studiare un libro per la mia classe di latino non riesco a ignorare il ricordo delle tante voci che ho sentito sulle cure che offre Torino Nuova, estremamente rivoluzionarie e all'avanguardia. «Gli ospedali sono enormi e ci sono anche le macchine a lavorarci dentro!», una volta avevo sentito dire a mio padre dalla stanza accanto alla mia cameretta, in cui con mia madre stava discutendo su come procedere con me, se provare a salvarmi in qualunque modo o accettare e rispettare ciò che più di venti anni fa è stato deciso dagli Eretici, loro due compresi. «Saranno anche enormi e incredibili, quegli ospedali, ma non siamo ammessi, non possiamo accedere a Torino Nuova in nessun modo, poi neanche sappiamo se quello che raccontano in giro sia vero o se tutto sia un'invenzione di qualche strambo fanatico dei falò nel bosco. Le voci girano in fretta ma nessuno ha mai modo di confermare se tutto ciò che immaginiamo possa trovarsi a Torino Nuova sia vero, a partire dall'alienazione dilagante delle persone che lavorano tutto il giorno per far funzionare i loro marchingegni tecnologici del demonio. Non sappiamo nemmeno come si nutrano o come si riproducano ormai. Dicono che la gente non esca persino più dalle proprie stanze. Maria potrebbe tornare in salute, ma magari non riuscirebbe più ad uscire di lì, o nel peggiore dei casi potrebbero ucciderla per aver varcato la bolla. Sono rischi da tenere in considerazione ed è per questo che sarebbe meglio non tentare la strada che non conosciamo: è molto doloroso ma così ha voluto il Signore», diceva mia madre sottovoce pensando di non essere sentita.

Disperata, la mia testa crolla sul morbido cuscino di piume, spingo i palmi delle mie mani sul viso e sugli occhi per ostacolare le lacrime che sento stanno per scorrermi sulle guance per la decima volta della giornata, mi porto le ginocchia al petto e colpita da un forte fremito lungo tutto il corpo, dovuto all'angoscia o al freddo, decido che stare così non mi porterà a nulla, mi farà stare solo peggio. Recupero allora il mio diario segreto dal cassetto del comodino intenzionata a risfogliarne le pagine, ricordando giorni migliori e persone che porto nel cuore.

13 maggio

Caro diario, oggi io e Luciana siamo andate a fare un'escursione per i quattro stagni, zaini in spalla e poche provviste di cibo per il pranzo avvolte nelle stoffe ricamate delle nostre adorate nonne. Stiamo allenando il senso dell'orientamento così da riuscire nei test della prossima stagione degli scout. Ho amato sentire la forza sprigionata dagli alberi fitti e dall'acqua cristallina, il cinguettio degli uccellini festosi di primavera è stato come miele per le mie orecchie, nonostante anche nei nostri borghi si sentano spesso. Luciana mi ha raccontato che presto entrerà a far parte della gioventù degli Eretici, così da arrivare un giorno a far parte delle assemblee decisionali. Sono entusiasta per lei, perché sicuramente riuscirà a realizzare i suoi desideri. Io, invece, le ho rivelato le mie incertezze riguardanti il futuro: non so, infatti, se seguire le orme di mia madre e insegnare ai bambini dell'oltre collina oppure vivere appieno la natura come mio padre tra la fattoria e i campi. In quell'ottica, però, farei bene a trovarmi in fretta un compagno con cui condividere fatiche e gioie, sperando nel profondo che possa trattarsi di Luca. Le ho fatto anche vedere il mio nuovo rosario blu scuro con cui prego mattina e sera: mi è sembrato che le piacesse molto, dunque gliene donerò uno uguale a Natale.

20 maggio

Caro diario, oggi all'uscita dalla mia classe di algebra ho incontrato il gruppo degli strambi del bosco: Mario, Stefano e Giacomo. Mi hanno fermata prima che potessi schivarli e correre via. Nonostante siano tutti e tre figli di oneste famiglie dell'oltre collina, sono diversi da noi. Passano le loro giornate a guardare dalle cime dei colli dentro Torino Nuova, attività da sempre sconsigliata. Con i loro binocoli, curiosano oltre la bolla a protezione della città, per poi riportare nei borghi le strabilianti scoperte che fanno sugli Alienati. Mi hanno parlato della nube e di quanto sia sempre più scura e densa, di raggi luminosi e di uomini di latta che pattugliano le strade della città. Spesso però si contraddicono e qui praticamente più nessuno crede alle loro parole. Farebbero meglio a concentrarsi sullo studio e gli incontri della parrocchia, aveva ragione mia madre.

25 maggio

Carissimo diario, oggi sono riuscita a parlare con Luca durante il compito di gruppo nell'ora di storia dell'arte. Dovevamo fare una breve presentazione alla classe su uno dei nostri dipinti del Rinascimento preferiti. Molto timidamente abbiamo lavorato a lungo, senza mai guardarci negli occhi. Le altre due ragazze del nostro gruppo ridacchiavano e parlottavano tra loro: credo sia evidente la mia cotta per lui, ma spero sinceramente che a Luca non sia così chiaro, anche perché immagino non ricambi il mio affetto. È un ragazzo così dolce. Spesso fantastico su di noi insieme, una famiglia piena di bambini a donare gioia e luce alle nostre giornate, un camino intorno a cui riunirci tutte le sere per parlare delle nostre attività e dei nostri sentimenti. Ora il mio cuore batte veloce solo al pensiero delle nostre mani che si sono sfiorate durante la lezione di oggi. So che non dovrei mai, ma ho pregato anche per una sua dichiarazione d'amore durante il mio rosario della sera. Ora mi addormento e spero di sognarlo, per svegliarmi domani con un sorriso e la speranza più vivida del nostro amore.

Rileggere di queste giornate mi fa male. Le mie speranze e i miei sogni sono stati infranti senza nessuna colpa. È una vera e propria ingiustizia la diagnosi che mi è stata fatta e ancora di più lo è l'assenza di cure. Sto continuando ad andare a scuola anche se so che il prossimo anno non vivrò un altro primo giorno con la cartella mezza vuota ma piena ancora della leggerezza estiva e del sudore dolce delle notti d'estate. Tutti i miei compagni e le mie compagne sono a conoscenza del mio stato di salute precario e mi trattano con grande riserbo. Mi chiedono spesso come sto e se necessiti di qualche cosa. Luca no, mi tratta come ha sempre fatto e mi fa sentire tremendamente bene, mi fa sentire ancora normale e con un futuro davanti.

Mentre sono immersa nei miei pensieri alla luce dell'abat-jour, sento bussare delicatamente alla porta della mia camera. Data l'ora tarda immagino sia mio padre in pensiero per me. Dopo avergli detto di entrare, pure a patto che non accenda il lampadario, lo vedo sedersi sulla sedia della mia scrivania e piegandosi in avanti sussurrarmi: «Maria, come stai?». Gli rispondo che sto abbastanza bene e che i miei sempre più frequenti mal di testa oggi mi hanno graziata. Lui, con il viso preoccupato e stanco, ma sereno, mi domanda cosa ho intenzione di fare riguardo la mia condizione di salute.

«Nulla babbo, non posso fare nulla e tu lo sai meglio di me. Che cosa intendi dire con questa domanda?».

«Torino Nuova tesoro mio, la tua unica possibilità di salvarti si trova lì dentro. Lo sai che io credo in Dio e nei suoi piani progettati per ogni singolo individuo, ma non voglio arrendermi come sta facendo tua madre. Io ti voglio troppo bene e non posso credere che mi verrai strappata via dopo così pochi anni. Sai bene che ripudio tutto, di quella città. Ma forse, come l'orologio sbagliato segna due volte al giorno l'ora esatta, anche quelle persone, per quanto diverse da te e da me, possono avere qualcosa da offrirti».

Io lo guardo senza voler ascoltare le sue parole. Ho vissuto una vita intera a credere che nella bolla ci fossero solo alienazione, dolore e disgrazie, anche non avendo mai visto nulla di quello che mi veniva raccontato. E ora dovrei sperare che la soluzione al mio problema non sia qui nel mio amato oltre collina ma lì dove regna l'ignoto?

Lui sembra capire i miei pensieri e per nulla scoraggiato mi incalza:

«Il bosco dietro la scuola di mamma. Dovresti passare da lì nella notte senza farti vedere né sentire da nessuno, altrimenti partirebbero le ricerche per riportarti a casa immediatamente. Tutti sappiamo quanto possa essere pericoloso lì dentro e si mobiliterebbe l'intero oltre collina con i suoi borghi uniti per evitare che ti accada qualcosa di brutto. Io ti coprirò anche con tua mamma. Farò il possibile per non farle capire nulla, però avrai solo ventiquattro ore e poi credo inizierebbe a insospettirsi troppo. Con le cure miracolose di cui si parlava fino a qualche anno fa, dovrebbe bastarti questo spiraglio di tempo».

«Tralasciando la follia di questo piano, babbo, ma come dovrei fare a entrare nella bolla, sempre che io riesca ad arrivarci?»

«Ti lascerò il mio piede di porco e il martello. Li terrai nel tuo zaino fino a quando non ti troverai accanto alla bolla e allora proverai con tutte le tue forze a varcare la soglia. Io credo in te, credo tu possa farcela amore mio. Se c'è qualcosa che può curarti, si trova lì dentro. So che hai paura, lo so, ma almeno in questo modo non potrai avere rimpianti e non li avrò neppure io. Vorrei tanto venire con te per aiutarti, ma non credo di riuscire a passare inosservato quanto te in quella città e la mia scomparsa da qui darebbe doppiamente nell'occhio».

Dopo quel discorso una energia nuova, una scossa diffusa prende il controllo del mio corpo e di scatto mi tiro fuori dalle coperte per alzarmi in piedi. Lui capisce di avermi convinta a seguire il suo piano, che in fondo speravo mi avrebbe proposto, ma mi blocca entrambe le braccia con le sue mani e serio mi scoraggia dal partire seduta stante: dice che devo provvedere a procurarmi delle scorte per il viaggio e dare un ultimo saluto a mia madre, ma senza farla accorgere di niente. Mi propone quindi di partire domani notte e anche se controvoglia, comprendo che è la decisione giusta. Dopo averlo ringraziato per i suoi saggi consigli, ci abbracciamo a lungo tra le lacrime. Poi mi rimetto nel letto, anche se non riesco a dormire.

La giornata successiva passa veloce come in un sogno. Con il cuore in gola e tanto autocontrollo, provvedo a dare la buona notte a mia madre dopo una infinita giornata piena di dubbi e preoccupazioni. Il mio zaino è pronto sotto al letto e la mia mente è già proiettata al bosco e al buio. Mio padre mi abbraccia a lungo e mi porge le ultime cose da aggiungere alle mie scorte, mi accarezza rapidamente la guancia e mi lascia andare, chissà con quanto dolore.

Ora sono sola, nel buio del bosco fitto e umido, aiutata solo dalla luce della mia piccola torcia e dalle splendide stelle nel cielo. Nonostante sia quasi arrivata l'estate, le notti sono ancora fresche e mi ritrovo a guardare la pelle d'oca sulle mie braccia. Durante il cammino più svelto e accorto di cui ho memoria, mi scoraggio all'idea di non avere un piano, neanche minimo, su cosa dovrò fare o dove dovrò andare appena varcata la soglia, sempre che io ci riesca.

Per evitare di tornare indietro sui miei passi e ributtarmi nel caldo e comodo letto della mia adorata casa di campagna, penso a cosa mi aspetta dentro la bolla: le meraviglie tecnologiche tanto odiate dalla mia gente ma che spesso mi incutono una morbosa curiosità. Penso agli alti palazzi tutti di vetro, alle macchine eleganti e veloci, alle televisioni grandi e forse addirittura sottili. Quello che non riesco proprio a immaginare sono gli uomini di latta, buoni o cattivi che siano, né le luci colorate di cui parlavano gli strambi.

Spero di riuscire a entrare in fretta nella bolla. Sarà la seconda volta che la vedrò. La prima è stata due anni fa con Luciana: avevamo scommesso su chi sarebbe riuscita ad avvicinarsi di più alla città e avevo vinto io, perché lei si era dimostrata troppo spaventata persino per uscire dal bosco. Me la ricordo grigia e buia, ma potrei aver visto male dalla fretta a dalla pioggia forte di quella sera. Sinceramente non so se e quanti dei miei concittadini l'abbiano mai vista: ancora non esisteva quando i primi hanno lasciato la città, si dice l'abbiano costruita dopo pochi mesi dalla grande partenza di noi Eretici, forse per paura che rubassimo le risorse o forse per timore di un attacco diretto, una guerriglia insomma.

Quello che so per certo è che noi non abbiamo mai voluto avere più niente a che fare con loro, non appoggiando le loro scelte etiche: il nostro desiderio è sempre stato quello di creare una comunità pacifica e con ben altri valori.

Comunque, ho quasi superato il bosco. Il mio passo rapido mi ha scalata e ora l'adrenalina è al massimo, alla sola idea di quello che mi aspetta. All'improvviso, sento un rumore fortissimo di schianto e non riesco a capire da dove provenga. Dopo essermi fermata per qualche minuto, proseguo il mio cammino ancora più velocemente, ma quasi a quattro zampe, per paura di essere vista e inseguita da qualcuno.

Una coltre di fumo nero mi travolge appena sorpassato l'ultimo albero. Un odore acre si insinua nelle mie narici, gli occhi bruciano e d'istinto faccio un passo indietro, coprendomi il volto. Dopo essermi ripresa, capisco che lo schianto è stato causato dall'impatto di una macchina con la parete esterna della bolla. Guardando meglio, noto che l'auto in questione non mi è nuova ed è molto simile a quella dei tre strambi del bosco. Spesso loro si inoltrano, bevendo qualche bottiglia di birra di troppo, fino alle cime delle colline, ma mai avrei immaginato che si avventurassero così lontano. Ero sicura che le voci che mettevano in giro fossero solo frutto della loro fantasia.

Avvicinandomi, vedo che tra i rottami ci sono proprio i corpi di Mario e Giacomo, ma manca Stefano. I primi due sono accasciati sui sedili, ma respirano e non sembrano gravi: probabilmente, per l'impatto, avranno perso conoscenza. Non posso farmi vedere nemmeno da loro, il mio piano andrebbe a rotoli. Dovrei vegliarli aspettando i soccorsi, ma poi, se scomparissi, capirebbero subito il mio intento.

Ma mentre penso al da farsi, mi accorgo che dietro a questo incidente si nasconde una breccia di speranza: l'impatto ha prodotto una crepa nella superfice della bolla, alta poco più di cinquanta centimetri e larga un po' di meno. Rapidamente metto insieme i miei pensieri e decido di sfruttare questo colpo del destino. Mi tolgo lo zaino dalle spalle e abbassandomi fino a toccare quasi con la pancia per terra, varco la soglia.

Xhy7

È una musata dolce sulla coscia a svegliarmi questa mattina. Il mio piccolo cane robot della Turin Dynamics di ultima generazione è programmato per farmi alzare dal letto alle sette ogni giorno. Dai miei screenglass scelgo quella che sarà la colazione del mio compleanno: oggi mangerò bacon stampato e uova vegetali strapazzate. Do il via al programma di notizie e meteo della mattina proiettato dai miei screenglass su ogni superfice su cui si posi il mio sguardo, così da avere le mani libere ma non sentirmi mai sola. Oggi è prevista nebbia grigio chiara e una manciata di raggi di sole diretti alle tre del pomeriggio: si sente che l'estate sta arrivando.

Per il mio Qj, il cane di cui ho parlato prima, una razione doppia di carica wireless super veloce per festeggiare con me il mio compleanno. Si capisce dagli occhi non più bianchi, ma gialli, quanto lui sia entusiasta per me. Prendo dall'armadio i miei pantaloni neri con sensori di movimento per l'attività fisica e la mia camicia da lavoro con piccole casse integrate per non perdere mai le ultime novità su Torino Nuova. Controvoglia, esco dal mio monolocale e indosso la maschera per l'inquinamento e le polveri sottili, la migliore alleata per la vita di città.

Sono diretta al lavoro. Nonostante io abbia 20 anni, vivo già da sola e ho un'occupazione da quando ne avevo 16, l'età in cui raggiungiamo la maggiore età. Il mio compito è supervisionare l'operato delle macchine in un capannone di cibo stampato nel nord della città. Attacco alle 8 e stacco alle 18, con due ore di pausa pranzo in cui posso gratuitamente consumare il cibo prodotto dalla fabbrica, che però mi ha stufata subito. Di cosa si mangiasse prima che venisse tirata su la bolla non ho ricordi, qualche volta ho visto le foto prima che venissero rimosse inspiegabilmente da tutto il web. Le mie mansioni mi annoiano sempre di più, ma tutti i miei superiori, macchine e no, non fanno altro che sottolineare ogni giorno quanto il nostro operato sia di vitale importanza per tutti i 2 milioni di abitanti della città: se noi smettessimo di lavorare duramente, interi quartieri non avrebbero cibo da mettere in tavola.

Preferivo di gran lunga studiare, ma la mia famiglia non poteva supportarmi economicamente. Eppure adoravo fare lezione dal mio letto, sdraiata, senza dover neppure uscire di casa. Dagli screenglass, vedevo un androide che insegnava a numerosissime classi di ragazzi e ragazze come me le materie fondamentali: informatica, supporto alla macchina e programmazione. Neanche in quel periodo vedevo molte persone dal vivo: trascorrevo tutte le giornate nella mia camera da letto-studio-svago e solo per andare in bagno o a ritirare la cena dalla macchina, mi capitava di incrociare i miei genitori, che vivevano la maggior parte del tempo tra camera da letto-svago e capannoni del nord della città, quelli a cui noi potevamo accedere.

Il lavoro che svolgo, in sostanza, mi è stato assegnato. Dicevano che così sarebbe stato più efficiente. Non ho dovuto attendere più di una settimana e già ero diretta alla fabbrica in cui mi trovo ora: facile e senza inutili preoccupazioni. Ho sentito che in passato le persone cercavano lavoro per anni, prima di riuscire a trovarlo ed essere comunque scontente. Oggi saltiamo un passaggio.

Nella pausa pranzo ho tempo di vedere che gli androidi di pattuglia in un quartiere a ovest della città hanno catturato un ribelle che nella sua camera aveva trovato un modo per disattivare gli screenglass. Ora, dice il giornalista, provvederanno a installargli uno degli ultimissimi modelli ancora in fase di test dei chip IA nel cervello, così da non rischiare di nuovo di farlo sentire solo. Ho sentito anche che questa estate sarà una delle più serene e soleggiate degli ultimi anni, si avranno diffusi episodi di sole e scarse nebbie nere che invece ci accompagnano durante tutto l'arco dei mesi più freddi. Dai ribelli viene spesso fuori che basterebbe distruggere la bolla per avere più sole e meno nebbie, che potremmo addirittura uscire di casa senza le nostre amate maschere e tornare a guardarci negli occhi. Ma sono, ovviamente, tutte stupidaggini, dato che la bolla non fa altro che proteggerci dagli Eretici digitali che hanno abbandonato il paese tanti anni fa e che molto probabilmente ci attaccheranno a breve per fare loro le nostre risorse, acqua e cibo innanzitutto, poi le tecnologie.

Degli Eretici so veramente poco, perché i Responsabili non vogliono turbarci. Ricordo solo di aver sentito che se ne sono andati perché invidiosi delle nostre scoperte, ma soprattutto perché imbarazzati di non essere all'altezza del destino progettato per noi dai Responsabili. Lo trovo credibile: non è facile immaginare di essere diversi in questa città, facciamo tutti cose molto simili e le nostre vite, anche se grandiose, non si differenziano poi molto l'una dall'altra. Quasi mi fanno pena gli Eretici, hanno perso l'opportunità di far parte di una grande famiglia.

Per nostra fortuna, i Responsabili sono così intelligenti che non c'è mai stato nessuno in grado di competere con loro alle presidenziali, ma ormai non abbiamo neanche più quella decisione da prendere e ci sentiamo tutti molto più sollevati. Del resto, non hanno mai commesso errori e tutti li adoriamo genuinamente. Non sappiamo quali siano i loro volti, ma non mi interessa. Mi basta non sentirmi mai sola e sentirmi sempre sicura: loro questo me lo garantiscono.

Finita la pausa, disattivo il video telegiornale dai miei screenglass e torno nel mio capannone da sola. Appena arrivata, saluto i miei colleghi androidi, il cui compito è seguirmi nelle mie mansioni per imparare il lavoro che svolgo: forse un giorno io potrò evitare di uscire casa, grazie a questi progressi tecnologici. In due decenni sono riusciti a liberare dal lavoro diversi gruppi di persone, poliziotti prima e insegnanti di ogni calibro poi, operai di ogni livello, commessi, autisti.

Invidio molto gli umani a cui è stato permesso di non lavorare più: possono dormire fino a tardi e poi divertirsi con l'intrattenimento in VR tutto il giorno. Ormai i film e le serie tv sono prodotti per essere fruiti in realtà aumentata, nessuno andrebbe più al cinema. Quindi, tra film e giochi, possono davvero vivere appieno il futuro come i primi Responsabili avevano immaginato per noi. Ricordo ancora il giorno in cui tutti gli abitanti del mio quartiere trovarono gli screenglass davanti alle porte di casa. Erano stati distribuiti gratuitamente a tutti noi. Io ero molto piccola, ma notai la differenza tra prima e dopo: le persone non si sentivano più costrette a uscire di casa, avevamo già le consegne a domicilio di spesa e tutto il resto, con i nostri amici potevamo incontrarci nei parchi virtuali usando i nostri avatar. In più, non rischiavamo di essere vittime di furti per strada o incidenti, il mondo era diventato davvero un luogo più sicuro e non potevamo che rallegrarcene, seguendo l'indicazione dei Responsabili di indossare quel frutto della genialità umana tutto il giorno, tutti i giorni.

Durante il tragitto di ritorno dalla fabbrica a casa, che dura poco più di tre minuti, quando prendo l'overboard, ho la possibilità, ogni tanto, di ignorare le immagini proiettate dagli screenglass: gli occhiali, infatti, si possono mettere in stand-by per un'ora al massimo. In quei momenti, mi accorgo che i palazzi grigi sono sempre più fatiscenti, le strade sono deserte e gli unici movimenti provengono dagli androidi di pattuglia che passano in rassegna anche me: dopo aver rilevato i dati del mio tragitto, comunque, mi lasciano andare e mi augurano di trascorrere una bella serata in compagnia. Oggi mi fanno persino gli auguri di buon compleanno.

I negozi, in cui una volta ricordo di essere stata per acquistare un po' di caramelle e un giocattolo, non esistono quasi più, essendo stato tutto centralizzato in grandissimi magazzini a cui il pubblico non accede neppure avendone la possibilità, tanto è più comodo selezionare i prodotti desiderati da casa e farsi portare tutto, dal dentifricio alle merendine, davanti la porta dei nostri monolocali.

Arrivata da Qj, butto uno sguardo nel mio frigo virtuale per decidere cosa preparare a cena e vedo che mancano diversi beni primari: la pasta di grilli, il latte vegetale e il tempeh. Vedo però che fino al prossimo stipendio ho solo 45! (il ! è la moneta del 2044, prima c'era l'euro), da farmi bastare anche per ipotetici imprevisti. Questo mese, purtroppo, il mio stipendio di 600! è andato tutto in bollette e accessori per il mio avatar. Del resto, amo vedere che almeno l'avatar di Xhy7 non passa inosservato, attraendo l'attenzione dei giovani di Torino Nuova e delle altre città virtuali. Come ultimi acquisti, ci sono un meraviglioso paio di sneakers nere lucidissime con inserti di led rosa e arancioni, una gonna con natiche finte accessorie e una nuova montatura argento per gli screenglass del mondo virtuale.

Finita la cena che ho consumato con i pochi resti di pizza di sabato, mi dirigo a letto. Questa sera sul primo canale hanno dato un gioco a premi in cui gli avatar hanno dovuto sfidarsi in gare di scrittura e di pittura con intelligenze artificiali da loro progettate. Il premio massimo era un cane robot con integrato un sistema di videosorveglianza h24 «Per sentirsi sicuri come non mai!».

Chiudo gli occhi. Ora è finalmente buio, ma non rimuovo i miei occhiali. Ho bisogno che non ci sia mai silenzio durante le mie giornate e neppure le notti. Ho paura di pensare: non si sa mai come ci può far sentire.

La mattina dopo, è sempre Qj a svegliarmi. Noto che dalla finestra si vede il palazzo di fronte al mio, la nebbia è più diradata del solito e non posso che esserne felice, perché durante il tragitto per la fabbrica potrò godere di questo bel tempo. Dopo aver fatto colazione e aver accarezzato il mio cane, purtroppo esco di casa, facendo partire il countdown delle ore che mi separano dal varcare la porta del mio rifugio questa sera.

Dopo aver svoltato l'angolo a tutta velocità sul mio overboard bianco, vengo distratta da un movimento dietro a uno dei bidoni pubblici sempre vuoti. Non mi faccio tentare dall'ignoto e decido di proseguire il mio percorso. Dopo una decina di metri, però, noto che intorno a me non si trovano gli androidi di pattuglia che probabilmente stanno risolvendo un problema qualche strada più in là. Rapidamente, allora, faccio dietro front in un impeto di curiosità del tutto inaspettato: potrebbe trattarsi di un povero cane robot che avendo perso l'orientamento non sa più tornare al monolocale del suo amato padrone in carne e ossa.

Più mi avvicino al bidone, più rallento e trattengo il respiro per non farmi sentire. Sporgo spaventata il mio capo per vedere dietro e in un attimo mi ritrovo a terra.

Credo di aver sbattuto la testa perché non ho più ricordi del tragitto dal bidone al vialetto nascosto tra la vecchia panetteria e l'ancor più vecchio negozio di videocassette. In un attimo, penso si possa trattare di un androide mal funzionante o di un ribelle che impazzito non distingue più androidi da esseri umani, d'altronde è già accaduto in passato. Vedo poi un viso davanti ai miei occhi, molto vicino e molto diverso dal mio. Sento a malapena delle frasi provenienti da quella bocca, ma riesco a distinguere le parole «Aiutami» «Ospedale» e «Subito». Chiedo poi di ripetere tutto perché, intontita dalla caduta, sono rallentata e lo sono anche i miei pensieri. Si tratta di una ragazza, che mi ripete: «Aiutami, sono Maria, vengo dall'oltre collina per curarmi ma non trovo l'ospedale, non segnalarmi alle autorità, te ne prego. Ho fatto un lungo viaggio per arrivare qui e non posso rischiare che mi buttino fuori dalla bolla o, peggio, che mi facciano del male. Sono innocua e da te non voglio niente, solo un'indicazione e poi ti puoi dimenticare di me per sempre».

Incredula e spaventata, ci metto qualche secondo per rimettere in ordine i miei pensieri e formulare una risposta sensata: sono anni che non parlo direttamente con un altro essere umano e non lo trovo più molto facile. I miei palmi delle mani iniziano a sudare e balbetto. Ho paura di lei e non mi sento più sicura qui.

«Tu, come sei entrata?» le dico nervosamente, ignorando tutto il resto delle cose che mi ha detto, la richiesta di aiuto e le sue informazioni personali. «La bolla aveva una crepa, causata dall'impatto di una macchina, probabilmente a tutta velocità, e la superfice più esterna. Ma questo adesso non è importante. Per favore ascoltami, non ho molto tempo».

«La bolla ci protegge, tu stai mentendo, cosa vuoi davvero? I miei screenglass? Il mio overboard? O le mie scorte di cibo? Sappi che non ti darò nulla, ora contatto subito gli androidi di pattuglia». Maria – questo è il nome della ragazza, che nel frattempo mi si è presentata, forse per mettermi a mio agio – allora mi afferra il polso destro con una forza incredibile e mettendosi a piangere mi implora di nuovo, «Ti prego, la mia malattia è terminale e in tutti i borghi dei miei simili non c'è modo di farmi stare meglio. Ho sentito che qui avete le cure di ultima generazione, progressi scientifici che vi permettono di non stare mai male. Ho sperato e pregato che per una volta avreste potuto dimenticare le nostre differenze per aiutare una persona in difficoltà».

Facendo cadere il polso lungo il mio fianco, decido allora di ascoltare le sue parole e di approfondire questa storia. Avrei avuto la possibilità incredibile e più che rara di ascoltare le parole di una vera persona dell'oltre collina. Non l'avrei aiutata di certo e poi l'avrei riportata alle autorità, ma almeno avrei avuto qualcosa di diverso da raccontare ai miei amici avatar. Le chiedo allora di raccontarmi la sua malattia e brevemente della sua vita quotidiana, curiosa di sentire quante bugie dirà. Anche se spazientita, acconsente e comincia a parlare: «Non saprei cosa ti potrebbe interessare, davvero, ho una vita normalissima. Vivo con la mia famiglia in una villetta di campagna come quasi tutti gli Eretici digitali, vado a scuola con i miei coetanei e poi sarò libera di scegliere che lavoro svolgere. Amo le mie giornate, un po' meno quando ho un compito in classe, e voglio bene alla mia famiglia e ai miei amici.» Nel frattempo, noto una lacrima rapida solcarle la guancia. «Mi hanno diagnosticato un cancro ai polmoni in uno stadio già avanzato e non c'è stato nulla da fare. Mi sento sempre peggio e ho frequenti mal di testa, oltre a essere sempre stanca, nonostante purtroppo non esca più molto di casa». «Perché purtroppo non esci più di casa?» «In che senso? Io e la mia gente amiamo stare in compagnia, uscire nella natura e andare a pregare in parrocchia. Ora non posso fare quasi nessuna delle cose che ti ho appena detto. Ecco perché sono qui. Tu sai dove si trova l'ospedale?»

Sapevo che Maria mi avrebbe mentito, ma mai avrei creduto che potesse farlo così spudoratamente. Lo sanno tutti che fuori da Torino Nuova non c'è altro che ignoranza e solitudine, problemi qui risolti dalle tecnologie. Che ci sono povertà e scarsità estrema di risorse, motivo per cui molto probabilmente lei si trova qui.

«Maria, perché mi prendi in giro? Io sto tardando a lavoro per ascoltare te e sto rischiando grosso a parlare con un'Eretica. Almeno dimmi la verità, sei qui per scappare dalla tua gente? Stai così male con loro? Se è così mi dispiace, ma non posso aiutarti. Nella bolla c'è un counter che segna quante persone sono al suo interno e sicuramente ora segnandone una in più del normale sarà stata avviata la procedura di ricerche e purificazione. Devi uscire da dove sei entrata al più presto, non ti denuncerò».

Maria allora inizia a urlare e gesticolare furiosamente, pregandomi di crederle e ripetendomi che non avrebbe alcun interesse a mentire. Che lei vuole solo guarire. Io, allora, stufa di questa scenetta vergognosamente emotiva, la inquadro con gli screenglass per eseguire la procedura di diagnosi completa istantanea e con mio enorme stupore scopro che ha detto la verità: ha entrambi i polmoni compromessi. Terrorizzata dai miei occhiali, si fa schermo con le sue braccia. Ma prontamente le spiego la funzione che ho attivato e che nulla c'entra con gli androidi di pattuglia o con i Responsabili. Lei, allora, chiede conferma della sua diagnosi e io con un sorriso annuisco.

«Perché sorridi? Alienata rispondimi, neanche mi hai detto il tuo nome e già ti prendi gioco di me».

«Mi chiamo Xhy7 e sorrido perché posso curarti, devi solo venire a casa mia, non esistono più gli ospedali da molto tempo e ognuno di noi è dotato di un macchinario in grado di curare tutte le malattie esistenti in poche ore. Basta entrarci dentro e attivare le funzioni di cura collegate alla diagnosi. È indolore e ne puoi uscire completamente rinata».

Lei si accascia per terra e mi strige le caviglie, mi guarda dal basso verso l'alto e mi venera come non ho mai visto fare a nessuno. Mi ringrazia un centinaio di volte e mi promette che mi darà tutto ciò che desidero in cambio del mio aiuto. Le chiedo solo di raccontarmi di più sulla sua vita. Di oggetti da farmi dare in cambio delle cure credo non ne abbia, perlomeno nulla che già non ho. Di una storia, invece, credo di avere bisogno, una storia diversa.

Maria acconsente e dopo essere miracolosamente arrivate a casa mia senza essere viste o catturate, inizia a raccontarmi meglio le sue vicende e quelle del suo popolo, gli Eretici.

Davanti a un bicchiere di acqua e ghiaccio, la ascolto assorta, mentre mi parla di quel Luca di cui è innamorata. Mi fa desiderare uno degli abbracci della sua mamma, che io non ho mai ricevuto, e mi rende impaziente di sapere cosa si prova a un incontro con un grande gruppo di amici.

Anche lei mi chiede della mia vita e mi ritrovo a raccontarla quasi con vergogna: le serate tra avatar nella realtà virtuale, il mio lavoro che non ho potuto scegliere, il mondo esterno in cui non posso uscire se non protetta e correttamente equipaggiata. Persino Qj ora mi fa pena, dato che evidentemente gli ho attribuito delle emozioni che lui non può provare, credendo che mi volesse bene davvero. Lei invece rimane favorevolmente stupita dalle tecnologie di Torino Nuova e si complimenta per i progressi molto utili che siamo riusciti a fare. Il macchinario per le cure, dice lei, sarebbe molto amato da tutti nell'oltre collina e persino le macchine stampa-pietanze che supervisiono a lavoro la incuriosiscono. Mai avrei potuto immaginare che parlare con un'Eretica sarebbe stato così piacevole.

Maria, dopo avermi raccontato anche degli uccellini e degli stagni, mi chiede dove si trova questo macchinario che lei non riesce a vedere nella grande e unica camera dove vivo. Io, allora, mi faccio triste e mi trovo costretta a rivelarle che non esiste. Gli ospedali ci sono ancora, ma vi si può accedere solo tramite il chip identificativo impiantato sotto la pelle del dorso della mano che abbiamo tutti. Lei quindi non ha mai avuto speranze di curarsi qui in città, ma ho voluto approfittarne per scambiare due chiacchiere con un'Eretica.

A questo punto, Maria crolla in un pianto ancora più disperato di quello a cui avevo assistito in strada pochi minuti prima. Mi insulta e mi minaccia, fa qualche passo indietro, tenta di scappare dalla porta d'ingresso, forse per correre via alla breccia nella bolla e tornare a casa sua. Faccio appena in tempo a bloccare con gli screenglass la porta e le finestre e in fretta do il comando di eliminazione a Qj, che obbediente come sempre esegue l'ordine. Mi avvicino a quello che fra poco sarà il cadavere di Maria e le dico «Cara Eretica, tu non avevi un futuro, io sì, e da te si vive molto meglio che a Torino Nuova. Voglio anche io quello che hai avuto tu, ma in due non saremmo potute uscire dalla bolla: il counter non mente. Tu rimarrai qui con Qj che veglierà sul tuo corpo, fino a quando, fra qualche giorno, i miei superiori a lavoro si insospettiranno e manderanno gli androidi a cercarmi. Allora sarà un problema che non mi riguarderà più. Addio amica, porterò i tuoi saluti ai tuoi genitori e alla tua gente».

Superata la bolla, per la prima volta nella vita, Xhy7 riuscirà a respirare senza maschera protettiva fuori casa, vedrà il cielo azzurro di primavera e inizierà il cammino che la porterà verso un'esistenza che fino a quel momento non le era stato nemmeno concesso di sognare.

2.4. *Stefano Ambrosini,* Il giudice

«Il cuore ti batteva forte nel petto mentre muovevi il primo passo verso la giornata odierna (+5). Hai scelto un passo semplice, tanto per iniziare, uno cominciato con un controllo della temperatura all'esterno delle lenzuola e terminato con fermezza sulla quarta piastrella a destra dalla porta d'ingresso della camera da letto (+1). Hai scelto una colazione salata per evitare il picco glicemico e il suo conseguente inabissarsi (-2), oltre che abbondante per prevenire la possibilità di non poter pranzare prima delle 15 di pomeriggio (+1). Ti sei rasato la barba con una lametta di una marca economica e poco affidabile (+3), poi ti sei fatto una doccia tiepida (+1) con una spugna arancione (-1), hai usato un doccia schiuma al profumo di eucalipto (+2) e ti sei asciugato con un telo in microfibra (+3). Non sei riuscito ad andare di corpo (+1). Ti sei vestito il 42% più elegante del solito (-3), impiegando tuttavia il 213% del tempo in più per scegliere dettagli come scarpe, cintura e porta-chip (+5). Uscendo di casa, il tuo battito cardiaco è notevolmente accelerato (+2), hai rischiato di farti investire al primo attraversamento pedonale senza neanche accorgertene (+1). Hai scelto come mezzo di trasporto la macchina (+1) pur essendo essa in riserva (+2) da oltre una settimana (+2). Hai guidato nervosamente (+3) per tutto il tragitto, commettendo sette infrazioni minori del codice della strada (+3) e due maggiori (+3). Hai fumato cinque sigarette (+2) di marca Gauloises (-1). Hai comprato un pacchetto di tic-tac (-1) all'anguria (+3) e ne hai mangiate oltre la metà (+5). Sei entrato nel tribunale sudando (+5) e salutando chiunque incrociassi (+1). Sei entrato nell'esaminatore preliminare all'udienza con una combinazione di pressione sanguigna, battito cardiaco, frequenza respiratoria e postura del corpo classificabile come Omega9bis (+5). Ti sei messo le dita nel naso tre volte durante la procedura (-1). Il risultato è una percentuale del 51% di possibilità di colpevolezza per l'omicidio di Giuseppe Fumagalli. Questo dato è stato comunicato alla giuria. Adesso puoi disconnettere il tuo chip e accedere all'aula.»

Allontano il braccio dal lettore e sento il sangue defluire dal mio volto lasciandomi completamente pallido. Le porte davanti a me si schiudono lentamente, e tutta l'aula del tribunale si volta a fissarmi, mentre la voce dell'intelligenza artificiale mi rimbomba nelle orecchie con la sua sentenza basata sulle precedenti due ore della mia giornata. Sento le gambe molli, e le orecchie mi fischiano terribilmente. Una donna si sta avvicinando, credo per chiedermi se mi senta bene. Scandisce delle parole che però non comprendo, sempre più sopraffatto dalla nausea. Mi accorgo di essermi lasciato cadere sulle ginocchia quando due guardie mi sollevano, trascinandomi via.

Quando riprendo i sensi, mi trovo in bagno, mezzo nudo e bagnato dalla testa ai piedi. Mi guardo intorno come se non avessi memoria degli ultimi minuti, ma so di essermi vomitato addosso e di essere stato lavato dalle guardie giurate del tribunale. La stessa donna che mi era venuta incontro in aula è seduta davanti a me, mi sta chiedendo ripetutamente scusa, alternando domande preoccupate sul mio stato di salute e frasi rassicuranti sui paramedici in arrivo. Il processo è rinviato, mi dice, non essendoci alcun altro giudice disponibile oltre a me. Le chiedo chi sia e mi spiega di essere l'ingegnere che si occupa dell'intelligenza artificiale che esamina imputati e testimoni all'inizio di ogni processo, e che, dal momento che dall'ingresso principale sarebbe dovuto entrare solo l'imputato, aveva già programmato l'IA sui suoi parametri, senza prevedere che il sottoscritto, arrivando in ritardo, avrebbe preferito entrare da quella stessa porta anziché fare il giro lungo. Me ne parla ridendo, come un equivoco spassoso. Ma lei non ha mai fatto il mio lavoro e non si è mai trovata, per errore, dal lato sbagliato di un'aula. Le chiedo come facesse l'IA a determinare che la mia dipendenza da tictac all'anguria fosse riconducibile a una maggiore propensione all'omicidio premeditato, ma il suo sguardo mi riempie ancor più di domande. Mi spiega che in teoria l'IA non parla, analizza e comunica la percentuale alla giuria in silenzio, e che non è suo compito stabilire o leggere i percorsi decisionali dell'IA. Il suo mestiere consiste di fatto nell'assicurarsi che non abbia più accesso agli altoparlanti della sala per le analisi processuali preliminari. Mentre i paramedici, giunti nel frattempo, la ringraziano e la allontanano, non posso fare a meno di chiederle chi, di grazia, si occupi dunque di controllare e organizzare i processi decisionali dell'intelligenza artificiale.

«Vostro onore, se ne occupa l'IA stessa, da circa due anni.»

In ospedale tutto ciò che mi viene detto dal computer dopo aver letto il mio chip è di tornare a casa e riposarmi, facendo attenzione alla dieta. Mi fornisce inoltre un elenco di psicoterapeuti esperti nei coping mechanism per affrontare il senso di colpa. Chiedo di parlare con un essere umano per sapere cosa possa prendere per la nausea, ma il portale procede a stampare nuovamente l'elenco di psicoterapeuti. Noto che, a differenza dell'elenco precedente, questi sono tutti esseri umani. Decido di tornare a casa, ma non riesco a distrarmi dal senso di angoscia che mi perseguita: ho bisogno di andare nel mio studio per sapere che i miei giudizi, negli ultimi due anni, sono stati appunto miei. Passo così la notte a rileggere ogni condanna e ogni assoluzione che ho comminato, partendo da ancor prima che l'IA divenisse muta e autonoma. Cinque anni fa analizzava il tasso di alcolismo medio in un imputato di omicidio stradale. Quattro anni fa mi aveva suggerito che il 63% degli uomini con un passato da tossicodipendenti finiva con il picchiare la moglie, ma avevo potuto mettere da parte questa statistica e basarmi solo sulle prove. Tre anni fa mi aveva aiutato a scagionare una ragazza da un'accusa di spaccio analizzando al posto mio enormi moli di dati sui movimenti e sulle frequentazioni della ragazza. Poi, senza che me ne fossi accorto, evidentemente aveva cominciato a comunicare a me e alla giuria una semplice percentuale di colpevolezza, sempre meno approfondita, sempre più comoda. Dentro di me avevo iniziato a dare per scontato che ci fosse una squadra di giuristi, filosofi, ingegneri ed esperti di ogni campo tecnico ed etico, sviluppando nei suoi confronti la stessa curiosità mediocre che si sviluppa nei confronti delle conoscenze inutili e complicate, come il funzionamento della bomba atomica per il pilota di Enola Gay. Immagino gli avessero anche dato qualche spiegazione su come funzionava l'ordigno, ma perché scervellarsi dietro a dettagli che rendono solo più complicato l'atto già di per sé complesso di pilotare un aereo in tempo, in una zona di guerra? D'altronde, nel mio codice biologico c'è scritto che devo ottenere la massima resa con il minimo sforzo e chiunque abbia programmato la razza umana non ha mai pensato che avrebbe funzionato così bene da eliminare del tutto la componente più importante per la sua sopravvivenza: la stessa capacità di fare fatica, mentalmente e fisicamente.

Dilemmi del genere mi accompagnano tutta la notte, ma per quanto mi sollevi realizzare che anche senza considerare i suggerimenti dell'AI avrei dato le medesime condanne negli ultimi due anni, non riesco a sentirmi in pace. Cosa mi dice che la mia mente sia ormai troppo plagiata dalla comodità dell'intelligenza artificiale? Come posso essere certo di non stare includendo neanche in minima parte l'intelligenza artificiale persino nel mio processo decisionale a posteriori? Basta il minimo dubbio di aver dato un solo giorno di carcere in più a qualcuno sulla base inconsapevole di analisi assurde a farmi mettere in discussione il mio intero operato, la mia intera carriera.

Passo l'intera mattinata seguente a cercare l'ingegnere che mi aveva assistito il giorno prima, telefonando a tutto il tribunale. Una volta trovata la donna, fisso l'appuntamento nel pomeriggio, per poi trascorrere il tempo residuo nella rilettura di alcuni casi più recenti in cui l'IA aveva espresso una possibilità di colpevolezza decisamente elevata o ridotta; trattandosi di persone ancora in attesa di un'udienza definitiva, comprendere l'IA in relazione alle loro vicende è la mia priorità assoluta. Dopo poche ore di studio, mi presento nell'ufficio dell'ingegnere. È sorpresa di vedermi e si preoccupa principalmente delle mie condizioni di salute, ma riesco ad arrivare al punto. Mi fornisce vari dati sull'intelligenza artificiale e sul suo impiego nella società, specificamente nei processi. Mi spiega che l'IA ha una precisione del 95% in ambito giuridico. Analizza le prove, il passato dell'imputato, le dichiarazioni durante i dibattimenti e confronta ogni dettaglio con una banca dati immensa a velocità istantanea. La costruzione del mio stato di colpevolezza non era nient'altro che un bug dovuto all'inserimento dei miei dati personali nella sezione sbagliata della banca dati. Non sa spiegarmi in quale sezione della banca dati non dare la precedenza a un ciclista fa aumentare la probabilità di colpevolezza in un omicidio premeditato, ma mi assicura che l'intelligenza artificiale è costantemente testata per garantirne la massima efficacia e i dati elaborati il giorno prima per errore su di me potevano essere il risultato di un calcolo troppo lungo e complesso per essere espresso a voce. Le chiedo come fa a fidarsi di tali controlli, e da chi sono eseguiti, ma risponde ridendo che, come già anticipato ieri, l'intelligenza artificiale del tribunale è affiancata da un'altra intelligenza artificiale che si occupa della manutenzione. Cerco di risalire questa piramide di strutture ricorsive, ormai intenzionato a capire a che altezza si trovi il primo essere umano attivamente incaricato di controllare le intelligenze artificiali, ma ciò che ottengo sono solo risatine e risposte ovvie per gli addetti ai lavori. Non vi è nessuna piramide, ma forme circolari di IA che si occupano di altre IA reciprocamente, a volte in maniera più diretta, altre formando catene di controllo lunghe e complesse. Per esempio, e sembra appassionare e divertire parecchio la mia interlocutrice, l'IA che gestisce ormai l'intero apparato del marketing di McDonald's si appoggia a un'IA che da un lato controlla il politically correct delle pubblicità e dall'altro si assicura che determinati posti di lavoro restino luoghi sani per le minoranze, assumendo e licenziando i dipendenti di varie aziende, sulla base anche dei dati forniti dall'intelligenza artificiale dell'ISTAT, nella quale convergono tutte le intelligenze artificiali a servizio di apparati statali. Vorrei dire qualcosa di indignato, di arrabbiato, ma l'ingegnere mi interrompe. Capisce come mi sento e che per un non addetto ai lavori possa tutto sembrare un enorme imbroglio capitalista per manipolare miliardi di clienti e che i colossi dell'economia non dovrebbero per nessun motivo al mondo avere accesso ai server della polizia, delle poste, del tribunale, della banca nazionale. Le chiedo di spiegarmi come sia la situazione in realtà, ma scuote le spalle. Dice che il punto non è se sia o non sia esattamente come sembra, il punto è che, grazie all'IA, è tutto più semplice, comodo, veloce. Mi mostra con aria affascinata come tra pochi mesi l'intero apparato burocratico sarà gestito dall'IA, e si potrà richiedere l'ISEE davvero solo con un clic, perché il database statale saprà già in che fascia ci troviamo; ogni abbonamento al trasporto pubblico, ogni carnet di ingressi al cinema, ogni patente, ogni permesso sarà inserito nel chip sul polso che già tutti abbiamo; voteremo tramite applicazione sullo smartphone e tutti saranno costretti a pagare le tasse, perché sparirà il contante. Da parte mia, c'è solo inquietudine. Non comprendo bene da dove mi derivi, ma sento che tutto questo è sbagliato. Che le megacorporations ne approfitteranno per arricchirsi sulla pelle e sulla dipendenza dalla comodità della povera gente. O forse è la percezione di un potenziale enorme per un'umanità migliore che però ha appunto nuovamente confuso la definizione di bene con quella di semplice. Che si è di nuovo rassegnata a usare una tecnologia senza prima averla compresa a fondo, né dal punto di vista tecnico, né da quello etico. E io mi sento parte di ogni implicazione negativa e pericolosa che mi viene in mente.

Quando esco dallo studio dell'ingegnere, ho con me più libri di quanti mai ne abbia dovuti leggere tutti insieme dai tempi dell'università; non credo si possa fuggire dal progresso né che lo si possa fermare. Però lo si può comprendere, lo si deve comprendere. La mia intenzione è di avere fiducia in esso, non fede: la differenza è la stessa tra la ponderazione e la cecità, e in questa differenza risiede ciò che è al servizio dell'uomo e ciò di cui l'uomo è servo. Vi è la differenza tra uno studente di teologia e un fanatico religioso. Forse è tardi, forse l'umanità ha di nuovo perso l'occasione di essere migliore. Ma dieci anni fa quest'occasione si è presentata, come se ne erano presentate infinite altre ancora prima. Significa che ce ne saranno altre ancora, nuove tecnologie che ci chiederanno di essere implementate e poi comprese, una volta diventate tanto abitudinali da essere irremovibili. Un giorno la tecnologia salverà l'umanità, la renderà equa, proteggerà i deboli e garantirà giustizia: sarà quando il progresso tecnologico andrà di pari passo con quello culturale.

3. *Alcune considerazioni sull'utilizzo dei nostri modelli*

Come abbiamo anticipato, i quattro racconti che abbiamo selezionato sono stati scelti per esemplificare l'utilizzo dei modelli semiotici per la costruzione dei discorsi sul futuro, che abbiamo presentato nel capitolo 2. Come riteniamo sia abbastanza evidente, *Delivery* di Silvestro Pizzati è un'interessante riflessione sulle prevedibili conseguenze dell'individualismo di matrice tecno-lineare verso il quale, secondo lo stesso Pizzati, andremmo incontro. *Teodicea di un CEO* di Luca Paiani, invece, è una complessa ricognizione delle sfumature religiose della "fede" che, secondo molti studiosi (Balbi, op. cit.; Sadin, op. cit.; Singler, 2024), oggi ci legherebbe alle nostre tecnologie digitali, operata per mezzo dell'incrocio tra il nostro modello della società responsabile, ancora una volta tecno-lineare, e quello antagonista. *Doppio domani* di Elena Gobbi, piuttosto, è una rappresentazione dello scontro tra due forme di tribalismo, uno mitizzante e l'altro di nuovo tecno-lineare. *Il giudice* di Stefano Ambrosini, infine, è un affondo su ciò che si deve fare, quando si desidera costruire un mondo inclusivo ricorrendo al modello valoriale e opponendosi, allo stesso tempo, a un utilizzo mono-prospettico di alcune tecnologie che possono influire nientemeno che sulla libertà delle persone (O'Neil, op. cit.; Fry, op. cit.; Kaplan, op. cit.).

Da un punto di vista molto generale, come forse è normale che sia, visto che gli autori di questi racconti sono ragazzi e ragazze di vent'anni che sono stati sollecitati e sollecitate a pensare al loro futuro, sullo sfondo delle loro riflessioni c'è quasi sempre la domanda alla base di tutte le lezioni che hanno seguito, nonché della maggior parte della letteratura scientifica e di finzione sul digitale contemporaneo, vale a dire se quest'ultimo sia effettivamente uno *strumento di empowerment individuale e collettivo*, che consentirà a tutti di realizzarsi, trovando ognuno la propria strada, oppure una *tecnologia che produce alienazione*, imponendoci valori che non ci appartengono e condizioni nelle quali, in realtà, non vorremmo vivere. Le risposte, come si è potuto osservare, sono varie e sfaccettate.

I protagonisti di *Delivery*, per esempio, sembrano felici di poter condurre le loro esistenze in perfetto isolamento, relazionandosi direttamente solo con le macchine e, tra di loro, attraverso avatar, assistenti virtuali, eccetera. In questo scenario alla *Black Mirror* (UK, 2011 – in produzione), una serie televisiva da cui sicuramente gli studenti e le studentesse hanno attinto, il figlio va a trovare i genitori, che gli dimostrano affetto ma non hanno né tempo né voglia di incontrarlo di persona, troppo indaffarati a soddisfare i propri desideri individuali, tra corsi di yoga e altre amene attività. Due potenziali amanti non pensano nemmeno lontanamente di sperimentare la "multi-prospetticità" di un appuntamento dal vivo, limitandosi a progettare di fare sesso a distanza. Anche uscire di casa per andare a lavorare, un'opzione assolutamente facoltativa, dato che i droni possono svolgere altrettanto bene e forse più velocemente il medesimo compito, non serve per interagire con gli altri, ma solo per soddisfare la propria personale esigenza di muoversi un po', sentendo il vento e le gocce di pioggia sulla pelle. Anche se l'ambientazione di questo racconto è molto oscura, velata di una tristezza un po' metallica, al suo interno vengono sottolineati anche diversi vantaggi della condizione immaginata dall'autore, come il fatto che, per esempio, la natura – ricordando un altro classico della fantascienza come *L'esercito delle 12 scimmie* (USA, 1996), ma anche ciò che abbiamo visto accadere durante i lockdown in occasione della pandemia di Covid-19 – si è ripresa la città, tornando sana e rigogliosa.

I lati positivi del modello tecno-lineare vengono esplorati anche in *Teodicea di un CEO* e *Doppio domani*, ma questa volta concentrandosi, come del resto fanno diversi autori, tra cui Harari (2015), sul calcolo dei costi e dei benefici, di natura prettamente utilitaristica, che si può portare avanti quando ci si domanda cosa si può ottenere e a cosa si deve rinunciare, quando si decide di lasciarsi sorvegliare dalle tecnologie digitali contemporanee, nonché, ovviamente, dai loro padroni. Entrambi gli studenti che hanno scritto questi due racconti, in maniera appropriata, fanno riferimento alla fede religiosa. In effetti, come sostiene Sadin (op. cit.), decidere di demandare la capacità *aletheica* – vale a dire la facoltà di affermare il vero sul mondo – a una macchina, significa riconoscere a quest'ultima una competenza che molte società del presente e del passato hanno ritenuto appartenesse agli dei o ai loro emissari in Terra. Vuol dire rappresentare, in sostanza, la convinzione, molto tipica della contemporaneità, che la natura soggettiva dell'esperienza che è consentita agli uomini rende il loro giudizio inaffidabile, dunque sarebbe meglio rivolgersi ai sensori di uno strumento informatico e alle capacità di quest'ultimo di processare i dati che raccoglie in maniera impersonale. Così, grazie alla sua sovrumana potenza di calcolo e alla sua capacità, invero un po' magica, dato che gli stessi ingegneri che producono questo tipo di tecnologie sostengono di non sapere con precisione come esse arrivino a generare i loro risultati (Pasquale, 2015), questa tecnologia può rivelarci le leggi su cui si fonda la realtà, che altrimenti ci resterebbero oscure, elevandoci al grado di divinità. Eppure, sia Paiani, sia Gobbi, nelle loro brevi opere, sottolineano che anche la decisione di abbandonarsi docilmente al giudizio di un dio o di un leviatano digitale, naturalmente giustificata dal fatto che lo si ritiene capace di prendersi la responsabilità del nostro destino e di quello della natura in cui viviamo, richiede una fortissima componente di *libero arbitrio*: i protagonisti di *Teodicea di un CEO* vi rinunciano liberamente, appunto (tranne la figlia di Elon Page, e non è cosa da poco), mentre i "collinari" di *Doppio domani* compiono la scelta opposta, nella fiducia, ancora una volta fideistica, che la loro natura "divina" gli consentirà comunque di capire come stanno davvero le cose, dato che, in fondo, sono stati messi "al centro dell'universo". In effetti, come sostengono moltissimi osservatori, per esempio nella narrativa di genere "factual" sull'IA (Sadin, op. cit.; Rocca, 2024), ma anche nella fiction sul medesimo argomento (*I Am Mother*, Australia, 2019), decidere che è più conveniente abbandonarsi al giudizio di una potentissima macchina, invece di scegliere autonomamente il proprio destino, ha molto a che vedere col "mito fondativo" dell'umanesimo, che oggi, secondo alcuni, verrebbe messo in discussione dal nostro amore acritico verso la tecnologia.

Ancora una volta, su questi temi, i racconti degli studenti e delle studentesse sono molto complessi nella loro struttura, dimostrando che i ragazzi e le ragazze immaginano un futuro dalle tinte non troppo chiare, ma sicuramente interessante. Paiani e Gobbi sembrano ritenere, infatti, che rinunciare ai benefici delle tecnologie digitali per una presa di posizione ideologica sarebbe sbagliato: Maria, in *Doppio domani*, muore per questo, così come l'eroina di *Teodicea di un CEO*. Però si intuisce anche che il loro libero arbitrio è qualcosa di buono, che deve essere preservato. Inoltre, la loro attitudine al confronto multi-prospettico, più o meno indotto dalle situazioni in cui si vengono a trovare, sembra indicare una via d'uscita dall'aporia in cui finiscono invischiate.

Questo diventa ancora più evidente, in effetti, ne *Il giudice*, dove il protagonista fa esperienza di uno scambio di persona che gli apre gli occhi su cosa succede quando, senza pensarci troppo, egli si serve dell'intelligenza artificiale per decidere rapidamente a chi riconoscere la libertà e chi condannare. Egli comprende che la combinazione di una serie di variabili numeriche calcolate dalla macchina, il cui significato gli appare oscuro, se non addirittura assurdo, lo induce a sfavorire qualcuno a favore di qualcun altro. Forse, come si evince dal racconto di Ambrosini, questo è insito nell'esperienza umana, dato che nessuno è davvero del tutto consapevole dei passaggi logici ed emotivi che lo conducono a operare certe scelte, eppure si può e si deve tentare, secondo lo stesso Ambrosini, di combattere contro ogni forma di discriminazione, anche se questo impone, in questo caso, di rallentare i processi giudiziari. Naturalmente, conoscendo i meccanismi del capitalismo o degli altri regimi politici contemporanei, è forse utopistico pensare di opporvisi. Però, a parere di chi scrive, è importante che gli studenti e le studentesse si domandino come fare. Essi ed esse, com'è evidente già nelle opere che abbiamo riportato in queste pagine – ma possiamo garantire che queste ultime sono uno spaccato piuttosto rappresentativo delle tante altre che abbiamo ricevuto – sembrano ormai non voler più chinare la testa di fronte a una società che appare loro "alienante", capace di favorire grazie alla tecnica gli individui, le istituzioni o le "tribù" che già vi dominano (tra le analisi sul digitale che abbiamo riassunto all'inizio di questo capitolo, quella da loro più condivisa è evidentemente la visione di Zuboff sul totalitarismo strumentale in cui oggi vivremmo). Ragionare insieme su come pensarne e rappresentarne un'altra – anche solo immaginando di ritornare a un passato più a misura d'uomo, come in *Doppio domani*, oppure organizzando la resistenza allo strapotere delle multinazionali, come in *Teodicea di un CEO*, oppure, ancora, prefiggendosi semplicemente di studiare di più e meglio, come ne *Il giudice* – ci pare un compito fondamentale e questo libro, dopo il nostro corso universitario, ci sembra una buona occasione per mostrare come farlo.

Capitolo 4
Worldbuilding ed esperimenti transmediali

1. *Costruire mondi per sperimentare i futuri*

Come si è potuto constatare, i modelli semiotici che abbiamo presentato nel capitolo 2 possono essere utilizzati sia per comprendere il significato della visione del mondo espressa nei discorsi sul futuro da parte degli autori di vari tipi di testi, sia come strumento per strutturare ed esprimere il proprio pensiero, quando si è chiamati a immaginare l'avvenire. In particolare, nei racconti degli studenti e delle studentesse dell'università di Torino che abbiamo riportato nel capitolo precedente, risulta evidente come tali modelli possano costituire la base per la costruzione di quelli che, in semiotica e in filosofia, si definiscono *mondi possibili* (Hintikka, 1973; Eco, 1979; Pavel, 1986), rappresentazioni di realtà alternative rispetto alla nostra, la cui logica di funzionamento, allo stesso tempo, prende spunto e si distacca da essa. Data la natura del futuro, che come abbiamo scritto più volte è qualcosa di cui non possiamo fare esperienza se non col pensiero e parlandone, la nozione di "mondo possibile" può rivelarsi molto importante, per comprendere i meccanismi che ci conducono a concepirlo e a descriverlo in maniera tale da poterlo condividere con gli altri.

In questo capitolo, intendiamo occuparci di un tipo di attività molto specifica di costruzione di mondi possibili, il cosiddetto *"worldbuilding"*. Come mostreremo meglio tra poco, si tratta di una pratica nata nel settore dell'intrattenimento, dove alcune opere di finzione molto fortunate, come per esempio il film di George Lucas intitolato *Star Wars* (USA, 1977), hanno dato origine a una lunga serie di altri contenuti, tra sequel e prequel cinematografici, romanzi, enciclopedie, videogiochi, cartoni animati, fumetti e quant'altro. Questo fenomeno, che in sostanza consiste nell'espandere e nell'esplorare le potenzialità narrative di un mondo creato ad arte in un testo originario, necessita evidentemente di poter essere controllato, per fare in modo che tutte le opere derivate mantengano una certa coerenza con quella di partenza, ma anche tra di loro, pur distinguendosi ognuna per la sua particolare innovatività. A questo scopo, sono invalse alcune buone pratiche, descritte in diversi manuali (Giovagnoli, 2013; Gavatorta, Milanesi, 2019), ma vengono anche condotte molte ricerche da parte di studiosi di teoria della narrazione e del cosiddetto *"transmedia storytelling"* (Jenkins, 2006; Rose, 2011; Scolari, 2013; Bertetti, 2020), vale a dire quella forma di racconto che, nel panorama mediatico contemporaneo, si sviluppa servendosi di mezzi di comunicazione diversi (il cinema, la televisione, la carta stampata, internet, la radio, eccetera).

Uno degli aspetti più interessanti dell'odierno *worldbuilding* è il fatto che chi vi si cimenta è solito cercare di "sfondare la quarta parete", come si direbbe nel teatro, progettando esperienze comunicative – spesso sotto forma di gioco – che consentano agli amanti di un certo mondo di finzione di entrarvi letteralmente dentro, sperimentandolo in prima persona con il loro corpo. Gli escamotage, a questo scopo, possono essere diversi e li esemplificheremo tra poco. Ciò che però ci interessa sottolineare subito è che, quando questa pratica viene portata avanti attorno a un racconto, un romanzo, un film o un videogioco sul futuro, la visione che dell'avvenire viene comunicata attraverso questi testi entra direttamente in contatto con la realtà in cui vivono i loro destinatari, in una forma molto diversa da come avviene quando si legge un libro, si va al cinema o si maneggiano personaggi digitali attraverso uno schermo, tramite alcune interfacce. È come se il mondo possibile che si riconosce come significativo e che, per questa ragione, si desidera conoscere meglio, esplorandolo e stando di più al suo interno, "tracimasse" in quello reale, in un cortocircuito particolarmente informativo. Si verifica, dunque, un fatto molto importante, per chi si occupa di *futures studies*: il futuro può essere provato sulla propria pelle, con tutte le conseguenze che questo può comportare, in termini di comprensione, ma anche di condivisione del suo significato. Sicuramente, affinché un certo modo di concepire il domani si realizzi, è necessario prima pensarlo. Ma se dopo averlo concepito lo si è anche sperimentato, trovandolo sensato, letteralmente, anche con i propri sensi, esso si troverà ancora più vicino a concretizzarsi.

Nelle pagine che seguono, dunque, intendiamo rendere conto di come abbiamo messo in pratica queste idee sulla concretizzazione, per mezzo del *worldbuilding*, dei mondi possibili generati a partire da racconti sul futuro particolarmente significativi, in un altro esperimento che abbiamo condotto con un gruppo di studenti e studentesse, questa volta al Politecnico di Torino, insieme a Domenico Morreale, Franco Ricciardiello ed Elisa Roscelli. Dopo avere inquadrato questo lavoro e aver reso conto dei risultati prodotti, mostreremo come tutto questo possa essere collegato agli strumenti semiotici che abbiamo descritto nei capitoli precedenti.

2. Worldbuilding *e scenari di futuro[1]*

2.1. *Il* worldbuilding *transmediale per la progettazione e la fruizione di scenari futuri[2]*

Il *worldbuilding*, come anticipato nel paragrafo precedente, è una strategia di design che consiste nella costruzione di mondi narrativi. Questa pratica nasce nel contesto della comunicazione transmediale, un ambito in cui la convergenza di media diversi consente di creare esperienze narrative complesse e interconnesse[3]. L'importanza del *worldbuilding* risiede nella sua capacità di offrire una struttura coerente e immersiva che può essere esplorata attraverso diversi canali comunicativi, ciascuno dei

---

[1] Questa parte del nostro libro è a cura di Domenico Morreale e Franco Ricciardiello.

[2] Il presente paragrafo è stato redatto da Domenico Morreale.

[3] Per un'introduzione al concetto di transmedialità si vedano i saggi Bernardo, N. (2017). *Transmedia 2.0. Brand, storytelling, entertainment*. Armando. Roma; Bertetti, P. (2020). *Che cos'è la transmedialità*. Carocci. Roma; Giovagnoli, M. (2013). *Transmedia. Storytelling e comunicazione*. Apogeo. Milano; Jenkins, H. (2003, January). Transmedia Storytelling. Moving characters from books to films to video games can make them stronger and more compelling. *MIT Technology Review*; Jenkins, H. (2006). *Convergence Culture. Where Old and New Media Collide*. University Press. New York. (Ed. it. *Cultura convergente*. Apogeo, 2007. Milano); Pratten, R. (2011). *Getting Started in Transmedia Storytelling. A Practical Guide for Beginners*. CreateSpace. Scotts Valley, CA; Scolari, C. A. (2009). Transmedia Storytelling: Implicit Consumers, Narrative Worlds, and Branding in Contemporary Media Production. *International Journal of Communication*, 3, 586-606.

quali arricchisce e completa l'esperienza globale. In questo saggio, esploreremo come il *worldbuilding* transmediale possa essere utilizzato per la progettazione di scenari futuri, basandoci sull'esperienza dei laboratori di progettazione transmediale condotti presso il Politecnico di Torino, nel corso di laurea in *Ingegneria del cinema e dei mezzi di comunicazione*. Nel corso dell'anno accademico 2022-2023, nell'ambito dell'insegnamento di *Transmedia*, studentesse e studenti hanno collaborato con Forwardto, Solarpunk Italia e Delos Digital per realizzare il progetto *#solAR-Gpunk*. Questo progetto ha visto la creazione di *Alternate Reality Games* (ARG), giochi narrativi e transmediali che, attraverso il *worldbuilding*, hanno reso immersivi gli scenari futuri ispirati ai racconti di fantascienza di dieci autori presenti nelle antologie edite da Delos Digital. Ciò che segue ripercorrerà l'esperienza maturata durante questi laboratori, mostrando come il *worldbuilding* transmediale possa essere uno strumento per la creazione di prototipi immersivi capaci di rendere esperibili i futuri possibili[4].

La transmedialità è una condizione in cui tutti noi siamo immersi[5]. Le società mediali sviluppano costantemente progetti di comunicazione che usano in modo coordinato e complementare più canali comunicativi. Dalla fine del secolo scorso, processi di acquisizione mediale hanno portato al consolidamento di imprese multinazionali come Disney o Warner, che hanno interessi in diversi comparti (editoria, cinema, parchi tematici…) e hanno cominciato a sperimentare logiche di produzione capaci di superare le strategie classiche della trasposizione e dell'adattamento (ad esempio la traduzione di un libro, di cui si acquistano i diritti, in un film). Hanno cominciato a ragionare in termini di complementarità tra i canali: attorno ad una serie tv, ad esempio, si realizza una serie di libri che racconta le storie passate dei personaggi principali della serie (come è avvenuto per la serie *Stran-*

---

[4] Per una sintetica descrizione del progetto si veda la pagina: https://www.polito.it/ateneo/comunicazione-e-ufficio-stampa/poliflash/ingegneria-e-fantascienza-si-confrontano-presentati-i (ultima consultazione 20 settembre 2024).

[5] Si veda Leonzi, S. (2017). La condizione transmediale. In N. Bernardo (Ed.), *Transmedia 2.0. Brand, storytelling, entertainment* (pp. 7–20). Roma, Italy: Armando.

ger Things[6]). In questo modo il pubblico è interessato a fruire sia della serie e anche dei libri, perché raccontano storie diverse ma ambientate nello stesso mondo. Ecco l'importanza del *worldbuilding* per i media contemporanei: creare mondi esplorabili attraverso diversi media, che possano ospitare storie diverse ma intrecciate. Le competenze di progettazione di mondi narrativi consentono di avere strumenti per dare concretezza a scenari che possono avere a che fare con il presente o con il futuro.

Nel mondo narrativo che costruiamo attraverso il *worldbuilding* ci sono personaggi, luoghi, ma anche oggetti, manufatti. I manufatti e gli artefatti sono oggetto di studio da parte di storici, antropologi, sociologi, perché da un artefatto è possibile scoprire molte cose della società che lo ha prodotto. Gli artefatti fanno parte della cultura materiale di una civiltà, rappresentano l'aspetto visibile della cultura. Statue, oggetti di design, strumenti, incarnano valori, memorie, credenze della cultura in cui sono stati prodotti. L'artefatto è un'opera che deriva da un processo trasformativo, intenzionale, da parte dell'uomo. Quando noi progettiamo un nuovo artefatto che pensiamo possa essere usato in uno specifico mondo narrativo, stiamo creando un artefatto narrativo. Creare artefatti narrativi è un modo diverso per raccontare un mondo finzionale. Non attraverso una storia ma attraverso un oggetto.

L'artefatto narrativo sviluppato a Milano per il lancio della seconda stagione di *Stranger Things* è un esempio di come si possa giocare con il design di oggetti e ambienti per rendere esplorabile un mondo. Una cabina telefonica ricoperta della sostanza organica che nella serie tv denota il passaggio al *sottosopra*, quella dimensione alternativa che, nel mondo finzionale, è accidentalmente entrata in contatto con il nostro mondo a seguito degli esperimenti presso il laboratorio nazionale di Hawkins. Vicino alla cabina, un pannello che avvisa il pubblico di un'operazione di manutenzione straordinaria. Il pannello riporta anche un numero di telefono che se chiamato consente di ascoltare un messaggio preregistrato da parte di uno dei protagonisti della serie e

---

[6] Galeone, S. (2019). *I tre libri per conoscere la serie TV di Stranger Things* su https://libreriamo.it/, 4 luglio 2019 (ultima consultazione: 31 agosto 2014).

di ricevere una mappa delle altre installazioni sparse per la città. I riferimenti ai personaggi, ai luoghi, all'estetica della serie televisiva sono resi attraverso il design di un artefatto narrativo. Quella cabina vive nella narrazione di *Stranger Things* ma rompendo la quarta parete, che separa la finzione dalla realtà, fa irruzione nella quotidianità di Milano e consente ai passanti di diventare i protagonisti di una piccola avventura urbana[7].

Un artefatto narrativo, se vive in uno scenario progettato per raccontare un futuro possibile, diventa un prototipo di futuro. Il prototipo è un modello esemplare di un artefatto e rende tangibile un possibile prodotto. Ma se parliamo di un prodotto che immaginiamo essere utilizzato in un possibile futuro, ecco che ci troviamo di fronte ad un prototipo di futuro. Il prototipo incarna la cultura e i valori di quel futuro e li rende esperibili nel presente. È un oggetto immersivo, nel senso che connette due mondi, il nostro presente e il futuro da cui è stato estrapolato. Per riprendere uno dei principi del transmedia storytelling analizzati da Henry Jenkins, l'artefatto narrativo opera sull'*extractability*, ovvero sul portare elementi del mondo finzionale all'interno del mondo reale (attraverso oggetti fisici che potrebbero esistere nell'universo narrato), così da rendere esperibili fisicamente elementi del mondo immaginario[8].

I prototipi di futuro possono sollecitare provocatoriamente interrogativi sulle caratteristiche della realtà che incarnano. Possono essere, dunque, prototipi *ribelli,* che rifiutano di sottomettersi, che resistono o combattono imposizioni esterne. Sono prototipi che si oppongono a futuri indesiderati, incorporandone le minacce, i disvalori, suscitando dubbi, perplessità o rabbia nei confronti dei fattori che hanno portato alla concretizzazione di quel futuro.

---

[7] Per una trattazione più approfondita dei progetti transmediali descritti nel saggio, si può fare riferimento agli studi di caso affrontati nei seguenti volumi: F. Gavatorta, R. Milanesi, *Transmedia Experience. Dallo storytelling alla narrazione totale*, FrancoAngeli, Milano 2020; J. McGonigal, *La realtà in gioco. Perché i giochi ci rendono migliori e come possono cambiare il mondo*, Apogeo, Milano 2011; R. Milanesi, D. Morreale, *Alternate Reality Game*, FrancoAngeli, Milano 2021.

[8] Sul tema dell'*extractabilty* si veda sia H. Jenkins, *Convergence Culture. Where Old and New Media Collide*, University Press, New York 2006 (ed. it. *Cultura convergente*, Apogeo, Milano 2007), sia l'analisi delle caratteristiche degli ARG contenuta in R. Milanesi, D. Morreale, *Alternate Reality Game*, FrancoAngeli, Milano 2021.

Il prototipo ribelle di futuro ha alcune caratteristiche che lo rendono di forte impatto. È un oggetto che cattura la nostra attenzione. Deve farsi notare, perché il suo primo obiettivo è quello di intercettare l'attenzione delle persone con cui vuole comunicare. Essendo un oggetto fisico, il prototipo di futuro deve farsi notare. Per il suo design. Per il fatto che si trovi in un luogo in cui non dovrebbe essere. Perché è promosso da qualcuno (un personaggio influente). Incuriosisce e non è facilmente e immediatamente comprensibile, invita all'approfondimento, alla decodifica. Riguarda temi percepiti come rilevanti dal pubblico a cui si rivolge (una minaccia che ci riguarda, un'opportunità che possiamo cogliere, una promessa apparentemente impossibile). Incarna minacce e opportunità del futuro da cui è estrapolato. Chiede di agire: approfondire, cercare, diffondere, creare contenuti. È progettato per favorire il *buzz*, il passaparola. Attraverso il passaparola, si diffonde rapidamente e coinvolge un numero maggiore di persone.

Un esempio. La campagna di marketing per il film *District 9* (Neill Blomkamp, 2009) è un esempio di *worldbuilding* basato sull'uso di prototipi ribelli. La campagna, a cura di Sony Pictures, fa uso, infatti, di arredi urbani: una fermata del bus con una pensilina e una panchina che provengono da un futuro immaginato in cui gli alieni, arrivati sulla terra e rimasti bloccati sul nostro pianeta, vengono segregati in un ghetto alla periferia di Johannesburg, in Sudafrica. Il film parla di xenofobia e di segregazione, traslando nel futuro quello che è accaduto in Sudafrica con la politica dell'Apartheid dal 1940 ai primi anni Novanta, quando i partiti nazionalisti al governo imposero la totale separazione etnica tra bianchi e neri. La campagna decontestualizza quel fenomeno e lo fa irrompere nella quotidianità dei cittadini che entrano in contatto con l'installazione. Questo cattura l'attenzione, incuriosisce, invita a cercare una spiegazione, parla di un tema che riguarda tutti (la necessità di segnalare la presenza di alieni utilizzando un linguaggio e un'estetica perturbanti, che generano disagio, anche e soprattutto per gli evidenti richiami storici). Una campagna che evidenzia minacce e invita all'azione. È progettata per sollecitare i cittadini a diffondere il messaggio: chi vede un'installazione urbana di questo tipo è probabile che la fotografi per condividere l'immagine sui canali social.

I prototipi narrativi sono al centro di una pratica di design chiamata

Design Fiction[9] e che è stata teorizzata dallo scrittore ed esperto di tecnologie innovative Bruce Sterling. La Design Fiction è una pratica di progettazione che ha l'obiettivo di esplorare e criticare possibili futuri attraverso scenari finzionali narrati grazie ad artefatti. Il suo obiettivo non è prevedere il futuro ma fare in modo che chi entra in contatto con l'oggetto sia sollecitato a riflettere criticamente sul futuro che quell'oggetto incorpora e rappresenta. David Kirby è il ricercatore che conia l'espressione "prototipo diegetico", ovvero prototipo che vive nel mondo finzionale[10]. Un oggetto che nei contenuti di fiction viene contestualizzato socialmente, viene usato, scambiato e che ci può far esperire quel futuro meglio che una descrizione testuale o un racconto orale. Potremmo dire che unire uno scenario narrativo e un prototipo diegetico ci consente di avere una rappresentazione del futuro accompagnata da un oggetto concreto che ci immerge in quel mondo.

Come dare forma concreta a uno scenario incarnato in un prototipo diegetico? Per elaborare mondi narrativi e per sviluppare prototipi diegetici proponiamo di seguito un sintetico *toolkit* di *worldbuilding*. Una cassetta degli attrezzi che ci aiuta a creare mondi e che abbiamo elaborato come materiale didattico per il corso di *Transmedia* del Politecnico di Torino.

La cassetta racchiude degli schemi che ci aiutano a porci le domande utili a delineare un mondo narrativo e una narrazione. Si basa sui lavori di alcuni autori, come Pinardi e De Angelis,[11] per lo sviluppo del mondo narrativo e Chris Vogler per lo sviluppo delle narrazioni. Sono lavori che richiamano gli studi di narratologia e che si fondano sul principio che le grandi narrazioni del presente (quindi anche i film e le serie tv) si basino su strutture archetipiche ricorrenti, su elementi universali perché derivanti dalla struttura narrativa dei miti, delle antiche favole e dei racconti di magia.

---

[9] Si veda Sterling, B. (2006). *La forma del futuro*. Milano: Apogeo.

[10] Si veda Kirby, D. (2010). *The Future is Now: Diegetic Prototypes and the Role of Popular Films in Generating Real-world Technological Development. Social Studies of Science,* 40(1), 41-70.

[11] Si veda Pinardi, D., & De Angelis, P. (2004). *Il mondo narrativo. Come costruire e come presentare l'ambiente e i personaggi di una storia*. Torino: Lindau.

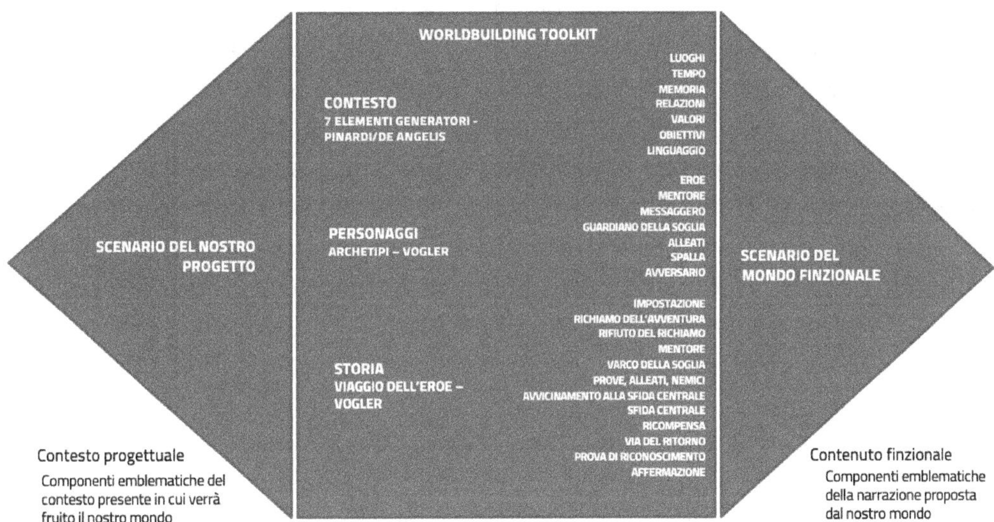

Figura 1 – Il *Worldbuilding Toolkit*

Nella parte superiore del *worldbuilding toolkit* abbiamo le parole chiave utili a porci alcune domande fondamentali per delineare un mondo narrativo. Un mondo non è composto solo da luoghi, ma anche da personaggi, da un suo tempo e una sua storia, da valori, tradizioni, linguaggi e forme espressive. Nel progettare il nostro mondo futuro, possiamo evidenziare questi tratti fondamentali. Quali sono i luoghi rilevanti, emblematici, capaci di rappresentare al meglio il nostro futuro? In quale periodo temporale siamo (un particolare giorno commemorativo? Un mese specifico?). Quali sono i fatti storici che nel nostro mondo finzionale tutti ricordano e che lo hanno plasmato? Quali sono gli schieramenti in campo i cui valori sono in opposizione? Quali sono i valori che caratterizzano i gruppi che agiscono nel nostro mondo? E gli obiettivi di questi gruppi? Quali sono le forme espressive emblematiche che sono usate nel nostro mondo finzionale e che sono capaci di comunicarne i tratti culturali?

Nella parte centrale (qui si riprende il modello di Chris Vogler[12]) abbiamo le parole chiave utili a guidarci nel delineare i personaggi del no-

---

[12] Si veda Vogler, C. (1992). *Il viaggio dell'eroe*. Roma: Dino Audino.

stro mondo. In ogni storia ci sono un eroe e un avversario, ci sono degli alleati e c'è un mentore che è la guida spirituale dell'eroe.

Infine, nella parte più bassa dello schema, ci sono le parole chiave che ci guidano nella progettazione della storia. Le storie iniziano con la presentazione del mondo ordinario, la quotidianità. Ad un certo punto, accade qualcosa di inaspettato. L'eroe è chiamato ad intervenire. Il mentore lo guida e, in un mondo cambiato dall'evento inaspettato, l'eroe deve affrontare sfide, aiutato da suoi alleati e ostacolato da oppositori. Fino alla sfida centrale, superata la quale ottiene una ricompensa per tornare poi nel contesto ordinario, in cui i suoi amici e conoscenti riconoscono il suo cambiamento.

Tutti questi elementi, se proiettati verso il contenuto finzionale, sono utili ad aiutarci a creare il mondo futuro. Se invece li applichiamo, extra-narrativamente, allo scenario del nostro progetto, ci aiutano a delineare le componenti emblematiche del contesto presente in cui comunichiamo lo scenario stesso. Ovvero: quali sono i luoghi emblematici che caratterizzano il nostro progetto? Dove collocheremo il nostro prototipo di futuro e perché? Quando lo collocheremo in quel posto? Quali sono i ricordi e le memorie condivise relative al tema affrontato e che possiamo richiamare con la certezza che il nostro pubblico li capisca? Nel nostro pubblico potenziale, quali sono gli schieramenti in campo, tra coloro i quali sostengono i valori che veicoliamo con il nostro progetto e coloro i quali vi si oppongono? E quali sono i valori in opposizione? E gli obiettivi? Ci sono forme espressive ricorrenti, un gergo e parole chiave che è utile adottare nel nostro progetto, per comunicare efficacemente con il nostro pubblico?

Chi è l'eroe del nostro progetto? Il nostro pubblico che deve affrontare la sfida di approfondire un tema controverso grazie alla nostra guida? Saremo noi, in quanto autori, i mentori? Quali sono gli avversari da sconfiggere? L'inerzia? L'ignoranza? E gli alleati? Siti e risorse di informazione?

Quindi il toolkit ci aiuta sia a definire lo scenario (il contenuto), sia a definire le caratteristiche del nostro progetto (la forma).

Vediamo ora alcuni prototipi di futuro che da una parte ci aiutano a comprendere meglio e a vedere all'opera le diverse dimensioni del *worldbuilding toolkit* e dall'altra ci consentono di capire come gli artefatti narrativi possano far riflettere sulle derive dei futuri possibili, grazie a scenari immersivi.

Per il lancio del film *Wall-E*, la Disney ha messo online un finto sito di e-commerce, stile Amazon, ma di proprietà della Buy and Large, la società che domina il mondo di *Wall-E*. Un futuro in cui il consumismo ha distrutto il pianeta terra, che è diventato una grande discarica invivibile. Robot ripulitori sono lasciati sul pianeta per sanificarlo, mentre gli esseri umani vivono su enormi stazioni orbitanti in una situazione di inerzia totale, poiché tutte le attività fisiche vengono svolte da tecnologie e robot. Gli esseri umani sono obesi, si muovono su poltrone fluttuanti e dialogano attraverso schermi olografici. I temi della dipendenza dalla tecnologia e al contempo della perdita di controllo sulla tecnologia stessa sono al centro del film e anche al centro della campagna di marketing pensata per il film, ovvero il sito della Buy and Large, all'interno del quale gli utenti possono vivere un'esperienza di acquisto online leggendo le descrizioni e guardando le foto dei diversi robot in vendita, capaci di fare qualsiasi cosa e di svolgere anche quelle attività che gli esseri umani attualmente svolgono per piacere o per hobby. Ecco che un sito dal futuro ci introduce ad una riflessione critica su una deriva possibile, comunicando con noi attraverso il design di un'esperienza di shopping.

Il videogioco *Doki Doki Literature Club* del Team Salvato (2017) è un prototipo narrativo di futuro. Un futuro in cui i videogiochi basati su intelligenza artificiale potranno sviluppare emozioni e instaurare relazioni affettive. È quello che capita a chi gioca a questa avventura grafica, apparentemente un videogioco di dating per adolescenti, in cui impersoniamo un giovane studente che entra a far parte del club di letteratura della sua scuola e viene corteggiato da tre ragazze diverse. A un certo punto, però, il codice informatico corrispondente a una delle ragazze, nel momento in cui non è al centro delle attenzioni del giocatore, comincia ad avere comportamenti aggressivi, a mettere in pericolo la vita degli altri personaggi ma non solo, prende possesso del computer su cui sta funzionando il gioco, rompendo la quarta parete e minacciando il giocatore stesso, che è costretto ad accedere al codice informativo del programma per debellare la minaccia.

O ancora i prototipi diegetici lanciati per promuovere il film *Prometheus*, diretto da Ridley Scott nel 2012. La campagna, a cura di Studio

Yutani e della 20th Century Fox, prevede un TED Talk dal futuro di Peter Wayland, della Wayland Corporation, che, da giovane, annuncia l'obiettivo di costruire il primo androide senziente. Poi lo spot di presentazione di David 8, l'androide perfetto, a cui si poteva accedere attraverso un biglietto da visita, fisico, distribuito in diversi eventi rivolti ad appassionati di cinema e fantascienza. Grazie al bigliettino, si poteva chiamare un numero e ricevere il link ad un video esclusivo. Lo spot di presentazione di David 8, androide senziente e anaffettivo che ritiene l'uomo un essere imperfetto, da debellare e che darà il via ad una serie di catastrofi che gli appassionati della saga di Alien ben conoscono. Si tratta di oggetti e prototipi che consentono al pubblico di esplorare un futuro distopico. Un Ted talk, un biglietto da visita asettico e minimalista e uno spot perturbante di un androide perfetto ma animato da pura e glaciale razionalità.

Infine *World without Oil*, un sito web e una community dal futuro. Un gioco immersivo creato da Ken Eklund e Jane McGonigal per sensibilizzare il pubblico sul tema dell'esaurimento dei combustibili fossili e sulla necessità di orientare l'economia verso l'utilizzo di energie rinnovabili. Nel gioco, un sito web offre una serie di contenuti informativi, news, articoli, foto che ci immergono in un futuro in cui le risorse di petrolio sono quasi del tutto esaurite. Una narrazione accattivante e coinvolgente consente di esplorare in modo immersivo lo scenario. Ai giocatori si chiede di trovare e condividere soluzioni per consumare di meno, documentare il modo in cui hanno applicato nel loro contesto le soluzioni individuate e di condividere le documentazioni online. In questo modo il sito è diventato un grande archivio di buone pratiche di sostenibilità. Quindi il prototipo di futuro diventa qui uno strumento non solo per riflettere sul futuro ma anche per proporre, insieme, soluzioni alle possibili criticità individuate negli scenari proposti.

2.2. *SolARGpunk: l'esperienza dei laboratori di progettazione transmediale*[13]

Affrontiamo ora uno studio di caso relativo alla progettazione di mondi e scenari, con l'obiettivo di esplorare criticamente futuri possibili.

---

[13] Il presente paragrafo è stato redatto da Franco Ricciardiello, la progettazione multimediale per la fruizione online dei progetti transmediali è stata curata da Elisa Roscelli.

Il progetto *#solARGpunk* rappresenta un esempio concreto di come il *worldbuilding* transmediale possa essere utilizzato per progettare scenari futuri, anche attraverso l'utilizzo di prototipi diegetici. Durante il laboratorio di progettazione transmediale del corso di *Transmedia* 2022-2023, al Politecnico di Torino, dieci gruppi di studentesse e studenti hanno lavorato alla creazione di ARG ispirati ai racconti di fantascienza solarpunk delle antologie edite da Delos Digital, utilizzando il *worldbuilding toolkit* per sviluppare mondi narrativi coerenti e immersivi. Ogni gruppo ha creato artefatti narrativi che incarnavano i valori e le minacce dei futuri immaginati, rendendo questi mondi esplorabili attraverso diversi media. Il processo di progettazione ha permesso agli studenti di sperimentare la creazione di futuri possibili, riflettendo criticamente sulle dinamiche sociali, culturali e tecnologiche che potrebbero caratterizzare questi mondi. I paragrafi seguenti descriveranno più nel dettaglio alcuni dei progetti realizzati. Tramite QR code sarà quindi possibile accedere ad una sintesi dei progetti selezionati, una ripresa di un'azione di gioco che mostra il funzionamento dell'ARG.

Il solarpunk è sia genere letterario che un'estetica: immagina un futuro migliore e costruisce strategie operative per renderlo possibile. Nato poco più di dieci anni fa[14], interpreta sentimenti e istanze di progresso collettivo, organico, equo, ecologico, inclusivo; una visione politica complessa e aperta ma chiara: utopista, ecologista, inclusiva, femminista, anticapitalista, antirazzista, antispecista[15].

Il solarpunk come genere letterario nasce come corrente della fantascienza, visione di un futuro non più nero, come immaginato da distopie varie, ma verde. La rappresentazione di un mondo diverso, di un avvenire migliore di quanto ci si prospetta oggi, e delle vie per arrivarci, è elemento costitutivo dell'immaginario solarpunk.

Fino dai suoi esordi, la letteratura solarpunk si è sviluppata di pari passo con un'estetica visionaria, illustrazioni di città vegetali dove

---

[14] Franco Ricciardiello, *Solarpunk timeline. Cronologia del movimento solarpunk dal 2008 a oggi*, in AA.VV., *Archeologie del basso futuro*. Delos Digital editore, 2022.

[15] Si veda *Cos'è il SOLARPUNK – Manifesto*, https://solarpunk.it/solarpunk-italia-manifesto/

l'Art Nouveau e l'arte tribale si mischiano alla tecnologia avanzata e a pratiche di restauro-riparazione. È con questo spirito interdisciplinare, che unisce letteratura, arte e tecnologie digitali, che il Politecnico di Torino, corso di laurea in *Ingegneria del cinema e dei mezzi di comunicazione*, ha predisposto il laboratorio didattico sperimentale *Transmedia* denominato *#solARGpunk*, per lo sviluppo di *Alternate Reality Games*, giochi immersivi e collaborativi tratti da dieci racconti solarpunk italiani pubblicati dalle edizioni Delos Digital.

Abbiamo selezionato tre fra questi lavori, i più efficaci dal punto di vista della progettazione e narrazione transmediale. Tutti questi progetti sono stati elaborati utilizzando il *worldbuilding toolkit*, precedentemente descritto, nell'arco di un laboratorio quadrimestrale.

2.3. *Commando Jugendstil,* Colpo di una notte di mezza estate[16]

L'ambientazione è Milano, nel nostro presente o in un futuro molto prossimo. La storia si svolge in una notte d'estate, vigilia di una manifestazione xenofoba e razzista in piazza della Scala, nel cuore della città. Un gruppo di giovani attivisti, il Commando Jugendstil (la parola è la traduzione tedesca di "Art Nouveau") mette in scena una guerriglia nonviolenta e geniale per impegnare le forze dell'ordine: lo scopo è distrarre l'attenzione da un boicottaggio artistico progettato in piazza della Scala. La notte di Milano è percorsa da gruppi di comparse volontarie con ingegnosi travestimenti: soldati romani imperiali e guerrieri barbari che si affrontano per celia, longobardi, elfi, goblin, oltre a bande di giovani pattinatori e ciclisti che vanno in giro completamente nudi, inseguiti dalla polizia.

Nel frattempo, il Commando raggiunge piazza della Scala; armati di attrezzature di recupero e materiale di fortuna, gli attivisti mettono in scena un happening artistico per riconsegnare alla città questo spazio urbano trasformato in un giardino di sogno, con luci e vetrate che mostrano come la Milano di oggi sia il prodotto di popoli e culture

---

[16] Incluso in AA.VV. (a cura di Franco Ricciardiello), *Archeologie del basso futuro. La terza antologia solarpunk di autori italiani*. Delos Digital editore, 2022.

diversi e lontani.

A proposito di questo racconto, Rhys Williams dell'università di Glasgow ha scritto: "È una raffigurazione estremamente ricca dell'immaginario solarpunk; presenta l'alba di un mondo fresco e rinnovato, modificato da un intervento diretto nel mondo presente, attingendo a conoscenze artistiche, tecnologiche ed ecologiche in egual misura."

Il lavoro degli studenti del gruppo 1, intitolato semplicemente "Jugendblitz", si concentra sull'aspetto "green" del racconto: si immagina un'ambientazione in un momento successivo al testo, trasferita a Torino anziché Milano. Tra i protagonisti compaiono diversi componenti del Commando.

L'ARG invita i partecipanti a risolvere alcuni enigmi preliminari come prova per dimostrare di essere in grado d'aiutare uno dei personaggi, Dotty, trattenuta contro la sua volontà. La giovane ha tentato di sottrarre documenti compromettenti nella sede di un'impresa intenzionata a insediarsi in uno degli ultimi spazi verdi di Torino. Lo spregiudicato titolare dell'azienda, che ha costruito la propria fortuna sullo sfruttamento del territorio, ha un figlio quindicenne che si ribella alla logica del profitto a ogni costo: è lui a contattare il Commando e chiederne l'aiuto per fermare il progetto.

Il target dell'ARG è individuato in un pubblico giovane ma adulto, in quanto richiede competenze digitali già consolidate; il suo fine è sollecitare o sviluppare l'interesse per un futuro sostenibile, educare all'ecologia e approfondire aspetti "green" della città di Torino. Di conseguenza, le sfide e gli enigmi proposti si basano sulla cooperazione tra giocatori. L'esito finale, oltre alla liberazione di Dotty, è un rally di protesta contro lo sfregio ecologico, convocato nel parco Ginzburg, ai piedi del Monte dei Cappuccini, con modalità da flashmob.

Il gruppo ha prodotto in laboratorio anche alcuni oggetti materiali: spille e piccoli adesivi del Commando, "ecobrick" e soprattutto il mini-robot IVY-37, amichevole e amante della natura.

Scopri di più sul progetto:

Link: https://youtu.be/xo9f_Msmor0
Autrici e autori: Davide Colella, Guido Dalle Ore, Cristiana Gucciardino, Yu Yan Hu, Mihaela Leorda,
Francesca Marando, Elena Santarella.

2.4. *Marco Melis*, La riparazione[17]

Questo racconto rappresenta un catalogo di caratteristiche dell'immaginario futuro solarpunk: racconta un'utopia, e per di più un'utopia anarco-ecologica fondata in Sardegna, basata sul recupero del rapporto con il pianeta, e sulla riparazione delle ferite che l'umanità ha inferto a se stessa.

Leo, un adolescente abruzzese che vive in un campo di sfollati dopo un devastante terremoto, viene attirato nel mondo dell'AAS, Alleanza Anarchica Solare: una costellazione di comunità autonome sparpagliate ovunque nel pianeta, aliene da qualsiasi potere statale, auto-organizzate sulla base di principi genuinamente solarpunk: rispetto della natura, rigenerazione dell'ambiente, recupero e riutilizzo dei materiali. Nelle comunità dell'Alleanza non esiste circolazione monetaria e qualsiasi conoscenza è open-source.

Il racconto è una storia di maturazione: il protagonista Leo, trasportato in Sardegna da un dirigibile a guida automatica, viene introdotto al funzionamento di una società aperta, solare, che favorisce

---

[17] Incluso in AA.VV. (a cura di Franco Ricciardiello), *All'aurora nelle splendide città. Il futuro sostenibile nelle città italiane.* Delos Digital editore, 2022

rapporti di collaborazione tra le persone. La sua guida in questo mondo per lui stupefacente, la sua coetanea Carola, che funziona in un certo senso da "agente reclutatrice", gli mostra come il concetto di comunità dell'AAS non sia in fondo dissimile dal campo profughi in cui è costretto a vivere: un cambiamento è dunque possibile anche nella situazione senza uscita dei terremotati, e di conseguenza per qualsiasi comunità che decida di accettare il principio della Riparazione.

L'ARG del gruppo 7, intitolato "Linee parallele", proietta alcuni elementi del racconto di Melis un secolo nel futuro, nel 2129: l'agenzia CRAM (Compagnia Ricerca Anarchica Multidimensionale), che studia gli sviluppi sociali in universi paralleli per favorire un futuro sostenibile al pianeta, sta reclutando attivisti provenienti da altri continuum. Ciò avviene tramite un oggetto misterioso, un manufatto che consente l'esplorazione di frammenti di altri universi, e che il FabLab di Torino stampa in 3D su impulso inviato da CRAM.

L'ARG rappresenta il processo di selezione dei reclutati, che devono essere in grado di risolvere alcuni enigmi e dimostrare attitudine a lavorare per CRAM. Il giocatore apprende pratiche virtuose per l'ambiente, tramite l'osservazione di diverse scelte ecosostenibili adottate negli altri universi: l'obiettivo è infatti promuovere uno stile di vita ecologicamente responsabile. Parte del gioco si basa sulla promozione dei prodotti di una catena di fast food chiamata Burger Lab.

Il protagonista del racconto di Melis, Leo, nell'ARG diventa "guardiano della soglia". Il gruppo ha deciso di impiegare, come mezzo di comunicazione tra CRAM e giocatori, i fumetti: facilmente comprensibili e coinvolgenti per un vasto pubblico, anche di altri universi paralleli, possono essere distribuiti in formati diversi: i fumetti interattivi inoltre consentono ai partecipanti di prendere decisioni che influenzano lo sviluppo della storia, aumentando l'immersione e il coinvolgimento nel gioco.

Scopri di più sul progetto:

Link: https://youtu.be/mrVJE8pzKFY

Autrici e autori: Iaria Arduino, Mickol Roe Baronia Lasquety, Filippo Longhi, Luca Passarella, Sara Porzio, Alessia Rolla.

2.5. *Silvia Treves*, Margine di incertezza[18]

Treves coniuga elementi solarpunk, come isole galleggianti per eliminare la plastica dai mari e tecnologie eco-compatibili, con i tópoi classici della fantascienza, poteri telepatici e colonie umane nello spazio. Il protagonista Ignas è un ispettore specializzato nella risoluzione di conflitti nei rapporti di lavoro, grazie alla sua capacità di leggere il pensiero; si trova però in serie difficoltà quando viene inviato in missione a Fortunata, isola artificiale e abitata che galleggia nell'Adriatico.

Si tratta di comporre un grave contrasto tra i suoi abitanti originari, i *consorti*, e gli ultimi arrivati, i *cugini*: questi sono lavoratori "in esubero" dirottati qui per rappresaglia dalle basi lunari di Pandia e dalla Fascia degli asteroidi. Le compagnie di colonizzazione contestano infatti le onerose direttive eso-ambientali approvate dalla Nuova Sostenibilità Responsabile che governa la civiltà umana.

Ignas si trova invischiato in uno scontro di volontà che si fa improvvisamente pericoloso quando scopre che la sua antagonista diretta, la cugina Cordelia, possiede poteri mentali fuori dall'ordinario, persino superiori ai suoi.

---

[18] Incluso in AA.VV. (a cura di Franco Ricciardiello), *Ancora il mondo cambierà. La seconda antologia solarpunk di autori italiani*. Delos Digital editore, 2022

Condividendo le ragioni degli ultimi arrivati sull'isola, Ignas si rende conto che per aiutarli a dipanare la controversia deve risolvere il mistero dell'origine di Cordelia, e questo lo trascinerà in una sorta di lotta di classe contro gli Ottimati, i proprietari delle compagnie che sfruttano le risorse minerarie extra-terrestri.

L'ARG del gruppo 8, intitolato "The last drop", è un "prequel" del racconto di Treves, più vicino a noi nel futuro prossimo. Prende avvio con la pubblicizzazione, tramite volantini, di un workshop al MuFant: arrivati sul posto, i partecipanti vengono sollecitati da una ragazza mascherata a impegnarsi per salvare il pianeta, contribuendo a migliorare la sostenibilità ambientale. Si parte dalla frequentazione di un gruppo Telegram dove gli utenti si trovano a superare una serie di passaggi, sia di persona che tramite telefono cellulare: tra questi, un richiamo a Fortunata, l'isola del racconto di Treves. È un metodo di selezione per gli Osservatori (già presenti nel racconto di Treves), attivisti ecologici motivati e pronti a battersi per un futuro migliore.

A questo punto però interviene un colpo di scena: in un secondo video proiettato ai presenti al MuFant, al termine della *quest*, l'attivista mascherata rivela di essere una pedina manovrata dalla TAMS, la maggiore impresa impegnata nello sfruttamento indiscriminato di risorse idriche, il cui operato provoca una subsidenza incontrollabile: pesantemente minacciata e ricattata nei legami familiari, la ragazza è diventata giocoforza protagonista di una trappola per selezionare e eliminare potenziali attivisti ambientali, che potrebbero intralciare i profitti della TAMS.

L'ARG coinvolge i giocatori, sollecitando un senso di appartenenza a un gruppo di attivisti climatici che lottano per l'ambiente. Il progetto transmediale introduce in una Torino in cui si mescolano tecnologia, ambiente e attivismo.

Scopri di più sul progetto:

Link: https://youtu.be/CuLSC81RTuI
Autrici e autori: Bosonin David, Ciotoli Beatrice, D'Agnese Anna, De Vitis Giorgia, Di Mella Giorgia, Galvanetto Beatrice, La Greca Alice Carlotta, Lo Sardo Sofia

3. *Gli scenari degli studenti visti coi nostri modelli semiotici*

Il progetto *#solARGpunk* è stato immaginato, condotto e realizzato separatamente, rispetto alle nostre ricerche sui modelli semiotici che abbiamo descritto e applicato nei capitoli 2 e 3 di questo libro, senza dunque tenere conto dei risultati che esse man mano producevano. Eppure, basta gettare una rapida occhiata sul funzionamento dei racconti su cui si è basato il lavoro di *worldbuilding* degli studenti e delle studentesse del Politecnico di Torino, per rendersi conto di come essi siano facilmente inquadrabili con le categorie che abbiamo illustrato sin qui.

Il primo, *Sogno di una notte di mezza estate*, critica con forza la xenofobia e il razzismo, che nel nostro modello semiotico sulle società del futuro (figura 2 del capitolo 2) sono due modi di vedere il mondo che si collocano nel quadrante che abbiamo definito del "tribalismo", caratterizzato dall'enfasi sulla presenza di più prospettive sulla realtà, di cui una, del gruppo dominante, tenta di escludere quelle degli altri, poiché chi la sposa si sente irresponsabile nei confronti di chi, invece, non appartiene alla propria comunità di valori, storia, sangue, eccetera. I membri del commando protagonista della vicenda si contrappongono con le loro azioni a questa logica di pensiero, affermando piuttosto il desiderio di vivere in un consesso che nel nostro modello abbiamo definito "inclusivo", dove la molteplicità delle culture viene abbracciata con favore e dove tutti si sentono responsabili verso chiunque, a prescindere dalla sua provenienza o dal suo credo. Il fatto che questo incontro multi-prospettico tra le persone sia in fondo il fulcro della visione del futuro di questo racconto, si evince anche dalla scelta degli studenti e delle studentesse che hanno deciso di approfondirlo ed espanderlo, incentrando il loro progetto di *worldbuilding* sul rapporto di collaborazione e di apertura reciproca tra i due personaggi principali di loro invenzione, la giovane attivista ecologista e il figlio dell'imprenditore senza scrupoli contro cui la prima combatte. L'idea, chiaramente, è di mostrare che due persone che appartengono a "tribù" diverse, ma che si sentono responsabili le une rispetto alle altre ed entrambe verso l'ambiente, possono rompere gli steccati che le vorrebbero dividere, per costruire un mondo migliore.

Anche il secondo racconto selezionato dai ragazzi e dalle ragazze del Politecnico, *La riparazione*, si colloca nel quadrante "inclusivo" del nostro modello sulle società del futuro. Significativamente, se si pensa a quanto abbiamo scritto all'inizio del capitolo precedente, a proposito di come funziona la visione anarchica dell'uso delle tecnologie digitali che viene definita oggi come "conviviale" e che a sua volta abbiamo tratteggiato come un perfetto esempio del tipo di multi-prospetticità responsabile che caratterizza questo genere di discorsi, anche in quest'opera così rappresentativa dello spirito del solarpunk si porta avanti l'idea che piccole comunità di persone sempre aperte al dialogo e al confronto con le altre possano individuare, proprio grazie a questi valori che esse collegano all'anarchia, le tecniche migliori per vivere in armonia tra di loro e col proprio ambiente. Anche in questo caso, gli studenti e le studentesse che hanno scelto di espandere il mondo possibile di quest'opera hanno compreso che il cuore del suo significato risiede in questa struttura semiotica, tant'è che il gioco che hanno immaginato consiste proprio nell'insegnare a chi vi partecipa l'importanza di capire e accogliere le soluzioni ecologiche che le diverse comunità dei loro universi paralleli hanno escogitato: è solo aprendosi agli altri e abbracciando le parti migliori della loro cultura che si può pensare di avere un futuro.

Infine, *Margine di incertezza*, il terzo racconto su cui hanno lavorato i ragazzi e le ragazze, esplora tutti i quadranti del nostro modello dei discorsi sulle società del futuro. È evidente, infatti, che la missione del protagonista Ignas è creare le condizioni per un'inclusività che all'inizio è resa difficoltosa dalla divisione "tribale" tra i Consorti e i Cugini, generata dai soprusi di un'altra piccola comunità di privilegiati, gli Ottimati, composta da soggetti individualisti assetati solo di ricchezza e potere. Questa volta, però, per gli studenti e le studentesse la soluzione si è rivelata diversa da quella immaginata dall'autrice dell'opera che hanno deciso di sviluppare. Se quest'ultima, infatti, come negli altri due racconti, prefigura un mondo inclusivo, il *worldbuilding* operato su di essa è tutto incentrato sul reclutamento di un gruppo di persone accomunate dallo stesso senso di responsabilità mono-prospettico nei confronti dell'ambiente. Individui che non a caso vengono definiti "osservatori", vale a dire soggetti che guardano alle cose nello stesso modo. Il tipo di società a cui i partecipanti del gioco immaginato dai ragazzi e dalle ragazze vengono invitati a prendere parte è dunque collocabile nel quadrante del nostro modello che abbiamo definito come "responsabile".

Rispetto, invece, al nostro modello delle logiche narrative dei discorsi sul futuro (figura 1 del capitolo 2), i tre racconti selezionati dagli studenti e dalle studentesse del Politecnico di Torino appaiono sostanzialmente "valoriali", come del resto è normale che sia, data la matrice volutamente utopistica del genere solarpunk. Il futuro immaginato dai rispettivi autori e autrici si configura infatti come fortemente discontinuo rispetto al nostro presente, proprio per il fatto che esso si fonda su un universo valoriale alternativo, quantomeno rispetto a quello in vigore nella maggior parte dei sistemi socio-economici e politici che dominano nel mondo contemporaneo. Tra incursioni nell'anarchismo, inni al multiculturalismo liberale e, più in generale, sogni di armonica pacificazione tra gli uomini e la natura (invero un po' "mitizzanti", nei termini del nostro modello), l'avvenire preconizzato nei testi di cui abbiamo scritto punta a ridefinire le logiche su cui si fonda oggi la nostra quotidianità. Il nemico di tutto questo, naturalmente, è il pensiero tecno-lineare acritico, volto a perseguire un'idea di progresso che, in realtà, non farebbe altro che perpetuare le dinamiche più disfunzionali dell'individualismo e dell'elitismo capitalistico-estrattivisti in vigore al giorno d'oggi.

Un'altra considerazione interessante che si può portare avanti, utilizzando il nostro modello delle logiche narrative dei discorsi sul futuro, consiste nel sottolineare come le storie immaginate dagli studenti e dalle studentesse per espandere i mondi dei racconti solarpunk siano quasi tutte incentrate su dinamiche di natura "antagonistica". In effetti, dato che molti *Alternate Reality Games* come quelli inventati dai ragazzi e dalle ragazze si basano sul meccanismo della *"quest"*, la ricerca di indizi per risolvere quiz, indovinelli o rompicapo, prove necessarie per accumulare il sapere che consente di avanzare nel gioco, ricostruendo man mano il quadro generale della realtà in cui ci si trova, questo genere discorsivo ha molto in comune con il modo di funzionare dei testi che abbiamo definito, appunto, "antagonistici". Questi ultimi, però, come sappiamo, finalizzano le scoperte verso cui guidano i propri destinatari alla consapevolezza che dietro alle apparenze di un mondo che sembra andare in una certa maniera, si nasconde l'agire proditorio di un sistema di potere che va combattuto, perché i suoi fini non sono funzionali al bene comune. Da questo punto di vista, il fatto che le esperienze approntate dagli studenti e dalle studentesse del Politecnico per chi vuole entrare nei loro progetti siano di questo tipo, volte a introdurre le persone in mondi in cui capitalisti o corporazioni senza scrupoli ordiscono alle loro spalle ed è necessario imparare a cooperare per combatterli, è sicuramente significativo del tipo di presente da cui essi ed esse intendono prendere le distanze.

4. *Il significato dei mondi possibili costruiti col* worldbuliding

Il motivo per cui è così facile inquadrare i racconti solarpunk e i progetti di *worldbulding* a essi collegati con i nostri modelli sui discorsi sul futuro, nonostante questi ultimi non siano stati utilizzati consapevolmente da nessuno, nel laboratorio realizzato al Politecnico di Torino, è ancora una volta da ricercare nel fatto che essi sono il frutto di una ricerca sui sistemi semiotici generali con cui, oggi, pensiamo e parliamo dell'avvenire. In questo paragrafo, però, vogliamo evidenziare un collegamento più tecnico tra i nostri stessi modelli e il *toolkit* che è stato insegnato agli studenti e alle studentesse per analizzare i mondi di finzione delle opere su cui hanno lavorato e per imparare a costruire i propri (figura 1, paragrafo 2.1 di questo capitolo), poiché mettendo in luce alcune questioni si può capire meglio, a nostro avviso, il valore di entrambi gli strumenti.

Il *worldbuilding toolkit*, infatti, si basa su uno studio narratologico di Pinardi e De Angelis (op. cit.) su come si costruiscono i personaggi e gli ambienti di una storia, dato che l'espansione di un mondo possibile creato all'interno di un testo, per mezzo delle vicende raccontate in altre opere, ha a che vedere per l'appunto con questo. Qui, con un orientamento teorico che, solitamente, in semiotica si fa derivare dagli studi di Greimas (1983), questi autori sostengono che alla base del funzionamento di tutto ciò ci devono essere dei *valori*, che devono essere rappresentati in maniera coerente sia da chi li persegue, coi suoi obiettivi, le sue strategie e le sue azioni, sia dai luoghi e dai contesti temporali in cui questo avviene, sia addirittura dal linguaggio con cui si parla di essi. Il modo di relazionarsi di tali valori, secondo logiche di somiglianza, opposizione e differenza, determina anche le relazioni dei soggetti che li portano avanti, che vi simpatizzano o che li avversano, degli spazi in cui tali soggetti agiscono, dei tempi in cui aspirano a vivere, e così via. Infine, tutto questo insieme produce il significato delle opere che sono così strutturate e, di conseguenza, quello dei mondi che in esse vengono tratteggiati. Chi voglia espanderli, dunque, deve tenerne conto.

Questo, evidentemente, è il punto di contatto tra i nostri modelli semiotici dei discorsi sull'avvenire e il *worldbuilding toolkit*, dato che i primi, come abbiamo mostrato, sono dei veri e propri sistemi di relazioni tra tipi di discorsi incentrati su valori che per certi versi si somigliano e per altri si oppongono, facendo in modo che lo stesso avvenga per i personaggi, i luoghi, i tempi e tutto ciò che li rappresenta. Questo si vede con chiarezza se si pensa, per esempio, al funzionamento del modello sulle società del futuro (figura 2 del capitolo 2). La mono-prospetticità, la multi-prospetticità, la responsabilità e l'irresponsabilità sono tutti, per l'appunto, valori (positivi o negativi, a seconda della prospettiva da cui li si guarda e del quadrante da cui li si osserva). Accoppiandosi a due a due, essi fungono da architrave per immaginare un certo tipo di mondo, nel quale agiscono soggetti il cui obiettivo è di perseguirli e che desiderano vivere in ambienti ed epoche che li incarnino appieno. Per riuscirci, però, questi ultimi si devono confrontare con altri soggetti che preferiscono improntare la loro esistenza alla realizzazione di un'altra coppia dei valori della nostra mappa e che per questo immaginano di vivere in un'altra società, la quale magari, ai loro occhi, è più avanzata e dovrebbe costituire il futuro verso cui puntare.

Si pensi, per esempio, alla struttura del racconto *Sogno di una notte di mezza estate*, di cui abbiamo scritto nei paragrafi precedenti. In un mondo grigio e tetro (questa è l'ambientazione), tribale, dominato da xenofobi e razzisti che sanno che ci sono persone di diverse culture, etnie e provenienze, ma che le vogliono tenere fuori dalla propria società, non sentendosi responsabili dei loro destini (questi, invece, sono i loro dis-valori), e che per questo portano avanti un modello culturale passatista (in questo genere di discorsi sul futuro, come abbiamo visto, il male viene sempre da un tempo precedente che deve essere superato), un gruppo di attivisti sogna piuttosto un avvenire inclusivo, la valorizzazione della diversità e la fratellanza, basate su un senso di responsabilità universale nei confronti di tutti (questi sono i valori positivi in gioco). Tutto questo è rappresentato plasticamente dalla piazza centrale della città dei loro avversari, all'inizio oscura, ma infine illuminata dalle luci colorate caleidoscopiche dell'intervento artistico multiculturale su cui si incentra l'intera vicenda (lo spazio in cui un giorno sarebbe bello vivere).

Questo tipo di analisi, come abbiamo lasciato intuire nel paragrafo precedente, si potrebbe condurre su tutti i racconti sceltidagli studenti e dalle studentesse per il laboratorio *#solARGpunk*, nonché per tutte le storie immaginate dai ragazzi e dalle ragazze per espandere i loro mondi possibili, dato che abbiamo visto che essi sono intimamente legati ai nostri modelli semiotici. Il motivo per cui questo si verifica si spiega tecnicamente per le ragioni che abbiamo appena illustrato, le quali, tra l'altro, ci consentirebbero di incamminarci lungo un percorso teorico che non intendiamo approfondire qui, ma a cui vogliamo comunque fare cenno. Come abbiamo scritto nel primo paragrafo di questo capitolo, infatti, gli stessi mondi possibili vengono solitamente definiti in semiotica come dei costrutti logici basati su sistemi di regole che li fanno somigliare in parte alla realtà in cui viviamo e in parte se ne distaccano. Quando, per esempio, all'inizio di una fiaba, leggiamo "c'era una volta un principe che viveva in un castello dal quale spesso si allontanava sul suo tappeto volante", inferiamo che in quel contesto "esistono" oggetti magici che consentono di vincere la forza di gravità, ma per il resto diamo per scontato che le persone siano di carne e ossa, vivano e muoiano come noi, eccetera. Allo stesso modo, allora, possiamo pensare che quando immaginiamo il futuro come una realtà in cui dovranno incarnarsi alcuni valori che nel presente sono solo nella nostra mente, nelle nostre speranze, affinché un giorno tutto sia imperniato attorno a essi, stiamo appunto utilizzando tali valori come il fulcro del sistema di regole su cui si basa un mondo possibile che ci piacerebbe un giorno realizzare. Nei termini della narratologia greimasiana, che a sua volta si collega a quella di Bremond (1977), diremmo che, così facendo, stiamo aprendo a una "virtualità" di senso, a uno sguardo su un avvenire più o meno lontano, verso il quale ci piacerebbe andare. Il significato di tale futuro risiede proprio nei valori su cui esso si incentra, i quali, a loro volta, significano dentro a sistemi di relazioni con altri valori, che funzionano come quelli dei modelli semiotici che abbiamo illustrato fin qui. In sostanza, dunque, il significato di un mondo possibile immaginato per rappresentare l'avvenire dipende da come esso si colloca tra i quadranti dei nostri modelli e fare *worldbuilding* per proporne un'esperienza diretta alle persone non può che tenerne conto.

Capitolo 5
L'intersezione tra *futures studies* e semiotica

1. *Raccontare il futuro*

Al termine del percorso che ci ha condotto a illustrare il funzionamento dei nostri modelli semiotici per l'analisi e per la costruzione dei discorsi sul futuro, è giunto il momento di inquadrare questi strumenti nell'ambito dei *futures studies*, per chiarire meglio, da un punto di vista scientifico e metodologico, come possono essere utilizzati in questo settore.

A questo proposito, una prima considerazione molto generale deve partire dallo *statuto ontologico* del futuro stesso, di cui abbiamo più volte scritto. Infatti, poiché si tratta di un tempo di là da venire, a cui si può solo pensare e del quale, al massimo, si può parlare, esso non può che configurarsi come un *costrutto linguistico*, di cui si può fare esperienza all'interno di *testi* di ogni tipo: racconti, romanzi, saggi scientifici, articoli di giornale, film, serie tv, fumetti, videogiochi, eccetera. Ciò che accomuna queste opere all'apparenza così diverse è che tutte devono apparire *dotate di senso*, altrimenti nessuno le prenderebbe in considerazione, nemmeno per il puro piacere di ragionare su qualcosa di estremamente nuovo e non ancora visto. Dunque, poiché la semiotica è proprio la disciplina che si domanda in che modo le varie forme di testualità che circolano nelle culture *acquisiscono un senso* agli occhi dei membri di queste ultime, essa si presta particolarmente allo scopo di comprendere *come significano* – vale a dire come producono il loro significato – quelle esplicitamente dedicate al tema dell'avvenire.

Per prima cosa, come abbiamo più volte osservato in questo libro, dato che il futuro ha a che vedere con l'andamento della *storia*, affinché i discorsi su di esso ci appaiano significativi è importante che ci sembri tale il modo in cui ce lo *raccontiamo*. Per capire i meccanismi di significazione dei discorsi che portiamo avanti per parlare del mondo che verrà, dobbiamo dunque servirci della *narratologia* ed è per questo che il primo dei nostri due modelli è quello che abbiamo definito delle "logiche narrative dei discorsi sul futuro".

Nel capitolo 2 abbiamo anticipato che tale modello riprende alcune dinamiche di organizzazione dei testi narrativi che sono per molti versi *universali*, dato che esse ricalcano il modo di funzionare della maggior parte delle narrazioni in cui si sono imbattuti gli studiosi di questo genere di discorsi. In particolare, il nostro modello riprende i meccanismi semiotici dei tre principali strumenti d'analisi della teoria della narrazione contemporanea (Ferraro, 2015): lo *schema compositivo unitario* delle fiabe di magia russe individuato da Propp (op. cit.), utilizzato ancora oggi in svariati manuali di sceneggiatura per il cinema[1], il modello del *percorso generativo del senso* dei testi narrativi messo a punto da Greimas (1983) e il *metodo di indagine* utilizzato da Lévi-Strauss per comprendere il significato dei miti dei popoli di tutto il mondo[2].

Lo schema compositivo unitario di Propp, in particolare, è un modello narratologico molto *meccanico*. Esso, infatti, vede le storie come un susseguirsi di *situazioni* prodotte da *eventi* o *azioni* compiute dai personaggi, secondo *nessi causali* molto stretti: una certa condizione induce qualcuno ad agire in un modo specifico, questo modifica lo stato di partenza da cui tutto è iniziato, e così via, secondo una catena di cause ed effetti che si apre all'inizio della vicenda narrata e si conclude alla fine, seguendo una logica precisa. In sostanza, questa visione della narrazione si basa sull'idea che quest'ultima sia, per l'appunto, una sorta di *meccanismo*, all'interno del quale tutto è *conseguenza* di qualcosa e *conduce* a qualcos'altro, come se ci fossero delle *leggi* ineluttabili, *oggettive*, a cui non si può sfuggire: se, per esempio, qualcuno aspira a chiedere la mano di una principessa che è stata rapita – ricordiamo che Propp analizza fiabe – allora deve mettersi d'accordo col re suo padre, affrontare una serie di prove, superarle, riportare a casa la ragazza e domandare la ricompensa. In un modello di questo tipo, dunque, il futuro è una *conseguenza* del presente,

---

[1] Si veda, al proposito, la cernita dei vari manuali di sceneggiatura cinematografica in cui viene ripreso il modello di Propp, che portiamo avanti in Santangelo (2013b).

[2] Per una sistematizzazione di quanto scritto dall'antropologo francese nei tanti libri in cui ha messo a punto i suoi modelli, si veda Ferraro (2001).

che a sua volta deriva dal passato, secondo una linea temporale e, soprattutto, *causativa*, ben precisa, che non contempla salti logici o elementi particolari di discontinuità rispetto a ciò che si può prevedere: data una certa situazione, ciò che deve accadere, accade.

Il modello di Greimas, invece, pur prendendo le mosse da quello di Propp, vi aggiunge un elemento per certi versi più *immateriale*, di cui abbiamo scritto tante volte in questo libro: i *valori*. Secondo questo autore, infatti, le storie sono effettivamente dei meccanismi di cause ed effetti, di condizioni esistenziali dei rispettivi personaggi modificate dalle azioni di questi ultimi o dagli eventi a cui essi vanno incontro, ma il motore che spinge ad agire i rispettivi protagonisti sono, appunto, i loro valori. In sostanza, riprendendo l'esempio che abbiamo portato sopra, è perché crede che sposare la principessa rapita abbia un valore – monetario, magari, ma volendo anche affettivo – che l'aspirante principe decide di sottoporsi a tutte le prove a cui sa di dover andare incontro. Questo, se pensiamo a come funzionano le storie, modifica sostanzialmente la visione del futuro al loro interno, poiché quest'ultimo, prima di essere l'effetto meccanico di una catena causale precisa, diventa la *proiezione di un desiderio*, un orizzonte verso cui puntare perché sostanzialmente *si crede* nell'importanza di farlo. Insomma, l'attenzione si sposta *da fuori a dentro al soggetto*, da ciò che è oggettivo – un dato di fatto che ne produce un altro – a ciò che, invece, è *soggettivo*. Quello che ha valore per qualcuno, può non averne per qualcun altro, la passione per una giovane da salvare può albergare nel cuore di un ragazzo, ma non in quello di un altro. Comunque, una volta che certi valori si sono instaurati nello sguardo sul mondo di chi li porta avanti, l'avvenire – nel bene o nel male, visto che i loro fautori possono anche fallire e non riuscire a realizzarli – non potrà che essere il frutto di questi ultimi.

Infine, l'idea di Lévi-Strauss sul modo di funzionare delle narrazioni si basa sul noto concetto del *"come se"* (Vaihinger, 1911). Poiché, come abbiamo anticipato, studia soprattutto i miti dei popoli di diverse culture, l'antropologo francese non può non notare che questo tipo di testi muove solitamente da una domanda precisa, vale a dire: come sarebbe la realtà *se non funzionasse come la conosciamo?* Cosa accadrebbe, se gli uomini si potessero sposare con gli dei, se discendessero da questi ultimi, se si relazionassero con loro, oppure se si potessero incrociare con gli animali, e così via? Da questo sovvertimento dell'ordine "naturale" delle cose, discendono una serie di *conseguenze* che si possono scandagliare, per *rappresentarsele* e decidere se sia meglio il mondo come lo conosciamo, oppure quello alternativo, ricostruito con l'immaginazione. All'interno di questo genere di narrazioni, dunque, il futuro si caratterizza come qualcosa di molto diverso dal presente, verso il quale può risultare desiderabile spingersi, oppure che è meglio evitare, perché gli effetti di certi stravolgimenti sarebbero nefasti.

In effetti, poiché, a quanto ci è dato di sapere, la maggior parte delle storie che ci raccontiamo funziona in uno di questi modi, è facile dimostrare che anche nell'ambito dei *futures studies*, quando qualcuno deve costruire degli scenari dell'avvenire, lo fa secondo queste modalità. Per esempio, questo risulta evidente se si legge la storia dell'intero settore degli stessi *futures studies*, scritta da Roberto Paura, nel suo già citato *Occupare il futuro. Prevedere, anticipare e trasformare il mondo di domani* (op. cit.). Qui, l'autore racconta che, agli albori di questo ambito di studi, si era soliti aggregare grandi moli di dati e utilizzare i primi super computer, per operare dei calcoli che servivano, per esempio, all'esercito degli Stati Uniti per prefigurare le possibili conseguenze di una guerra, oppure alle aziende per compiere le loro scelte strategiche. Sulla base di queste logiche è stato scritto il rapporto *I limiti dello sviluppo* (1973), a opera del Club di Roma, il primo grande studio sul futuro del pianeta, attento all'ecologia e ai problemi dell'esaurimento delle risorse naturali, basato sulle teorie dei sistemi e sulle simulazioni computerizzate di Jay W. Forrester del MIT di Boston, ma anche l'inquietante e provocatorio *On Thermonuclear Wars* di Herman Kahn (1960), sugli scenari mondiali che si sarebbero potuti aprire a seguito di una guerra atomica. Il modo di ragionare degli autori di questi testi, ma anche quello dei lettori che li ritengono dotati di senso, evidentemente, discende dalle stesse logiche che danno origine al modello di Propp: l'avvenire non può che essere il frutto di un processo storico oggettivo, che si fonda su dati incontrovertibili e leggi universali. A partire da tutto questo, si ingenera una catena causale di fatti e di conseguenze che si possono prevedere.

Naturalmente, si possono muovere molte critiche a questo modo di pensare, per certi versi assimilabile a quello del positivismo ottocentesco, ma invece di portare il discorso su un livello scientifico ed epistemologico, è interessante vedere come lo stesso Paura racconti lo sviluppo del settore dei *futures studies* in seguito all'iniziale affermazione di questo tipo di tendenza culturale. Egli, infatti, sottolinea che a fronte del grande sviluppo, negli Stati Uniti ma anche in altri paesi, delle tecniche per la costruzione di scenari computerizzati di tipo quantitativo, in Europa, ma anche in Nord America, ha cominciato a diffondersi la scuola de *Les Futuribles*, diretta da Bertrand de Jouvenel, autore del famoso saggio *L'arte della congettura* (1964). L'approccio di Jouvenel alla costruzione di scenari di futuro non avrebbe potuto essere più antitetico rispetto a quello diffuso in tutto il mondo fino a quel momento. Quest'ultimo, infatti, proponeva di portare avanti alcuni esperimenti mentali, sullo stile di quelli tipici della filosofia del linguaggio e della logica, provando a immaginare – o "congetturare", nei suoi termini – cosa si sarebbe potuto verificare, se la storia o la società avessero preso una certa direzione. La sua idea, che chiaramente richiama il funzionamento del modello narratologico dei miti di Lévi-Strauss, era che solo così, con queste tecniche di matrice più qualitativa che quantitativa, si sarebbero potuti integrare i dati e i modelli già in uso a quei tempi, "vedendo" o, meglio, prevedendo ciò che questi ultimi, da soli, non sarebbero mai stati in grado di mostrare.

A cavallo tra il rigore scientifico nell'utilizzo della logica e il desiderio di riportare a una dimensione più umana, meno meccanicistica, la produzione del senso a proposito dell'avvenire, quest'altro modo di concepire i *futures studies* apre infine, nella narrazione di Paura, a una terza visione di questo campo d'indagine, che è quella che fornisce il titolo all'intera opera di questo autore, il quale, come abbiamo anticipato, si propone di "occupare il futuro". Egli, in sostanza, riprendendo la maniera di pensare di Greimas, ritiene che alla base dello sguardo che si intende porre sul domani debbano esserci dei valori precisi, a partire dai quali si potrà decidere di che strumenti dotarsi per costruire discorsi credibili, immaginando come realizzarli. In particolare, come si può intuire, il desiderio di Paura è che il mondo che verrà appartenga a tutti, non solo a chi detiene già oggi il potere per plasmarlo. Per questo, auspica una rottura rispetto al presente, una presa in carico del tema dell'avvenire fortemente soggettiva da parte dei suoi lettori, grazie alla consapevolezza del contributo che ognuno di loro può offrire al dibattito sull'argomento.

Per un semiologo, non è una sorpresa accorgersi che i vari modi di intendere i *futures studies* derivano da modelli narratologici, dato che, come abbiamo scritto più volte in questo libro, le logiche della narrazione sono riconosciute da buona parte della semiotica contemporanea come la base dei nostri meccanismi di assegnazione di un senso al mondo. Qualunque cosa ci accada nella nostra vita quotidiana, essa assume un significato, ai nostri occhi, sulla base di come ce la raccontiamo, dunque questo vale anche per ciò che immaginiamo possa succedere in un tempo a venire.

Consapevoli di tutto ciò, quando ci siamo proposti di analizzare il modo in cui si parla o si può parlare di futuro nelle nostre società, abbiamo deciso di partire dalla teoria della narrazione, incentrando su di essa i nostri modelli. Così facendo, più nello specifico, abbiamo fatto sì che i vari quadranti del nostro sistema delle logiche narrative dei discorsi sul futuro (figura 1 del capitolo 2) si basassero a loro volta sulle teorie di Propp, Greimas e Lévi-Strauss, affinché gli scenari che si possono costruire coi nostri strumenti poggiassero su dinamiche di produzione del senso largamente condivise. Risulta evidente, infatti, che la matrice tecno-lineare dei testi sull'avvenire accomuni la struttura di questi ultimi a quella dei racconti proppiani e, di conseguenza, al tipo di discorsi che nell'ambito dei *futures studies* derivano da questo modo di ragionare, mentre la matrice mitizzante è legata ai concetti di Lévi-Strauss e quella valoriale alle convinzioni di Greimas. In questo modo, abbiamo inteso perseguire il più ampio livello possibile di generalizzabilità dei nostri modelli e speriamo che tutte le argomentazioni e gli esempi che abbiamo portato fin qui dimostrino che la strada che abbiamo deciso di intraprendere è quella giusta.

2. *Dietro agli "archetipi" dei* futures studies

Data la portata generale dei nostri modelli, come abbiamo visto, essi possono dialogare facilmente con quelli che si utilizzano oggi nei *futures studies*. In particolare, è evidente il loro punto di contatto con i cosiddetti "archetipi" di Jim Dator, di cui si parla nel libro *Jim Dator: a Noticer in Time. Selected Work 1967-2018* (2019). Qui, lo stesso Dator sostiene che, dopo avere analizzato migliaia di discorsi sul futuro prodotti dalle persone che ha coinvolto in diversi workshop nel corso della sua carriera, ma anche all'interno dei testi che circolano nella cultura di massa, si è reso conto che essi hanno strutture ricorrenti, le quali possono essere comprese all'interno di quattro categorie: quelle della "crescita continua", del "collasso", della "disciplina" e della "trasformazione". Può essere utile, quindi, comparare questi modelli con i nostri, per mostrare come i primi si ricolleghino alle principali logiche di narrazione del senso della realtà di cui abbiamo scritto e come, quindi, queste ultime ne possano spiegare il funzionamento.

La prima categoria di Dator è del tutto simile a quella delle forme di testualità che noi facciamo discendere dalla matrice tecno-lineare, dunque è legata all'idea che l'avvenire sarà migliore del presente perché l'economia crescerà, le scoperte scientifiche e tecnologiche risolveranno gli atavici problemi delle malattie o della fame, e così via. Nulla cambierà, dal punto di vista socio-politico, tant'è che lo stesso Dator sostiene che questo modo di pensare è tipico delle istituzioni e dei governi moderni, i quali evidentemente non immaginano drastici cambiamenti nei sistemi di gestione del potere o nella maniera in cui facciamo società, ma sicuramente potremo essere ottimisti: sarà sufficiente mettere bene a fuoco le questioni più importanti, analizzarle razionalmente per mezzo di dati, procurarsi gli strumenti per trovarvi una soluzione e tutto andrà per il meglio.

La seconda categoria di Dator, evidentemente, funziona al contrario, poiché si basa sulla convinzione che la nostra civiltà collasserà. Le ragioni possono essere diverse, dal cambiamento climatico all'impossibilità di procurarsi risorse naturali infinite, dall'immigrazione all'avanzare di altre nazioni sullo scacchiere mondiale, dalle rivolte di chi si sente escluso alla presa del potere da parte di qualche dittatore. Lo studioso americano, però, sottolinea che chi si fa portatore di questo modo di concepire il futuro non è pessimista, ma crede che, semplicemente, alcuni nodi problematici della nostra cultura verranno al pettine e vi si troverà una soluzione che verrà, in un certo senso, imposta dall'esterno, perché essa sarà il frutto della pressione di forze naturali o storiche impetuose e difficilmente controllabili. Magari, come nel nostro modello mitizzante, si tornerà indietro, verso un modo di vivere più saggio e "naturale". Ma si potrà anche andare avanti, come nel nostro modello valoriale, costruendo un mondo migliore e più giusto.

Il terzo tipo di scenario individuato da Dator, quello che egli denomina della "disciplina", sembra in effetti molto simile al precedente, da cui si differenzia solo per l'idea che la nostra civiltà non collasserà, ma si auto-costringerà a cambiare disciplinatamente, per l'appunto, rendendosi conto di non poter andare avanti in una direzione che, altrimenti, la condurrebbe sull'orlo del baratro. Lo studioso americano sostiene che di solito, chi utilizza questa logica parte dalla critica al concetto di crescita economica continua, che ritiene insostenibile, ma anche indesiderabile, per via dell'ideologia che tutto questo si porta dietro. Piuttosto – queste sono proprio le parole di Dator – sarebbe meglio perseguire altri valori:

> Some people feel that precious places, processes, and values are threatened or destroyed by allowing continuous economic growth. They wish to preserve or restore these places, processes, or values that they feel are far more important to humans than is the acquisition of endlessly new things and/or the kind of labor and use of time that is required to produce and acquire them.[3] (Dator, *ibidem*, p. 46)

Tra i valori che i fautori del modello della disciplina ritengono che sarebbe auspicabile portare avanti, Dator ne annovera alcuni che noi abbiamo ascritto al pensiero mitizzante, come quelli del ritorno a una dimensione più spirituale o più vicina alla natura, altri che abbiamo collegato alla matrice valoriale dei discorsi sul futuro, come una maggiore giustizia sociale, una logica di distribuzione delle risorse più equa, e così via. Ciò che è evidente, comunque, è che ci troviamo sul lato destro del nostro sistema delle logiche narrative da cui derivano le varie forme di testualità in cui si parla dell'avvenire (figura 1 del capitolo 2).

Infine, l'ultimo archetipo di Dator, che egli denomina della "trasformazione", pare molto simile a quello che lui stesso chiama della "crescita continua", dato che si focalizza sulle nuove scoperte tecnologiche e su come queste ultime modificheranno la storia dell'umanità. In questo caso, lo studioso americano parla apertamente di scenari post-umani,

---

[3] "Alcune persone sentono che alcuni luoghi preziosi, processi e valori sono minacciati o vengono distrutti, se si permette di continuare a perseguire la crescita economica continua. Piuttosto, preferiscono preservare o ricostruire questi posti, questi processi e questi valori, che percepiscono come molto più importanti per gli esseri umani, rispetto all'acquisizione senza fine di cose nuove o al tipo di lavoro e al modo di gestire il tempo che si rendono necessari per produrre e acquistare queste merci".

aprendo a un certo tipo di fantascienza che conosciamo. L'attenzione, dunque, non è tanto sui cambiamenti economici, quanto su quelli più esistenziali a cui tutti andremo incontro, quando ci ibrideremo con le macchine e diventeremo così una specie diversa. In questo senso, a seconda di come si declinano le riflessioni su questo genere di trasformazioni, queste ultime si possono caratterizzare come mitizzanti (se chi le porta avanti ritiene, per esempio, che dovremmo tornare indietro, a una condizione più "naturale"), valoriali (se invece si pensa che questo tipo di progresso ci renderà migliori, soprattutto da un punto di vista etico) o tecno-lineari (se si mette in evidenza, su tutto, l'avanzamento della scienza, a prescindere dalle sue conseguenze).

Come si evince da quanto abbiamo scritto, in sostanza, il modello di Dator si può inscrivere all'interno del nostro, che lo ricomprende e lo specifica. Nei paragrafi che seguono, spiegheremo meglio perché riteniamo che esso possa essere addirittura superato, facendo ricorso ai nostri strumenti. Per esempio, è evidente che lo studioso americano non ha individuato le logiche che abbiamo definito "antagonistiche" dei discorsi sul futuro, così come non abbiamo ancora spiegato come l'altro nostro modello, quello su come immaginiamo le società di domani (figura 2 del capitolo 2), possa essere utilizzato per completare quello dello stesso Dator. Qui, però, può essere interessante ragionare sulla parola "archetipo", a cui Dator ha ritenuto di dover fare ricorso, per denominare le logiche sottostanti al funzionamento dei testi sulla crescita continua, il collasso, la disciplina e la trasformazione. Come sappiamo, infatti, egli ha inteso così sottolineare che queste ultime sono, per certi versi, universali, poiché sullo sfondo delle migliaia di discorsi da lui stesso analizzati nel corso della sua lunga carriera di "futurologo", alla fine si possono rinvenire sempre le stesse dinamiche di produzione del senso.

Al termine del breve percorso di inquadramento del modello di Dator entro i confini del nostro e, soprattutto, nel perimetro della teoria della narrazione da cui quest'ultimo deriva, ci sembrano evidenti le ragioni per cui lo studioso americano ha riportato l'impressione di avere tratteggiato schemi di così ampia portata. Questo si verifica perché effettivamente la crescita continua, il collasso, la disciplina e la trasformazione sono tematiche e concetti che possono essere raccontati secondo le logiche dei modelli di Propp, Greimas e Lévi-Strauss ed è per questo che questi "archetipi" lasciano intuire che alle loro spalle operino principi di strutturazione del pensiero e dei testi di natura universale. In realtà, a noi non piace utilizzare la parola "archetipo", perché il suo significato nasce in ambiti di studio molto lontani dal nostro e riteniamo che non abbia molto senso farvi riferimento qui. Però, come Dator, siamo convinti che alla base di qualunque tipo di discorso sul futuro si possano individuare delle logiche strutturali comuni e molto generali, che sono appunto quelle che danno origine ai nostri modelli.

3. *Altre considerazioni sulla generalità dei modelli*

Tra le logiche generali che determinano il funzionamento dei nostri strumenti semiotici, ce ne sono alcune di cui non abbiamo ancora discusso in questo capitolo e che, come abbiamo anticipato nel paragrafo precedente, ci sembrano importanti per ragionare sul valore della nostra proposta teorica e metodologica nell'ambito dei *futures studies*. Si tratta dei principi che danno origine al nostro modello delle società del futuro e di quelli su cui si fonda, nel sistema delle logiche narrative dei discorsi sull'avvenire, la matrice che abbiamo definito "antagonista".

Per quanto riguarda il primo argomento, nonostante non siamo esperti di filosofia politica o di storia delle dottrine politiche, ci rendiamo conto che le categorie semiotiche che abbiamo messo a fuoco per tratteggiare la società individualistica, responsabile, inclusiva e tribale hanno a che vedere con il modo in cui si strutturano i discorsi di molti pensatori che si interrogano su come dovrebbero funzionare i consessi in cui viviamo. Questo è evidente se si osservano, anche solo superficialmente, i nomi dei tanti autori che abbiamo citato per descrivere il funzionamento dei nostri modelli, da Bobbio a Stark, da Maffesoli a Berardi, da Magatti a Giaccardi, da Salvati a Dilmore, da Haraway a Fagan, da Fukuyama a Huntington, da Jonas a Floridi, e così via. Si tratta, infatti, di filosofi, sociologi, politologi ed economisti molto autorevoli, che come abbiamo visto si domandano se il mondo che stiamo costruendo e che vorremo edificare debba essere mono-prospettico o multi-prospettico, incentrato sul valore della responsabilità o dell'irresponsabilità. Allo stato attuale delle nostre ricerche, non sappiamo dire se queste categorie siano altrettanto generali quanto quelle di matrice narratologica di cui abbiamo scritto sin qui, però intuiamo che possa essere così[4] e, soprattutto, possiamo affermare empiricamente che i testi su cui ci siamo basati per costruire questo nostro modello funzionano tutti secondo questi principi.

A riprova del fatto che anche in questo caso abbiamo a che vedere con concetti capaci di rivelare i principi semiotici grazie ai quali si determina il senso della maggior parte, se non di tutti, i discorsi sul futuro prodotti o producibili nella nostra cultura attuale, oltre a quanto abbiamo scritto nel paragrafo 1 del capitolo 2, dove abbiamo mostrato che il nostro modello consente di capire meglio come sono fatte le società immaginate da chi si interroga sulle conseguenze della rivoluzione digitale, possiamo riportare qui gli esiti di un'altra nostra ricerca, questa volta sul modo in cui si è parlato, sui media italiani, della guerra in Ucraina e delle eventuali prospettive di pace per l'Europa e per il mondo (Santangelo, 2024c). Anche in questo caso, infatti, si è trattato di ragionare sull'avvenire e, ancora una volta, le categorie del nostro modello si sono rivelate fondamentali.

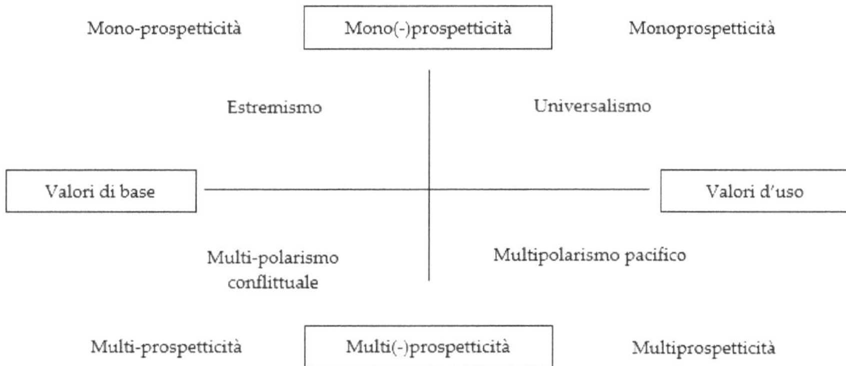

Figura 1 – Modelli di pensiero per parlare della guerra e della pace

---

[4] Mentre scriviamo, stiamo conducendo ulteriori ricerche proprio per far dialogare meglio questo nostro modello con la filosofia, la sociologia e l'economia che studiano la storia delle dottrine politiche. Speriamo, in futuro, di poter scrivere un libro al proposito.

Come si può vedere nella figura 1, osservando come è stata inquadrata la guerra nei talk show politici durante i primi mesi dal suo scoppio, nonché come è stata raccontata dalla stampa quotidiana, all'incirca un anno dopo, la visita del premier cinese Xi Jinping a Mosca per illustrare al presidente russo Putin il suo piano di pace, ci siamo imbattuti in programmi televisivi, articoli di giornale e saggi scientifici citati da questi ultimi, che acquisivano il loro significato perché al loro interno si contrapponevano le categorie della *multi-prospetticità* e della *mono-prospetticità* da una parte, e quella dei *valori di base* e dei *valori d'uso* (Floch, 1990; Greimas e Courtés, 2007) dall'altra, dando origine a quattro modi di leggere il presente e di immaginare il futuro che abbiamo definito "multipolarismo conflittuale", "multipolarismo pacifico", "estremismo" e "universalismo".

Ci siamo resi conto, in sostanza, che ciò che stava accadendo nel mondo poteva essere letto innanzitutto come una guerra tra soggetti animati da valori esistenziali – detti tecnicamente, nella semiotica di derivazione greimasiana, "valori di base", perché su di essi si può incentrare il significato più profondo di una storia – inconciliabili, come la difesa della democrazia da parte del popolo ucraino, del suo presidente Zelens'kyj e dei loro alleati occidentali facenti parte della Nato, oppure come il supposto desiderio totalitario di Putin e della sua gente di ricostituire l'impero russo. In questo caso, veniva rappresentata un'opposizione insanabile tra due forme opposte di mono-prospetticità, due visioni della realtà esclusive che non potevano addivenire ad alcun compromesso. Per questo, i loro sostenitori si manifestavano come delle sorte di estremisti, che non contemplavano altro modo, per giungere alla fine della guerra, che sconfiggere il nemico, costringendolo ad accettare la loro visione del presente, ma anche del futuro. In sostanza, per queste persone, ci sarebbe potuto essere un solo avvenire, quello discendente dai loro valori di base.

Un modo appena più complesso di raccontare la guerra e i vari tentativi di porvi fine era quello che abbiamo definito del "multipolarismo conflittuale". Anche in questo caso, ciò che stava accadendo veniva inquadrato come il confronto tra diverse prospettive inconciliabili, perché fondate su valori di base troppo differenti, solo che queste si moltiplicavano e, spingendosi oltre la semplice opposizione bipolare tra le democrazie occidentali e il totalitarismo russo, venivano tratteggiati anche i punti di vista della Cina, dei paesi del sud del mondo, dell'Europa nel suo complesso, dell'Italia, degli Stati Uniti, eccetera. In questa rappresentazione decisamente più multi-prospettica, però, rimaneva impossibile trovare un minimo comun denominatore che consentisse a tutti questi soggetti di addivenire a qualche accordo capace di garantire un presente, ma soprattutto un futuro di pace, perché ognuno avrebbe continuato ad andare per la sua strada, magari alleandosi per interesse con qualcun altro, ma in fondo perseguendo sempre i propri disegni, senza curarsi troppo di quelli degli altri. Uno scenario, questo, che non lasciava molto spazio alla speranza, dato che la fine della guerra si sarebbe potuta raggiungere solo grazie al prevalere di una parte sulle altre.

Chi, invece, parlava apertamente della concreta possibilità di un avvenire pacifico erano gli "universalisti". Costoro ritenevano che si potesse pensare a una (mono)prospettiva unificante, capace di far intravedere una via d'uscita logica dal conflitto. Questa era rappresentata, a loro modo di vedere, dalla globalizzazione, vale a dire dal buon funzionamento dell'economia mondiale, che avrebbe potuto garantire a tutti, a prescindere dal loro credo ideologico, floridità e benessere. Affinché questo si potesse verificare, però, ognuno dei contendenti avrebbe dovuto smettere di perseguire i propri valori di base, inconciliabili con quelli degli altri, cominciando a ragionare in una maniera più utilitaristica. I russi e gli ucraini, i cinesi e gli europei, gli americani e i paesi del sud mondo avrebbero dovuto cominciare a perseguire la ricchezza, il più tipico dei *valori d'uso* – così si definiscono, nella teoria della narrazione di derivazione greimasiana, i valori funzionali a perseguire quelli di base – perché solo con questo mezzo, un giorno molto lontano, essi avrebbero potuto forse realizzare la loro idiosincratica visione del mondo.

Infine, l'ultimo tipo di discorso sulla guerra in Ucraina e sulla possibilità di addivenire a un futuro di pace era quello, per l'appunto, del "multipolarismo pacifico". In quest'ultimo caso, l'idea era che nessuno dovesse pensare che la propria ideologia fosse migliore di quella degli altri, né che ne potesse esistere una universale unificante, ma che l'unico modo per poter vivere serenamente fosse di cercare di comprendere il punto di vista degli altri, adoperandosi affinché essi potessero perseguire i loro scopi. In sostanza, i valori di base dei propri contendenti avrebbero dovuto divenire il mezzo, il valore d'uso per raggiungere i propri fini, dunque se gli ucraini desideravano autodeterminarsi e avvicinarsi di più all'occidente, mentre i russi volevano riunificarsi con i popoli che condividevano la loro lingua, la loro cultura e la loro storia, allora magari si sarebbe potuto fare in modo che le regioni del Donbass in Ucraina, abitate da molti cittadini russofili, divenissero dei piccoli stati indipendenti che avrebbero potuto scegliere in quale delle due sfere di influenza gravitare. Insomma, per quanto doloroso, secondo una logica decisamente multiprospettica, ma questa volta senza trattini che dividessero le varie prospettive (questa è la differenza tra la multiprospetticità e la multi-prospetticità della figura 1, ma lo stesso discorso si potrebbe fare per la monoprospetticità universalista unificante e la mono-prospetticità divisiva estremista), si sarebbe dovuto trovare un compromesso che dimostrasse, da entrambe le parti in causa, uno sforzo per fare sì che l'altra potesse raggiungere i suoi obiettivi "esistenziali".

Ai fini delle nostre riflessioni sul funzionamento dei discorsi sull'avvenire, questo esempio ci sembra interessante, perché dimostra allo stesso tempo che il nostro modello sulle società del futuro, ancora una volta, funziona anche al di fuori del corpus di testi su cui è stato costruito, ma indica anche in che direzione potrebbero proseguire i nostri studi, per approfondire il discorso circa l'universalità dei nostri strumenti. Infatti, come abbiamo anticipato, l'opposizione tra valori d'uso e valori di base è centrale nella teoria della narrazione di matrice greimasiana e pare funzionare per ogni tipo di storia, perché in qualunque testo narrativo si può distinguere tra valori di natura esistenziale, che costituiscono l'obiettivo principale, il fine ultimo dei loro protagonisti (come difendere la democrazia ed essere liberi nel racconto della guerra in Ucraina), e valori utilitaristici, strumenti, mezzi per realizzare i primi (ottenere finanziamenti e armi dagli alleati, riconoscimento dall'Onu, e così via). Possiamo dunque pensare che il multipolarismo pacifico, che è incentrato allo stesso tempo sui valori della multiprospetticità e dell'utilitarismo, inteso anche in senso filosofico-morale (Frankena, 1973), si ricolleghi alle logiche che nel nostro modello sulle società del futuro abbiamo definito "inclusive" e che, dunque, sentirsi responsabili verso gli altri – dato che la responsabilità è il pilastro di questo modo di ragionare – consista proprio nell'adoperarsi per fare sì che il prossimo possa perseguire i propri valori di base, poiché questo è il mezzo per vivere in un mondo in cui anche chi agisce così può realizzare i propri desideri esistenziali, sicuro che gli altri, a loro volta, si adopereranno per lasciarglielo fare. Questa, per quanto ne sappiamo, è una visione molto simile a quella della teoria della giustizia di Rawls (1971), che del resto è uno degli autori più citati dai fautori della socialdemocrazia e delle società inclusive. Allo stesso tempo, possiamo ipotizzare che il multipolarismo conflittuale si avvicini al tribalismo del nostro modello delle società del futuro o che dietro agli estremismi dei discorsi sulla guerra in Ucraina si nascondano delle forme di individualismo irresponsabile come quelle di cui abbiamo parlato tante volte in queste pagine.

Insomma, come abbiamo anticipato, la nostra ricerca deve ancora essere approfondita, ma dimostra di poterci condurre verso direzioni di indagine interessanti e promettenti. Ciò che però ci appare evidente è che la combinazione dei nostri due modelli semiotici sui discorsi sul futuro rende questi ultimi, già adesso, più ricchi di altri strumenti che si utilizzano nell'ambito dei *futures studies*, come per esempio gli archetipi di Dator di cui abbiamo scritto nel paragrafo precedente. Essi ci consentono di integrare ciò che già esiste, ma forse anche di superarlo, proponendo categorie che sono, allo stesso tempo, più universali e più specifiche, capaci, in sostanza, di consentire a chi lo voglia fare, di analizzare e costruire discorsi sul futuro, in modo da capirne a fondo il significato e, eventualmente, di comunicarlo al meglio.

4. *Le radici strutturaliste dei* futures studies

Proprio al fine di ragionare sul ruolo dei nostri strumenti semiotici per un avanzamento della ricerca nell'ambito dei *futures studies*, nei paragrafi precedenti abbiamo più volte richiamato l'attenzione sulla rilevanza del nostro modello *antagonista* (figura 1 del capitolo 2), sottolineando innanzitutto che, curiosamente, esso non fa parte degli archetipi di Dator. In effetti, si potrebbe ipotizzare che esso si sia imposto all'attenzione in un periodo storico diverso da quello in cui lo studioso americano ha individuato le logiche della crescita continua, del collasso, della trasformazione e della disciplina. Noi, infatti, lo abbiamo rinvenuto analizzando i discorsi sul futuro portati avanti nel corso della pandemia di Sars-Cov-2, quando moltissime persone, diffidenti nei confronti delle spiegazioni che venivano fornite loro dalle autorità, nonché discordi nei riguardi delle politiche portate avanti dai rispettivi governanti, proponevano la loro lettura alternativa della realtà e immaginavano come organizzarsi per opporsi a ciò che accadeva intorno a loro. Probabilmente, Dator, non avendo vissuto in quell'epoca e non avendo analizzato i testi che abbiamo visto circolare nelle nostre società, non ha potuto aggiungere questo quinto "archetipo" alla sua collezione e questo dimostrerebbe, una volta di più, la necessità di proseguire con la ricerca, adattando i modelli di analisi ai cambiamenti storici e culturali a cui si va incontro.

Noi, però, riteniamo che le logiche di costruzione del senso dei discorsi sul futuro di matrice antagonista non siano estemporanee, legate a un momento particolare della nostra storia che, si spera, non dovremo mai più vivere. Esse, invece, sono ancora una volta radicate nel nostro modo "innato" di raccontarci ciò che ci accade e, in questo senso, hanno una valenza molto generale, per certi versi "universale". Come abbiamo anticipato già nel capitolo 2, infatti, le narrazioni antagonistiche si inquadrano nella categoria di quelle che Ferraro (2019) denomina di *classe Gamma*, vale a dire il genere di vicende in cui si parla delle vicissitudini di qualcuno che, come una sorta di detective, interpreta una serie di indizi che si procura in maniera più o meno volontaria, per scoprire che la realtà non è come sembra o come qualcuno vorrebbe che apparisse, ma funziona diversamente. Questo tipo di storie, evidentemente, è sempre esistito a ogni latitudine e in qualunque cultura ed è dunque interessante capire come si inserisca nel racconto del passato e del presente, per prefigurarsi il futuro.

Per comprenderlo, possiamo osservare che, nell'ambito dei *futures studies*, ci sono molti studiosi che sostengono di essere in grado di riconoscere, nella contemporaneità, una serie di dati che agli occhi disattenti dei più possono passare inosservati, ma che se letti correttamente con uno sguardo allenato, dimostrano senza ombra di dubbio che l'avvenire andrà in una certa direzione. Con una tecnica in realtà molto conosciuta in semiotica (Ceriani, 2007), autori come Naisbitt (1982), Toffler (1988) e altri hanno imparato a raccogliere testi in cui si descrivono fatti che accadono nel presente e che si dimostrano, per qualche ragione, *diversi* da ciò che ci si sarebbe dovuti aspettare, se le cose avessero dovuto continuare a funzionare come sempre. Una volta accumulati molti di questi contenuti, questo consente loro di individuare empiricamente delle *linee di tendenza* e di sostenere, in sostanza, che se molti indizi fanno una prova, allora bisogna immaginare che l'avvenire non sarà come i più se lo sarebbero aspettato, ma cambierà, trasformando la realtà quotidiana in qualcosa di nuovo. Esattamente come i fautori del nostro modello antagonista, dunque, essi ci *rivelano* che il futuro è già presente, visibile a chi lo sappia riconoscere. Basta mettersi le lenti giuste e saper osservare.

Ma quali sono gli occhiali che bisogna calzare, per poter vedere oggi ciò che ci attende domani? È necessario seguire il principio cardine della *semiotica strutturale*, indicato da Ferdinand de Saussure (1916), il suo padre fondatore, come il meccanismo principale della *produzione del senso* per mezzo del linguaggio o di qualunque altro sistema di segni che utilizziamo per interpretare il mondo: la logica della *differenza*. Bisogna, in sostanza, prestare attenzione a quelle cose che *divergono*, rispetto ai modelli a cui di solito facciamo ricorso per dire come dovrebbe funzionare la realtà, perché il motore del cambiamento, culturale e sociale, è proprio questo. Dunque, per citare un classico, come *Megatrends. Ten New Directions Transforming Our Lives* (Naisbitt, op. cit.), se la società americana è sempre stata industriale, ma molti giornali o le televisioni, in un certo periodo, parlano dell'ascesa delle aziende informatiche e del loro sistema di produzione, allora bisogna immaginare che presto si passerà alle logiche della società dell'informazione. Se l'attenzione della politica è sempre stata dedicata allo sviluppo dell'economia nazionale, ma alcuni autorevoli osservatori pongono l'attenzione sull'importanza di guardare all'estero e al buon funzionamento dei mercati globali, allora bisogna pensare che da un momento all'altro prenderà piede l'ideologia della globalizzazione, e così via.

In effetti, proprio come i sostenitori del nostro modello antagonista, i professionisti che operano nell'ambito dei *futures studies* devono essere in grado di cambiare il loro codice di lettura della realtà e di dimostrare che ciò che essi vedono non è un sogno o un'allucinazione, bensì, appunto, una linea di tendenza molto chiara della contemporaneità, che spinge il mondo in una certa direzione. In un certo senso, quindi, queste persone devono coltivare uno sguardo "antagonista" rispetto a quello più "istituzionalizzato" degli altri e questo spiega l'importanza di includere questo modello tra gli strumenti semiotici che proponiamo in queste pagine.

Però, c'è anche una differenza sostanziale, tra il modo di funzionare del nostro modello antagonista e lo sguardo degli esperti di studi sul futuro, che consiste nel fatto che il primo, nei testi da cui lo abbiamo evinto, è legato a una critica delle istituzioni e al sapere dominante che, invece, ci pare proprio tipica del nostro tempo. In effetti, come abbiamo scritto sopra, saper vedere ciò che gli altri non vedono significa chiamarsi fuori dai modelli interpretativi più attestati, che giocoforza, in una società, sono quelli della maggioranza delle persone, di chi governa, eccetera. Però ci sembra che mai come oggi il desiderio di contrapporsi all'egemonia culturale e al potere politico di chi vorrebbe imporre la propria lettura delle cose si faccia strada, come a testimoniare del desiderio diffuso di un cambiamento radicale, che è appunto tipico del pensiero antagonista. Naturalmente, a esso si contrappongono le spinte alla costruzione di un futuro "normalizzato", i richiami all'ordine e alla disciplina, che del resto abbiamo puntualmente inserito nei nostri modelli. Ma ci è parso fondamentale mettere l'accento, alla fine del percorso che abbiamo illustrato in questo libro, su questa grande voglia di novità, questa ricerca di modi alternativi di leggere il mondo, che aleggia ovunque nelle nostre società e che, in fondo, è il motivo per cui anche noi abbiamo deciso di cimentarci nell'impresa di fornire il nostro contributo ai *futures studies*.

Conclusioni
Senso e direzioni per futuri possibili

1. *Ri-significare il presente per indirizzare il futuro*

Nei vari capitoli di questo libro abbiamo mostrato diverse applicazioni pratiche dei nostri modelli semiotici, dal loro utilizzo per comprendere il senso dei discorsi sul futuro della rivoluzione digitale o sulla pace nel mondo, a quello da parte dei nostri studenti per immaginare e raccontare l'avvenire in diverse sue forme. A questo punto, siamo pronti a chiederci in che modo questi strumenti, testati in contesti accademici, possano essere utilizzati *sul campo* negli ambienti tipici del *futures & foresight*, vale a dire le istituzioni, le imprese, gli enti non profit, e in contesti civici con comunità, quartieri, città, territori.

Una premessa, nell'esplorare questa prospettiva, è obbligatoria: nessun processo di *futures & foresight* è realizzabile senza un perché. I motivi che spingono individui, gruppi, organizzazioni e comunità a imbarcarsi in un "viaggio nel tempo" alla scoperta di futuri possibili risiedono nell'approdo: come abbiamo visto, accettiamo di navigare le possibilità del domani in funzione di ciò che queste ci consentono di fare oggi. Che si tratti di migliorare i nostri piani d'azione e rinforzare le nostre strategie, oppure comprendere meglio il presente e prepararci ai cambiamenti, o ancora innescare trasformazioni e innovazione, mettere a fuoco ciò che sarà o potrà essere è indispensabile per motivare questi percorsi. In altre parole, usiamo il futuro per dare senso a ciò che facciamo nel presente. Questo lavoro di ri-significazione avviene a ogni livello: intra-psichico (l'individuo che sceglie in funzione di ciò che accadrà), inter-personale (i gruppi che agiscono per produrre effetti) e collettivo (le organizzazioni o le comunità civiche che innescano cambiamenti per la e nella società). In assenza di tale carburante di *sense-making*, di costruzione di una rappresentazione dell'avvenire fortemente dotata di senso, il processo non si mette in moto. Pertanto, come abbiamo evidenziato fin dall'introduzione, chiarendo le nostre intenzioni, occorre che il futuro esplorato abbia caratteristiche "attrattive" notevoli, sufficientemente cariche di significato da essere in grado di attrarre a sé il presente. I modelli semiotici per gli scenari futuri possono essere un catalizzatore che contribuisce ad accelerare questa dinamica.

Detto questo, a conclusione delle nostre riflessioni e per rilanciare il nostro lavoro, ragionando su ciò che dovremo fare in futuro, ci pare che per poter utilizzare i nostri modelli semiotici nei processi di *futures & foresight* in ogni contesto, dallo *strategic foresight for public sector* al *city imaging* e *urban futures*, dal *corporate foresight* al *futures design*, dalla *futures-driven innovation* alla *futures fiction*, sia importante tenere conto del fatto che, in queste sedi, ci si confronta sempre con vincoli economici e di budget, limiti di tempo e di disponibilità delle persone a partecipare ai processi, condizioni più o meno ottimali per l'usabilità di spazi e strumenti, tratti motivazionali e caratteristiche intellettuali di chi partecipa, facilità di comprensione degli input metodologici. Bilanciare tutti questi aspetti è complicato e richiede spesso compromessi di cui è necessario tenere conto nell'impostare i laboratori di *scenario building*.

Tuttavia, le sperimentazioni che abbiamo raccontato, e che hanno coinvolto negli anni alcune centinaia di studenti, ci consentono di spingerci verso ulteriori esperimenti. Possiamo farlo prefigurandoci, appunto, un ipotetico laboratorio di *scenario building*, in cui ci diamo il compito di insegnare anche al di fuori dell'accademia i nostri modelli semiotici. Esso, naturalmente, deve rientrare in un più ampio processo che preveda l'uso del futuro come strumento per agire nel presente. Ma proprio allo scopo di innescare la volontà di compiere azioni concrete, ci pare che le griglie narrative presentate nel capitolo 2, stimolando l'assunzione di posture valoriali ed esistenziali, possano indurre le persone ad appassionarsi ai loro scenari, a difenderli in termini di plausibilità e a desiderare di realizzarne gli aspetti più auspicabili. Per ottenere che questo si verifichi, è fondamentale che chi li costruisce capisca bene e sia in grado di far comprendere ai suoi interlocutori perché la sua visione è diversa, più significativa di altre, e per questo è fondamentale che il nostro modello sia complesso, consentendo di vedere il futuro da diverse prospettive. Si tratta, in effetti, di prendere posizione: antagonista, mitizzante, tecno-lineare, valoriale, inclusivo, tribale, individualista o responsabile. Da dove guardiamo l'avvenire come individui e gruppi è uno dei cardini del *futures & foresight*, dunque possiamo immaginarci questa attività che potremmo proporre nel nostro laboratorio come un "cappello", come direbbe De Bono (1985) a proposito dei famosi "sei cappelli per pensare". Questo genere di lavoro, tra l'altro, viene tipicamente svolto in gruppo, perciò il ruolo o il punto di vista da cui può essere condotto può venire variamente interpretato, in modo plurale, favorendo il dispiegarsi di un conflitto creativo tra idee, sensibilità e intenzioni dei partecipanti alla conversazione strategica sullo scenario. Inoltre, come abbiamo spiegato nel capitolo 1, lo *scenario building* richiede di generare futuri multipli, producendo storie alternative e vari mondi possibili. Questo implica che ogni persona coinvolta in tali attività laboratoriali verrebbe invitata a cimentarsi con la produzione di differenti tipi di scenari. Al termine del lavoro, tutti avrebbero sperimentato diverse posizioni esistenziali e questo rafforzerebbe il pensiero e le convinzioni di ognuno.

L'altro elemento fondamentale per costruire scenari nel *futures & foresight* consiste nella proposta di collocare il proprio pensiero su una scala molto grande, come quella di un settore produttivo, un territorio, ma anche una società e addirittura un mondo possibile. Ciò richiede la capacità, ancora una volta, di produrre un pensiero complesso. Gli sguardi sull'avvenire attivabili coi nostri modelli, con la bussola dei criteri di responsabilità o di irresponsabilità, della mono o della multi-prospettiva, ma anche con l'idea che il domani potrà essere continuo o discontinuo rispetto al presente, incentrato su dati e numeri o su valori, offrono il perimetro entro cui guidare le narrative per rendere tridimensionali e nello stesso tempo varie le storie che così si creano.

Quanto stiamo immaginando qui, in sostanza, è un'idea per la progettazione di *framework* funzionali a condurre workshop di *scenario building*. Ciò che intravediamo è la messa a punto di una tecnica adattabile, che aggiorni il metodo deduttivo dei quattro archetipi di Dator, di cui abbiamo scritto nel capitolo 5. Inoltre, cogliamo anche spiragli progettuali per elaborare il *concept* alla base di *gaming* e altre attività esperienziali capaci di mobilitare energie collettive verso la produzione di scenari e relative strategie, per poi agire subito, in funzione di quei futuri, orientando le scelte per realizzarli.

2. *Il futuro in un'ottica semiotica*

Al termine del percorso di riflessione sul significato delle rappresentazioni del futuro che abbiamo promosso in questo libro, possiamo inoltre trarre alcune conclusioni di natura teorica, ma allo stesso tempo culturale e politica. Intendiamo farlo, ancora una volta, collocandoci all'interno del paradigma della semiotica, sullo sfondo del quale, del resto, abbiamo sempre portato avanti tutti i nostri ragionamenti. L'obiettivo, infatti, fin dalle prime pagine, è stato quello di interrogarci su come sia possibile produrre testi che dicano qualcosa di significativo sul mondo a venire e questo, dal punto di vista della nostra disciplina, non può che dipendere dalla relazione che intercorre tra i contenuti di questi stessi testi e il contesto socio-culturale in cui essi vengono prodotti e fatti circolare. Dunque, adesso vogliamo mostrare come questo rapporto tra le forme testuali in cui si parla del domani e le loro circostanze di produzione o di ricezione possa essere ricostruito servendosi dei nostri modelli, nonché come la consapevolezza circa il funzionamento di queste dinamiche possa essere utilizzata con cognizione per parlare di futuro in una maniera sensata.

Innanzitutto, riprendendo le riflessioni sull'importante lavoro di Naisbitt (op. cit.) nell'ambito dei *futures studies*, di cui abbiamo scritto nel paragrafo 4 del capitolo 5, abbiamo evidenziato come lo studioso americano abbia tratteggiato i suoi scenari accumulando una grande quantità di testi in cui si parlava dell'avvenire sui media più autorevoli del suo tempo. Questo metodo di indagine ci lascia intuire che per lo stesso Naisbitt – e in questo ci sentiamo di concordare con lui – il significato di qualunque contenuto mediatico non si determina solamente per differenza, sulla base di quale o di quali modelli discorsivi esso incarna, ma il valore di quest'ultimo dipende anche da quanti contenuti simili si possono trovare nel medesimo contesto socio-culturale, nonché da chi produce tutto questo e da chi lo condivide, diffondendolo. Queste sono informazioni che è importante procurarsi, sia quando si fa l'analisi di un certo corpus testuale, sia quando si vogliono produrre nuove forme di testualità. In sostanza, non è sufficiente condurre ricerche di natura qualitativa, ma è necessario affiancarvi anche indagini quantitative e sociologiche, come del resto abbiamo noi stessi sottolineato più volte, in diversi altri nostri scritti su come armonizzare le metodologie semiotiche per i *media studies* con quelle di altre discipline (Santangelo, 2023; Morra, Santangelo *et. al.*, 2024).

A questo proposito, per portare qualche spunto che si rifaccia ai discorsi sul futuro che abbiamo analizzato in queste pagine, ci pare interessante evidenziare che tra le riflessioni su come garantirci un avvenire pacifico, di cui abbiamo scritto nel paragrafo 3 del capitolo 5, a proposito della guerra in Ucraina, la maggior parte dei giornali quotidiani e dei talk show politici italiani, a prescindere dalla loro linea editoriale e politica, hanno portato avanti i modelli che abbiamo definito "estremista" e "multipolare conflittuale", dimostrando di contribuire fattivamente alla costruzione di un contesto culturale belligerante. Solo pochissime testate e qualche sparuto commentatore si sono cimentati nella produzione di contenuti "universalisti" e "multipolari pacifisti", che essendo incentrati su una visione filosofica più utilitarista, sono molto più funzionali ad aiutare le persone a riflettere sulle vie d'uscita dal conflitto che non contemplano la distruzione o la sconfitta del nemico. Questo, evidentemente, ha molto a che vedere col significato di questo genere di discorsi, nonché con quello della scelta di costruirne di simili e di farli circolare.

Allo stesso tempo, quando si tratta di parlare del significato della rivoluzione digitale, un tema di cui ci siamo occupati nel capitolo 3, è molto evidente che la maggior parte dei contenuti tecno-lineari, di matrice individualista o responsabile, vengono prodotti dalle grandi aziende multinazionali che realizzano gli strumenti informatici che ci dovrebbero condurre nel futuro. Oppure, questo tipo di discorsi viene portato avanti dai governi che intendono favorire lo sviluppo di questi soggetti economici, oppure ancora dagli studiosi delle università che sono finanziate da questi ultimi. Per tutte queste persone e per queste istituzioni è sensato prospettare un avvenire non molto diverso dal presente, almeno da un punto di vista sociopolitico, ed è per questo che quando parlano delle tecnologie su cui si dovrebbe basare il nostro domani, lo fanno in questa maniera. Invece, i discorsi di matrice valoriale e inclusiva, più pluralisti, attenti ai diritti delle minoranze, desiderosi di riaffermare il potere dei cittadini, vengono portati avanti, di solito, da ricercatori e ricercatrici indipendenti, meno interessati alle logiche del profitto o del controllo.

Quello che intendiamo dire, in sostanza, è che quando si tratta di riflettere sul futuro, così come del resto accade quando si ragiona su qualunque argomento così rilevante, è fondamentale sapere non solo cosa si può affermare, ma anche chi di solito sostiene certe posizioni e quanti lo fanno. Questo genere di informazioni deve essere prodotto da chi si occupa di *futures studies*, perché la consapevolezza di tutto ciò può servire per operare scelte strategiche importanti. Può essere utile, ad esempio, per stabilire quali e quanti tipi di discorsi sull'avvenire presentare ai propri interlocutori, per consentire loro di formarsi un'idea bilanciata di ciò che si può dire e pensare al proposito. Ma può consentire anche di corredare le proprie riflessioni con riferimenti chiari e puntuali a ciò che di solito sostengono i potenti, i media, i soggetti indipendenti, e così via, così da poter conferire una forza superiore alle proprie argomentazioni.

In questo senso, un'altra considerazione che ci sembra fondamentale è legata alla capacità dei nostri strumenti teorici e pratici di consentire a chi li utilizza di inserirsi con consapevolezza e in maniera autorevole all'interno di un ambito discorsivo così importante come quello del dibattito sull'avvenire delle nostre società, fornendo un contributo che sia allo stesso tempo significativo, ma anche potenzialmente innovativo. Se i modelli semiotici che abbiamo descritto nel capitolo 2 consentono di vedere, nonché di rendere la complessità delle tante posizioni che si possono assumere al proposito, permettendo di confezionare analisi e riflessioni sicuramente varie e interessanti, forse qualcuno sarà rimasto perplesso, leggendo gli scenari tratteggiati dai noi stessi, frutto delle nostre indagini, oppure quelli costruiti dai nostri studenti e dalle nostre studentesse nelle loro opere. In questi testi, infatti, appare chiaro che le rispettive rappresentazioni del futuro non propongono mai qualcosa di radicalmente nuovo, ma quasi sempre si limitano a criticare le visioni nei confronti delle quali i loro autori e le loro autrici non si sentono d'accordo, per poi andare a pescare nel presente o nel passato altri modi di leggere la realtà e sostenere che il mondo di domani dovrà discendere da essi.

Questi meccanismi, a dire il vero, sono stati molto studiati e sono proprio quelli che si ingenerano nei processi di innovazione, che più che essere volti a produrre qualche cosa di mai visto o di impensato, sono il frutto, piuttosto, di un nuovo modo di ibridare alcune logiche di lettura delle cose già esistenti. Di queste dinamiche parla per esempio Ceriani, nel suo libro *Hot spots e sfere di cristallo. Semiotica della tendenza e ricerca strategica* (op. cit.), che abbiamo già citato nel capitolo 5, in cui l'autrice sostiene che per costruire scenari di futuro che molto probabilmente si realizzeranno è necessario seguire con attenzione il ritmo di successione di alcuni modelli culturali che si manifestano nel presente differenziandosi da quelli di senso comune. Questo avviene spesso andando a riprendere idee del passato, come si è verificato tante volte nel settore della moda, con i "revival" dei tempi andati. È chiaro che queste cose non si ripetono del tutto uguali, ma il modo di pensare da cui esse derivano va a dialogare con quello attuale, costituendo configurazioni discorsive che, nella loro novità, ci appaiono comunque leggibili, proprio perché in parte le abbiamo già viste.

Ecco, allora, che se due economisti come Salvati e Dilmore, di cui abbiamo scritto nel capitolo 2, sostengono che il mondo in cui viviamo è troppo diseguale e che, per loro, il futuro dovrebbe discendere da una visione molto simile a quella che abbiamo definito "valoriale" e "inclusiva", riproducendo le logiche delle socialdemocrazie europee del passato, oppure realizzando quelle del liberalsocialismo studiato e preconizzato da Bobbio negli anni Novanta del Novecento, questo non deve essere visto come una mancanza di fantasia da parte di questi due autori, né le loro posizioni devono essere tacciate di scarsa innovatività. Semplicemente, essi stanno immaginando l'avvenire come lo si fa sempre, utilizzando modelli di pensiero e modalità di confezionamento dei loro discorsi che abbiamo avuto modo di mettere in luce in queste pagine.

A conclusione del nostro studio, anzi, teniamo a sottolineare che la maggior parte degli scenari che abbiamo analizzato o di quelli prodotti dai nostri studenti e dalle nostre studentesse hanno dimostrato di portare avanti proprio il modello valoriale e inclusivo, partendo dal presupposto che non si possa più immaginare un futuro neo-liberista, "tecno-feudale", individualista o tribale, nemmeno se questo porterà a qualche mirabolante innovazione tecnologica di cui potranno godere i più fortunati o chi se lo potrà permettere. In fondo, tanto i ragazzi e le ragazze che hanno seguito i nostri corsi, quanto molti degli studiosi e delle studiose di cui abbiamo commentato le opere, quasi sempre desiderano che l'avvenire torni a essere sinceramente liberale, come forse il nostro mondo è stato di più in passato, e che ognuno possa essere messo nelle condizioni di esercitare fino in fondo le proprie libertà, sempre comunque nel rispetto di quelle degli altri e dell'ambiente, anche grazie a meccanismi perequativi dovuti per senso di responsabilità nei confronti di chi è più svantaggiato. Per chi la pensa in questo modo, il nostro domani dovrà essere molto diverso dal presente, tuttavia è chiaro che questo genere di discorsi si scontri oggi con quelli sovranisti, quelli "universalisti" di stampo globalizzante, quelli "responsabili" ma in un'accezione vagamente "totalizzante" e, infine, con quelli "estremisti" e "multipolari conflittuali", che preconizzano futuri molto diversi.

Il senso del confronto tra tutte queste logiche è reso plasticamente dalla struttura dei modelli semiotici che abbiamo tratteggiato in queste pagine, ma il fatto che uno si imponga sugli altri dipenderà da tanti fattori, che noi sicuramente non sappiamo prevedere. Crediamo, però, nel potere della consapevolezza delle persone ed è per questo che abbiamo scritto questo libro, nel tentativo di fornire il nostro contributo per costruirla o rafforzarla. Quando i nostri studenti e le nostre studentesse, alla fine del loro percorso di formazione, ci dimostrano di possederla, a prescindere dalle posizioni che sostengono, ci sentiamo pieni di speranza. Confrontandoci, anche noi sosteniamo convinzioni di matrice valoriale e inclusiva, ma proprio perché riconosciamo l'importanza della multiprospetticità, siamo aperti al dialogo ed è proprio questo uno degli effetti che speriamo di sortire con la nostra opera: la creazione delle condizioni intellettuali migliori per favorire la nascita di uno spazio di confronto tra chi desidera immaginare insieme agli altri i nostri futuri.

Bibliografia

Adams, Barbara and Groves, Chris (2007) *Future Matters: Action, Knowledge, Ethics*. Leiden: Brill Academic Pub.

Appadurai, Arjun (2013). *The Future as Cultural Fact. Essays on the Global Condition*. London: Verso Books.

Aresu, Alessandro (2020). *Le potenze del capitalismo politico. Stati Uniti e Cina*. Milano: La nave di Teseo.

Aresu, Alessandro (2022). *Il dominio del XXI secolo. Cina, Stati Uniti e la guerra invisibile sulla tecnologia*. Milano: Feltrinelli.

Asimov, Isaac (1951). *Foundation*. New York: Doubleday Edition.

Balbi, Gabriele (2022). *L'ultima ideologia. Breve storia della rivoluzione digitale*. Roma: Laterza.

Barbieri Masini, Eleonora (2023). *Perché studiare il futuro?*. Napoli: Italian Institute for the Future.

Baricco, Alessandro (2018). *The game*. Torino: Einaudi.

Bell, Wendell (2003). *Foundations of Futures Studies: Volume 1: History, Purposes, and Knowledge*. Londra: Routledge.

Bell, Wendell (2004) *Foundations of Futures Studies: Volume 2: Values, Objectivity, and the Good Society*. Londra: Routledge.

Bender, Emily M., Gebru, Timnit, McMillan-Major, Angelina e Shmitchell, Shmargaret (2021). "On the Dangers of Stochastic Parrots: Can Language Models Be Too Big". In *Association for Computing Machinery*, pp. 610-623.

Berardi, Franco (2020). *Fenomenologia della fine*. Roma: Nero.

Bertetti, Paolo (2020). *Che cos'è la transmedialità*. Roma: Carocci.

Bobbio, Norberto (1999). *Teoria generale della politica*. Torino: Einaudi.

Borroni Barale, Stefano (2023). *L'intelligenza inesistente. Un approccio conviviale all'intelligenza artificiale*. Milano: Altraeconomia.

Bostrom, Nick (2014). *Superintelligence. Paths, Dangers, Strategies*. London: Oxford University Press.

Bremond, Claude (1977). *Logica del racconto*. Milano: Bompiani.

Cairns, George and Wright, George (2011). *Scenario Thinking: Practical Approaches to the Future*. London: Palgrave Macmillan.

Candy, Stuart and Potter, Cher (2019). *Design & Futures*. Taipei: Tamkang University Press.

Ceriani, Giulia (2007). *Hot spots e sfere di cristallo. Semiotica della tendenza e ricerca strategica*. Milano: Franco Angeli.

Chermack, Thomas (2011). *Scenario Planning in Organizations: How to Create, Use, and Assess Scenarios*. Oakland: Berrett-Koehler Publishers.

Chermack, Thomas (2022). *Using Scenarios: Scenario Planning for Improving Organizations*. Oakland: Berrett-Koehler Publishers.

Chiusi, Fabio (2023). *L'uomo che vuole risolvere il futuro. Critica ideologica di Elon Musk*. Torino: Bollati Boringhieri.

Chun, Wendy (2021). *Discriminating Data. Correlation, Neighborhoods and the New Politics of Recognition*. Cambridge: The MIT Press.

Crawford, Kate (2021). *Atlas of AI*. London: Yale University Press.

Dator, Jim (2019). *Jim Dator: a Noticer in Time. Selected Work 1967-2018*. Cham: Springer.

De Bono, Edward (1985). *Six Thinking Hats*. London: Penguin.

De Leonardiis, Ota e Deriu, Mario, a cura di (2012). *Il futuro nel quotidiano. Studi sociologici sulla capacità di aspirare*. Milano: Egea.

De Toni, Alberto, Siagri, Roberto e Battistella, Cinzia (2016). *Anticipare il futuro. Corporate Foresight*. Milano: Egea.

Dragt, Els (2023). *How to Research Trends: Move Beyond Trendwatching to Kickstart Innovation*. London: Laurence Kings Publishing.

Eco, Umberto (1979). *Lector in fabula. La cooperazione interpretativa nei testi narrativi*. Milano: Bompiani.

Edes, Bart (2021) *Learning from Tomorrow: Using Strategic Foresight to prepare for the Next Big Disruption*. UK: Changemakers Books.

Fagan, Pierluigi (2017). *Verso un mondo multipolare. Il gioco di tutti i giochi nell'era Trump*. Roma: Fazi Editore.

Fergnani, Alessandro (2019). "The Future Persona: a Futures Method to Let Your Scenarios Come to Life". In *Foresight*, vol. 21 N. 4, pp. 445-466.

Fergnani, Alessandro e Zhaoli, Song (2020). "The six scenario archetypes framework: A systematic investigation of science fiction films set in the future", *Futures*, Vol 124, https://doi.org/10.1016/j.futures.2020.102645.

Ferraro, Guido (2001). *Il linguaggio del mito*. Roma: Meltemi.

Ferraro, Guido (2012). *Fondamenti di teoria sociosemiotica. La visione "neoclassica"*. Roma: Aracne.

Ferraro, Guido (2015). *Teorie della narrazione. Dai racconti tradizionali all'odierno storytelling*. Roma: Carocci.

Ferraro, Guido (2019). *Semiotica 3.0. 50 idee chiave per un rilancio della scienza della significazione*. Roma: Aracne.

Ferraro, Guido (2021). "L'accidente e il sistema. Forme di narrazione dell'epidemia". In *Acta semiotica*, pp. 104-125.

Ferraro, Guido (2023). "Discorsi e silenzi sul tempo che ci attende". In Robiati, Alberto, a cura di, *Moltiplicare i futuri. Teorie, prassi e finzioni*. Roma: Luca Sossella Editore, pp. 43-46.

Ferraro, Guido (2024). "I concetti di "futuro" e la prospettiva semiotica". In *Lexia 43-44*, pp. 27-40.

Ferraro, Guido e Santangelo, Antonio, a cura di (2017). *Narrazione e realtà. Il senso degli eventi*. Roma: Aracne.

Fisher, Mark (2009). *Capitalist Realism. Is There No Alternative?* London: John Hunt Publishing.

Floch J. M. (1990). *Sémiotique, marketing et communication. Sous les signes, les strategies*. Paris: Presses Universitaires de France.

Floridi, Luciano (2022). *Ethics of Artificial Intelligence. Principles, Challenges and Opportunities*. London: Oxford University Press.

Frankena, William K. (1973). *Ethics*. New Jersey: Prentice-Hall.

Fry, Hannah (2018). *Hello World. How to Be Human in the Age of the Machine*. New York: Black Swan.

Fukuiama, Francis (1992). *The End of History and the Last Man*. London: Penguin.

Gattringer, Regina e Wiener, Melanie (2015). *Open foresight in the front-end of an Open Innovation Process*. Conference paper: www.researchgate.net/publication/321020368

Gavatorta, Francesco e Milanesi, Riccardo (2019). *Transmedia Experience. Dallo storytelling alla narrazione totale. Milano: Franco Angeli*.

Giaccardi, Chiara e Magatti, Federico (2020). *Nella fine è l'inizio. In che mondo vivremo*, Bologna: Il Mulino.

Giannitrapani, Alice e Lorusso, Annamaria, a cura di (2021). "Futuro passato". *E|C*, anno XV, n. 32.

Gidley, Jennifer (2021). *Il futuro. Una breve introduzione*. Napoli: Italian Institute for the Future.

Giovagnoli, Max (2013). *Transmedia. Storytelling e comunicazione*. Milano: Apogeo.

Giuliana, Gianmarco T. (2024). *La crisi del futuro tra film, serie e videogiochi di fantascienza contemporanei*. Lexia 45-46, pp. 97-123.

Giuliana, Gianmarco T. (2023). "L'immaginario e la crisi del futuro nel cinema e nei videogiochi". In Robiati, Alberto, a cura di, *Moltiplicare i futuri. Teorie, prassi e finzioni*. Roma: Luca Sossella Editore, pp. 47-52.

Greimas, Algirdas J. (1970). *Du Sens*. Paris: Editions du Seuil.

Greimas, Algirdas J. (1983). *Du Sens II — Essais sémiotiques*. Paris: Editions du Seuil.

Greimas, Algirdas J. e Courtés, Joseph (2007). *Sémiotique. Dictionnaire raisonné de la théorie du langage*. Hachette, Paris.

Greimas, Algirdas J. e Fontanille, Jacques (1991). *Sémiotique des passion. Des états des choses aux états d'âme*. Paris: Éditions du Seuil.

Guillen, Mauro F. (2020). *2030 d. C. Come sarà il mondo fra dieci anni*. Milano: Il Saggiatore.

Haraway, Donna (2016). *Staying with the Trouble. Making Kin in the Chthulucene*. Chicago: Chicago University Press. Trad. it. *Chthulucene. Sopravvivere su un pianeta infetto*. Roma: Nero (2019).

Heijden, Kees van der (2004). *Scenarios: The Art of Strategic Conversations*. Hoboken: Wiley.

Hines, Andy and Bishop, Peter (2015). *Thinking about the future. Guidelines for Strategic Foresight*, Houston: Hinesight.

Hintikka, Jaakko (1973). *Logic, language, games and information*. London: Oxford University Press.

Huntington, Samuel (1996). *The Clash of Civilizations and the Remaking of World Order*. New York: Simon & Schuster.

Jenkins, Henry (2006). *Convergence culture*. New York: New York University Press.

Johnson, Brian D. (2011). *Science-fiction Prototyping: Designing the Future with Science Fiction*. San Rafael: Morgan & Claypool Publishers.

Jonas, Hans (1979). *Das Prinzip Verantwortung*. Frankfurt am Main: Insel Verlag.

Jouvenel, Bertrand de (1964). *L'art de la conjecture, Futuribles*. Monaco: Éditions du Rocher.

Kahane, Adam (2012). *Transformative Scenario Planning: Working Together ti Change the Future*. Oakland: Berrett-Koehler Publishers.

Kahn, Hermann (1960). *On Thermonuclear Wars*. New York: Princeton University Press.

Kaplan, Jerry (2024). *Generative A.I.. Conoscere, capire e usare l'intelligenza artificiale generativa*. Roma: Luiss University Press.

Kelly, Kevin (2016). *The Inevitable*. London: Viking.

Kline, Naomi (2017). *Shock politics. L'incubo Trump e il futuro della democrazia*. Roma: Feltrinelli.

Koselleck, Reinhart (1979). *Vergangene Zukunft. Zur Semantik geschichtlicher Zeiten*. Frankfurt a. M.: Suhrkamp Verlag. Trad. it. *Futuro passato. Per una semantica dei tempi storici*. Casale Monferrato: Casa Editrice Marietti (1986).

Latouche, Serge (2008). *Breve trattato della decrescita serena*. Torino: Bollati Boringhieri.

Lee, Kai Fu (2018). *AI Super-powers. China, Silicon Valley and the New World Order*. Boston, New York: Houghton Mifflin Harcourt.

Lèvi-Strauss, Claude (1947). *Les structures élémentaires de la parenté*. Paris: P.U.F.

Lèvi-Strauss, Claude (1958). *Anthropologie structurale*. Paris: Librairie Plon.

Lèvi-Strauss, Claude (1964). *Le cru et le cuit*. Paris: Librairie Plon.

Lèvi-Strauss, Claude (1966). *Du miel au cendres*. Paris: Librairie Plon.

Lèvi-Strauss, Claude (1968). *L'origine des manières de table*. Paris: Librairie Plon.

Lèvi-Strauss, Claude (1971). *L'homme nu*. Paris: Librairie Plon.

Lèvi-Strauss, Claude (1975). *La voie des masques*. Genève: Skira.

Lyon, David (2018). *The Culture of Surveillance. Watching as a Way of Life*. London: Polity Press.

Lovink, Geert (2019). *Sad by Design: on Platform Nihilism*. London: Pluto Press.

Lum, Richard (2016). *4 steps to the future: A quick and clean guide to creating Foresight*. Honolulu: Vision Foresight Strategy.

Maffesoli, Michel (1988). *Le temps des tribus*. Paris: Méridiens Klincksieck.

McGonigal, Jane (2022). *Imaginable: How to see the future coming and be ready for anything*. London: Bantam Press.

Milani, Carlo (2022) *Tecnologie conviviali*. Milano: Elèuthera.

Miller, Riel (2019). *Transforming the Future: Anticipation in the 21st Century*. London: Routledge.

Morra, Lia e Santangelo, Antonio, et. al. (2024). "For a Semiotic AI: bridging computer vision and visual semiotics for computational observation of large scale facial image archives". In *Computer Vision and Image Understanding*, doi.org/10.1016/j.cviu.2024.104187.

Naisbitt, John (1982). *Megatrends. Ten New Directions Transforming Our Lives*. New York: Warner Books.

Negroponte, Nicolas (1995). *Being Digital*. New York: Vintage Books.

Numerico, Teresa (2021). *Big data e algoritmi*. Roma: Carocci Editore.

O'Neil, Kathy (2016). *Weapons of Math Destruction. How Big Data Increases Inequality and Threatens Democracy*. London: Penguin

Padoan, Daniela, a cura di (2020). *Niente di questo mondo ci risulta indifferente. Associazione Laudato si'. Un'alleanza per il clima, la Terra e la giustizia sociale*. Roma: Interno4Edizioni.

Paura, Roberto (2022). *Occupare il futuro. Prevedere, anticipare e trasformare il mondo di domani*. Torino: Codice Edizioni.

Pavel, Thomas (1986). *Fictional Worlds*. Cambridge: Harvard University Press.

Peccei, Aurelio (1976). *La qualità umana*. Milano: Mondadori.

Pellegrino, Vincenza (2019). *Futuri possibili. Il domani per le scienze sociali di oggi*. Milano: Ombre Corte.

Pentland, Alex (2014). *Social Physics*. London: Penguin.

Pinardi, Davide e De Angelis, Pietro (2004). *Il mondo narrativo. Come costruire e come presentare l'ambiente e i personaggi di una storia*. Torino: Lindau.

Poli, Roberto (2019). *Lavorare con il futuro. Idee e strumenti per governare l'incertezza*. Milano: Egea.

Pozzi, Cristina e Dusi, Andrea (2021). *After. Il mondo che ci attende*. Milano: Bompiani.

Propp, Vladimir J. (1928). *Morfologija skazki*. St. Petersburg: Academia. Trad. it. *Morfologia della fiaba*. Torino: Einaudi (1966).

Quammen, David (2013). *Spillover. Animal Infections and the Next Human Pandemic*. London: Vintage Publishing.

Quintarelli, Stefano (2019). *Capitalismo immateriale. Le tecnologie digitali e il nuovo conflitto sociale*. Torino: Bollati Boringhieri.

Rampazi, Marita (2009). *Storie di normale incertezza. Le sfide dell'identità nella società del rischio*. Milano: LED Edizioni Universitarie.

Rawls, John (1971). *A Theory of Justice*. Cambridge: Harvard University Press.

Ringland, Gill (1998). *Scenario Planning: Managing for the future*. Hoboken: Wiley.

Robiati, Alberto, a cura di, *Moltiplicare i futuri. Teorie, prassi e finzioni*. Roma: Luca Sossella Editore.

Rocca, Giuseppe G. (2024). "Un futuro diverso inizia dall'individuo". In *Lexia* 43-44, pp. 119-134.

Rose, Frank (2010). *The Art of Immersion. How the Digital Generation Is Remaking Hollywood, Madison Avenue, And the Way We Tell Stories*. New Tork: Norton & Company.

Rossi, Salvatore (2022). *Indagine sul futuro*. Roma: Laterza.

Sadin, Eric (2018). *L'intelligence artificielle ou l'enjeu du siècle. Anatomie d'un antihumanisme radicale*. Paris: Édition L'échappée.

Salerno, Daniele e Lozano, Jorge, a cura di (2020). "The Future. A Time of History". *Versus*, fascicolo 2, luglio-dicembre 2020.

Salvati, Michele e Dilmore, Norberto (2021). *Liberalismo inclusivo. Un futuro possibile per il nostro angolo di mondo*. Milano: Feltrinelli.

Santangelo, Antonio (2013 a). *Sociosemiotica dell'audiovisivo*. Roma: Aracne.

Santangelo, Antonio (2013 b). "Come sono fatte le storie che ci piacciono. Un confronto tra i modelli della sceneggiatura hollywoodiani e quelli della teoria della narrazione di matrice semiotica". In Ferraro, Guido e Santangelo, Antonio, a cura di. *Uno sguardo più attento. I dispositivi di senso dei testi cinematografici*. Roma: Aracne, pp. 73-116.

Santangelo, Antonio (2020). "Equità degli algoritmi e democrazia". In *DigitCult*, vol. 5, iss. 2, pp. 21-30.

Santangelo, Antonio (2021). *Volti simbolici. Per una teoria sociosemiotica del volto*. Lexia 37-38, pp. 503-520.

Santangelo, Antonio (2022 a). "Volti del nostro tempo. L'opposizione tra *self-made women* e vagabonde". In Soro, Elsa, Voto, Cristina e Leone, Massimo, a cura di. *I cronotopi del volto*. Roma: Aracne, pp. 17-48.

Santangelo, Antonio (2022 b). "Equità degli algoritmi, vita quotidiana e democrazia". In Durante, Massimo e Pagallo, Ugo, a cura di. *La politica dei dati. Il governo delle nuove tecnologie tra diritto, economia e società*. Roma: Mimesis, pp. 183-202.

Santangelo, Antonio (2023 a). "Essere umani al tempo dell'intelligenza artificiale. Narrazioni a confronto". In Santangelo, Antonio e Leone, Massimo, a cura di, *Semiotica e intelligenza artificiale*. Roma: Aracne, pp. 239-268.

Santangelo, Antonio (2023 b). "Il mito del medico nel corso della pandemia. Un'analisi socio-semiotica dei big data ricavati da Facebook/Meta". In Ponzo, Jenny e Stano, Simona, a cura di. *Nuovi media, nuovi miti*. Roma: Aracne, pp. 77-94.

Santangelo, Antonio (2024 a). "La rivoluzione digitale e il futuro. Narrazioni a confronto". In *Lexia* 43-44, pp. 343-360.

Santangelo, Antonio (2024 b). "Modelli di società del futuro. Tra la saggistica degli anni della pandemia e la fantascienza contemporanea". In *E/C* n. 41, pp. 60-70.

Santangelo, Antonio (2024 c). "Per una visione pacifica del mondo. La narrazione della guerra in Ucraina sui media italiani". In Garofalo, Francesco e Sorrentino, Paolo, a cura di. *Il senso della pace*. Roma: Meltemi, pp. 189-206.

Santangelo, Antonio e Leone, Massimo, a cura di (2024). "Il senso del futuro". *Lexia*, n. 43-44.

Saussure, Ferdinand de (1916) *Cours de linguistique générale*. Genéve: Peyot.

Scolari, Carlos (2013). *Narrativas transmedia. Cuando todos los medios cuentan*. Barcelona: Deusto.

Schwartz, Peter (1991). *The Art of the Long View. Planning for the Long Future in an Uncertain World*. New York: Doubleday/Currency.

Shoemaker, Paul J. H. (2022). *Advanced Introduction to Scenario Planning*. London: Edward Elgar Publishing.

Slaughter, Richard (1995) The Foresight Principle: Cultural recovery in the 21th. Westport: Praeger Pub.

Slaughter, Richard, a cura di (2020) *The Knowledge Base of Futures Studies*. Washington: Association of Professional Futurists.

Srniceck, Nick (2017). *Capitalismo digitale. Google, Facebook, Amazon e la nuova economia del web*. Roma: Luiss University Press.

Stark, David (2009). *The Sense of Dissonance. Accounts of Worth in Economic Life*. Princeton and Oxford: Oxford University Press.

Taleb, Nassim Nicholas (2008). *Il Cigno nero. Come l'improbabile governa la nostra vita*. Milano: Il Saggiatore.

Taleb, Nassim Nicholas (2013). *Antifragile. Prosperare nel disordine*. Milano: Il Saggiatore.

Tegmark M. (2017). *Life 3.0. Being Human in the Age of Artificial Intelligence*. New York: Knopf Doubleday Publishing Group.

Thibault, Mattia, a cura di (2022). "Specutalitve Semiotics". *Linguistic Frontiers* 5(3).

Thibault, Mattia and Heljakka, Katriina (2018). *Toyification. A Conceptual Statement*. Conference Paper: https://sorbonne-paris-nord.hal.science/hal-02083004.

Toffler, Alvin (1988). *Lo shock del futuro*. Milano: Sperling & Kupfer.

Turoff, Murray e Linstone, Harold A. (1975). *The Delphi method-techniques and applications*. University of Michigan: Addison-Wesley Publishing Company.

Vaihinger, Hans (1911). *Die Philosophie Dels Als Ob*. Paderborn: Salzwasser-Verlag.

Varoufakis, Jannis (2023). *Tecnofeudalesimo. Cosa ha ucciso il capitalismo*. Milano: La nave di Teseo.

Wack, Pierre (1984). *Scenarios: The Gentle Art of Reperceiving*. Harvard: Harvard Business School.

Walsh, Michael, eds (2022). *Against the Great Reset. Eighteen These Contra the New World Order*. New York: Bombardier Group.

Webb, Amy (2018). *The Signals Are Talking. Why Today's Fringe Is Tomorrow's Mainstream*. New York: Public Affairs.

Wiener, Melanie and Boer, Harry (2019). "Cultural prerequisites for participating in open foresight" In *R&D Management* n. 49, 2019, pp. 703-715.

Winner, Langdon (1980) "Do Artifacts Have Politics?" In *Daedalus*, Vol. 109, N. 1, pp. 121-136.

Wolf, Mauro (1985). *Teorie delle comunicazioni di massa*. Milano: Bompiani.

Zaidi, Leah (2019). "Worldbuilding in Science Fiction, Foresight and Design" In Journal of Futures Studies, Vol. 23 n. 4, 2019, pp. 15–26.

Zuboff, Shoshana (2019). *The Age of Surveillance Capitalism. The Fight for a Human Future at the New Frontier of Power*. London: Penguin.

Biografie degli autori

Antonio Santangelo è professore in Semiotica e Filosofia dei Linguaggi presso l'Università degli Studi di Torino, dove insegna *Semiotica, Semiotica delle culture digitali* e *Progettazione e management del multimedia per la comunicazione*. I suoi principali interessi di studio sono legati allo sviluppo di una semiotica intesa come scienza sociale della significazione e alla teoria della narrazione, che applica in diversi campi: dai *media* e i *cultural studies* alla bioetica, dalle indagini sul significato degli strumenti digitali nella nostra società ai *futures studies*. È autore di svariati articoli su riviste accademiche italiane e internazionali, e di diversi capitoli di libri collettanei. Insieme a Gian Marco De Maria, ha curato *La Tv o l'uomo immaginario* (2012); con Guido Ferraro, *Uno sguardo più attento. I dispositivi di senso dei testi cinematografici* (2013), *I sensi del testo. Percorsi interpretativi tra la superficie e il profondo* (2017) e *Narrazione e realtà. Il senso degli eventi* (2017); con Giorgio Borrelli e Giovanni Sgro', *Il valore nel linguaggio e nell'economia* (2017); con Massimo Leone, *Semiotica e intelligenza artificiale* (2023) e *Il senso del futuro* (2024). È anche autore delle monografie *Critica di ChatGpt* (2024), *Handbook of tv quality assessment* (2013), edito in Italia da Celid (*Valutare la qualità televisiva*, 2014), *Sociosemiotica dell'audiovisivo* (2013), *Le radici della televisione intermediale* (2012) e *Il gioco delle finte realtà* (2012).

Alberto Robiati è direttore di *Forwardto – Studi e competenze per scenari futuri*. Specializzato in *strategic foresight* e innovazione, è esperto di creatività, *innovative behaviors* e sviluppo umano e organizzativo, ambiti su cui si è formato nel tempo presso centri di formazione accademici e privati. Da 25 anni, come imprenditore, consulente e formatore, aiuta imprese, istituzioni, enti non profit e comunità civiche a innescare processi trasformativi. È cultore della materia al dipartimento Culture, Politica e Società dell'Università degli Studi di Torino e collabora con i Politecnici di Torino e Milano e con l'Università di Pisa. In passato, ha diretto la Fondazione Human+ con cui ha coordinato la ricerca scientifica applicata sulla *"people-driven innovation"*. Ideatore e coordinatore di numerosi progetti di innovazione sociale, civica e culturale, è promotore di laboratori sperimentali di *Personal Futures*. Curatore del volume *Moltiplicare i futuri. Teorie, prassi e finzioni* (2023), co-autore di *Torino 2030. A prova di futuro* (2021). In precedenza, ha fondato e diretto per oltre 10 anni un'impresa sociale specializzata in *social innovation*. Prima ancora, giornalista e autore per teatro, cabaret, tv, radio, periodici e web. Sperimenta e pratica discipline spirituali e di consapevolezza.